Miteinander

17. Augsburger Lesebuch

Herausgegeben vom
Referat für Bildung und Migration
der Stadt Augsburg

Projektleitung: Gertrud Hornung
Covermotiv: © Makyzz
                    Benutzung unter Lizenz von shutterstock.com

Bibliografische Information der Deutschen Nationalbibliothek
Die Deutsche Nationalbibliothek verzeichnet diese Publikation in der
Deutschen Nationalbibliografie; detaillierte bibliografische Daten sind
im Internet über http://dnb.d-nb.de abrufbar.

ISBN 978-3-95786-273-0
© Wißner-Verlag Augsburg 2021

Vorwort

AHA-L, Wechselunterricht und Homeschooling – im Kreuzfeuer dieser Begriffe erlebten unsere Schülerinnen und Schüler das Schuljahr 2020/21.

Wie vorausschauend trägt unser diesjähriges Augsburger Lesebuch das Sehnsuchtswort dieser ungewöhnlichen Zeit: MITEINANDER! Wer konnte bei der Wahl des Themas ahnen, welches Ausmaß das Zusammensein in unserer Gesellschaft noch spielen würde! Wie konnte man einschätzen, dass sich unsere Kinder und Jugendlichen gerade weitab vom sozialen Schulleben, abgeschottet von der Gemeinschaft im Klassenzimmer, ihr MITEINANDER so vielfältig vorstellen können!

Und wer hätte gedacht, dass sich unter diesen besonderen Bedingungen so viele Schülerinnen und Schüler an unserem inzwischen schon legendären Augsburger Schreibwettbewerb beteiligen! Knapp 500 haben sich allen Andersartigkeiten zum Trotz dem Kreativen Schreiben gewidmet. Wie immer hat es sich eine exklusive Jury mit viel Mühe und Bedacht nicht leicht gemacht, etwa 230 Texte auszuwählen.

Obwohl neu im Amt als Referentin für Bildung und Migration, stand es für mich nicht zur Diskussion, ob das Augsburger Lesebuch weitergeführt wird. Solange damit eine Anregung gegeben ist, das literarische Schreiben zu fördern, darf auf dieses so traditionelle wie aktuelle Projekt nicht verzichtet werden – es hat meine volle Unterstützung.

Herzlichen Dank deshalb an alle Jurymitglieder für ihre schwierige Aufgabe. Besonderer Dank gilt dem ungebrochenen organisatorischen Engagement von Frau Andrea Unglert sowie der Projektleiterin Frau Gertrud Hornung, die von Anfang an mit fachlicher Kompetenz und persönlichem Herzblut dabei war. Dank gilt auch unseren treuen Projektpartnern: der Gemeinschaftsstiftung Mein Augsburg, dem Lions Club Augsburg-Raetia und der Kinder- und Jugendstiftung der Stadtsparkasse Augsburg „Aufwind", ohne deren finanzielle Unterstützung die Publikation nicht möglich wäre. Unersetzbar ist auch der Wißner-Verlag als Verleger.

Leider darf auch in diesem Corona-Jahr keine Buchvorstellung im großen Rahmen stattfinden, aber wir freuen uns bereits jetzt auf ein fulminantes Lesebuch-Fest im kommenden Jahr und ein schönes MITEINANDER.

Viel Spaß bei der Lektüre!

Martina Wild

Martina Wild
Bürgermeisterin | Referentin für Bildung und Migration

Inhalt

Mit-einander

Mit Mama schminken, backen, kochen, tanzen, singen, spazieren und einkaufen.
Mit Freunden im Wald viele Bäume beobachten.
Mit meiner Familie und meinen Freunden Fahrrad fahren.
Mit allen in den Urlaub fahren, viele neue Sachen kennenlernen.
Miteinander macht alles Spaß!

Ayla Derinalp
Grundschule Centerville-Süd, Klasse 2a

Weißt du noch?

Weißt du noch, als es das alles noch nicht gab?
Als wir uns umarmten, im Siebentischwald nebeneinander liefen und sorglos den Sommer genießen konnten?
Weißt du noch, wie wir durch die City-Galerie schlenderten, ohne Masken und Abstand zu Fremden?
Der Christkindlmarkt und die Innenstadt gefüllt mit Menschenmassen waren?
Wie wir am 8. August ausgelassen das Friedensfest feierten?
Wo ist das alles hin?
Wie lange noch bis zur Freiheit?
Wie lange noch bis zum gewohnten Miteinander?

Alinda Kamberi
Berufsfachschule für Kinderpflege, Klasse Ki 10C

Miteinander während der Coronazeit

Um das Miteinander während der Coronazeit zu verstärken, unternehmen wir in der Familie unterschiedliche Aktivitäten. Wir essen öfter zusammen am Esstisch leckere Gerichte. Sehr oft kochen und backen wir mit Freude zusammen.
Nach dem Essen darf ein Spaziergang nicht fehlen, denn frische Luft tut immer gut. Am Abend schauen wir gemeinsam einen Film an oder machen Spiele.
Wenn einer nicht möchte, respektieren wir seine Meinung und suchen etwas Neues zur Unterhaltung. Gerne telefonieren wir auch mit der Familie und mit Freunden.

Wir hören dabei aufmerksam zu und lassen jeden aussprechen.
Gemeinsam sind wir stark, mutig und haben Spaß.

Hakan Dogan
Friedrich-Ebert-Grundschule, Klasse 4 bgt

Das Treffen

Es geschah eines Tages, dass sich ein reicher König und ein zerlumpter Bettler auf der Straße trafen.

Als der Bettler um Almosen bat, sprach der König: „Und was bekomme ich dafür?" Denn dieser König war ein sehr geiziger König.

Der Bettler sprach: „Du wirst von mir einen Rat erhalten, oh König."

Da spottete der König: „Ich soll von dir einen Rat wollen?! Ich habe schon alles, was man braucht!"

Der Bettler fragte: „Was braucht man denn alles?"

Da sagte der König schon ärgerlich: „Du weißt es doch selber! Gold und Juwelen! Unendlich viele Reichtümer! Dies habe ich!"

Der Bettler lächelte müde: „Ich empfinde nicht so. Ich schätze andere Werte im Leben. Komm mit, ich zeige es dir!"

Neugierig folgte der König dem Bettler in ein kleines Dorf, das in der Nähe der Straße lag.

Dort angekommen, gingen sie in eine kleine schäbige Schenke.

Als sie eintraten, riefen dem Bettler die Gäste zu: „Markus, du alter Halunke, komm setz dich zu uns! Zusammen ist man nicht allein!"

Da wandte sich der Bettler zum König um und sagte: „Was ich am Leben schätze, ist Freundschaft und das Zusammensein, weil man sich geborgen fühlt. Das kann man nicht mit allem Gold der Welt ersetzen."

Und damit hatte der Bettler völlig Recht.

Alexander Zemlyak
Gymnasium bei St. Anna, Klasse 7a

Miteinander

Die Sonne scheint
wir sind wieder vereint
nicht mehr allein
das muss ein Traum sein
ich höre das Lachen
muss mitmachen

glücklich wie nie
ich vermisste sie
Corona war einsam
mir fehlte ein Gemeinsam
genieße jeden Moment
bevor uns nochmal etwas trennt
ohne einander war schwer
das wollen wir nie mehr

Leo Heß
Maria-Ward-Realschule, Klasse 6c

Zirkusluft und Freundschaftsfreude

Anton war furchtbar unglücklich. Es lag nicht daran, dass er arm oder hungrig war. Aber an etwas fehlte es ihm doch. Anton war der einzige Junge im Dorf, der nicht e i n e n Freund hatte. Seine Mutter war eine berühmte Schauspielerin und nur selten zuhause. Sein Vater war Geschäftsmann und kam erst spät am Abend aus dem Büro. Deshalb war Anton fast immer alleine in dem riesigen Haus, in dem schon die Eltern und Großeltern gelebt hatten. Aus schlechtem Gewissen und vielleicht auch ein bisschen, um vor den anderen anzugeben, lasen ihm seine Eltern jeden Wunsch von den Augen ab. Er hatte so viel Spielzeug, dass es fast ein ganzes Zimmer füllte. Doch sogar der funkelnagelneue Greifbagger konnte Anton nicht aufmuntern.

Oft saß er am Fenster und beobachtete die Kinder, die draußen im Sonnenschein spielten. Aber der arme Anton traute sich nicht, zu ihnen zu gehen, aus Angst, abgewiesen zu werden. Diese Angst führte dazu, dass er keine Ahnung hatte, wie er mit gleichaltrigen Kindern umgehen sollte. Doch das würde sich sehr bald ändern . . .

An einem sonnigen Vormittag im April, als die ersten Krokusse ihre Köpfe aus der Erde streckten, kam im Blumenweg 13 ein Päckchen an. Anton nahm es mit in sein Zimmer, pfefferte das Paket achtlos auf den Schreibtisch und legte sich selbst seufzend aufs Bett. Er war enttäuscht. Viel lieber hätte Anton seine Mutter mal wieder in die Arme geschlossen. Erst nach drei ereignislosen, langweiligen Tagen entschloss er sich, das Geschenk doch zu öffnen. Vielleicht konnte es ihn ja ein wenig ablenken. In dem blauen Geschenkpapier lagen zwei Karten: Die eine zeigte seine Mutter mit dem schiefen Turm von Pisa im Hintergrund, die andere war eine Eintrittskarte für den Zirkus Rosetti, der gerade in der Stadt war.

Anton seufzte. Alleine machte Zirkus doch keinen Spaß! Aber er entschied sich, trotzdem hinzugehen. Ein wenig Abwechslung konnte ja nicht schaden.

An einem lauen Nachmittag sah man eine kleine, blasse Gestalt zusammen mit vielen anderen Leuten zur großen Festwiese ziehen. Sie fiel nicht weiter auf, und doch sollte für diese Gestalt heute ein großer Traum in Erfüllung gehen . . . Anton war schrecklich aufgeregt. Er hatte noch nie eine Zirkusvorstellung miterlebt. Mit klopfendem Herzen trat der unscheinbare Junge in das Zirkuszelt. Es roch nach Sägespänen, Pferden und Abenteuer. Seine Karte zeigte, dass er gleich in der ersten Reihe sitzen durfte. Der rote Samtstuhl direkt vor der Manege war schön weich und Anton ließ sich erschöpft darauf nieder. Neben ihm saß eine fein gekleidete Frau, die einen Hut so groß wie ein Mühlrad trug. Dann begann die Vorstellung. Und wie sie begann! Antons Augen wurden im Laufe der Zeit immer größer, bis seine elegante Nachbarin Angst bekam, dass sie ihm aus dem Kopf fallen könnten.

In der Pause spazierte Anton, der noch völlig benebelt von dem Gesehenen war, zu den Wohnwagen der Artisten. Plötzlich entdeckte er einen Jungen, der ebenfalls alleine um die Wagen streifte. Obwohl Anton im ersten Moment vor Schreck fast weggelaufen wäre, nahm er all seinen Mut zusammen und sprach das fremde Kind an: „Hallo, ich heiße Anton." Der fremde Junge grinste ihn an und erwiderte: „Hi, ich bin Jonas. Ich gehöre zum Zirkus und arbeite mit meinen Eltern am Trapez." Anton riss die Augen auf: „Diese Schaukeln hoch oben unter der Zirkuskuppel?" Jonas nickte. Auf einmal ging es wie von alleine. Die beiden Jungen unterhielten sich über dies und jenes und allmählich begannen sie, einander zu mögen. Schließlich, kurz vor Ende der Pause, verabredeten sie sich für den nächsten Tag zum Spielen bei Anton. Dieser war schrecklich aufgeregt. Den Rest der Vorstellung erlebte er wie mit einem dicken Schleier vor den Augen. Nur bei Jonas` Auftritt war er hellwach. Und es gab sicher niemanden, der hinterher so laut klatschte.

Anton und Jonas wurden die besten Freunde. Das Treffen bei Anton war ein voller Erfolg. Als der Zirkus weiterzog, brach es beiden fast das Herz. Doch als sie den ersten Schmerz überwunden hatten, telefonierten Jonas und Anton so gut wie jeden Tag und erzählten sich von ihren Erlebnissen. Und wenn es hieß, dass der Zirkus wieder in die Stadt kam, gab es niemanden, der sich so darüber freute wie Anton.

Hanna Göckeler
Maria-Theresia-Gymnasium, Klasse 5b

Miteinander

Das Miteinander. Der Zusammenhalt von Menschen. Corona hat unser Leben drastisch verändert. In dieser schwierigen Zeit müssen wir uns gegenseitig helfen. Nur durch das Miteinander können wir die Pandemie meistern. Denn die Menschheit ist wie ein Uhrwerk: Bleibt ein Zahnrädchen stehen, funktioniert der ganze Uhrmechanismus nicht mehr. Eines ist klar: Packen wir alle mit an, schaffen wir vieles. Wir werden diese ungewöhnliche Zeit bestehen, solange wir ein ganzes Uhrwerk sind. Ich glaube an uns!

Adelina Valiakhmetova
Holbein-Gymnasium, Klasse 7b

Die drei Freunde und das Geheimnis von Blackys Familie

Blue, Tom und Blacky – das waren sie, die magischen Drei. Blacky, ein Greif, suchte seine Familie und seine zwei menschlichen Freunde halfen ihm dabei. Sie hatten ihn vor zwei Jahren bei ihrem Geheimversteck gefunden. Sie hatten gemerkt, dass sie die Einzigen waren, die ihn verstehen konnten. Als die drei sich auf die Reise begaben, Blackys Familie zu suchen, fühlten sie sich zu Fabelwesen hingezogen. In einer sternenklaren Nacht wünschten sie sich, so zu sein wie ihr Freund Blacky. Da bemerkten die Freunde, wie sich ihre Gliedmaßen verschoben. Sie verwandelten sich in je einen Greif, so wie ihr Freund Blacky war. Da sie großen Hunger hatten, begaben sich die Freunde auf die Jagd. Als sie am nächsten Tag aufwachten, machten sie sich wieder auf die Suche nach Blackys Familie. Die drei kamen in ein kleines Dörfchen in der Nähe eines Waldes und befragten alle Bewohner des Dorfes, ob sie die Familie dieses Greifs kennten. Die Antwort der Dorfbewohner war eindeutig. Niemand kannte ihren Freund. Enttäuscht marschierten sie in den Wald. Da wollten sie sich schlafen legen und bemerkten, wie sie von einem Rudel Wölfe umzingelt wurden. Es gab nur noch einen Ausweg: sich in einen Wolf zu verwandeln und mit dem Rudel zu laufen. Als sie sich verwandelt hatten, liefen sie in das Territorium der Wölfe. Als die Freunde da waren, gingen sie zum Alfa. Sie baten ihn um Erlaubnis, in sein Rudel einzutreten. Als die Freunde sich am Ende der Schlange aufgestellt hatten, bemerkten sie einen alten Wolf, der sie interessiert anschaute. Da sagten die Freunde ihm: „Es scheint uns so, als ob Sie uns kennen würden." Daraufhin antwortete der alte Wolf: „Ja, ihr erinnert mich an die Geschwister Blue und Tom, aber es fehlt ja noch der jüngste der Brüder, und zwar Blacky." Die Freunde warfen sich fragende Blicke zu. Als er bemerkte, dass die Freunde verwirrt waren, fragte er sie, weshalb. Da antwortete Tom, dass er und sein Freund so hießen. Daraufhin antwortete er, dass sie Zauberwesen seien. Verwirrt schaute der alte Wolf sie an und sprach: „Ihr könnt es nicht sein, denn Blacky fehlt. Das stimmte, denn als sie sich umsahen, fanden sie Blacky nicht. Wo ist Blacky?, dachten sie. Da hörten die Freunde hinter sich ein lautes Geheul. Als sie sich umdrehten, sahen sie einen Wolf, der genauso aussah wie Blacky. Da rief der Wolf: „Hallo, ihr beiden! Ich bin euer Freund Blacky." Da rief der alte Wolf erstaunt: „Ihr seid ja wirklich die drei Brüder." Auf einmal hatten wir alle den gleichen Gedanken: Er war der Freund des Vaters der Brüder. Da fragte Blacky: „Woher wissen Sie, dass wir Brüder sind?" Da antwortete der alte Wolf: „Ich kannte euren Vater Gandalf. Wo habt ihr die Mutter gelassen?" Dann fragte Tom: „Wer ist unsere Mutter?" „Wisst ihr das denn nicht? Das ist Dorina!", sagte der alte Wolf. Sie schauten ihn erstaunt an: „Unsere Mutter! Wir sind also Brüder, die sich in alle Tiere der Welt verwandeln können?" „Ja", antwortete der alte Wolf. Da sagte Blue: „Wir sind die besten Freunde der Welt und eine Familie, die zusammenhält!"

Emiel Schmachtel, Tobias Hendrik Maier und Sebastian Luca Zeibig
Jakob-Fugger-Gymnasium, Klasse 5c

Im Nebel war die Welt verloren

„Unteroffizier Wilhelm Schilling" las ich bedrückt. Langsam wischte ich die Tränen von meinem Gesicht, spürte den rauen Stoff meines Ärmels an meiner Wange und schloss die Augen, in der Hoffnung, dass die schwarzen Buchstaben wieder verschwinden würden, als hätte ich mich lediglich verlesen. Langsam und hoffnungsvoll öffnete ich nach einer halben Ewigkeit wieder die Augen, blinzelte der Sonne entgegen und nahm wieder alle Farben der Umgebung wahr. Niedergeschlagen betrachtete ich dieselben Worte in schwarzer Schrift, gehauen in weißen Marmor: „Unteroffizier Wilhelm Schilling", daneben ein Eisernes Kreuz, das seine besonderen Dienste für sein Vaterland hervorheben sollte. Resigniert ging ich einen Schritt zurück und sah das komplette Denkmal in gänzlicher Pracht vor mir. Auf einem massiven Sockel aus kaltem Stein stand die Säule aus weißem Marmor, die hunderte Tote und Vermisste aufzeigte. Sie wirkte zu rein für das, was die Soldaten erlebt hatten. Der Kontrast zwischen dem

Grauen der Erlebnisse, dem Leid, welches die unzähligen Namen ausdrückten, und der schlichten Schönheit des Denkmals schmerzte. 50 lange Jahre und ein weiterer Krieg, der das Leben meines Erstgeborenen forderte, waren vergangen, als ich meinen besten Freund, Wilhelm, und unseren treuen Kumpanen, Franz, das letzte Mal gesehen hatte, und dennoch hätte es gestern gewesen sein können. Als wäre die Zeit stillgestanden und nur wenige Stunden vergangen, als hätte man mich gerade erst vom Schlachtfeld gezerrt, während ich versuchte, sie zu finden. Wie kalte Eiszapfen bohrte sich der Schmerz in meine Brust und ein eisiger Schauer lief meinen Rücken hinab. Panisch wich ich zurück, um mich zu vergewissern, dass ich nicht wieder im Schützengraben lag und dem Tod gegenüberstand. Mich langsam auf eine Bank setzend, holte ich den größten Schatz meines Lebens hervor - Wilhelms Taschenuhr, die für mich das Gefühl von wahrer Freundschaft, den Zusammenhalt in den düstersten Momenten repräsentierte. Schon vor zwei Tagen hatte ich sie aufgezogen und noch immer ratterten die Zahnräder im immer gleichen Rhythmus, wie ein kräftig schlagendes Herz. Tick! Tack! Tick! Tack! Als wir uns zum ersten Mal an der Front begegnet waren, tauschten wir gemeinsam unsere wertvollsten Gegenstände aus, um ein Andenken an den jeweils anderen zu besitzen. Wir hatten uns gegenseitig aus den Kratern gerettet und vor dem dreckigen Tod auf dem Schlachtfeld bewahrt. Ich bekam Wilhelms Taschenuhr und er im Gegenzug das Jagdmesser meines Vaters. Diese Gegenstände gaben uns Halt und waren das Symbol unserer Freundschaft, unseres ewigen Zusammenhalts. Grausam war die Welt geworden, wenn die Alten immer älter und die Jungen immer jünger wurden, dachte ich. Sinnlos starben Millionen, die „ehrenhaft" als „Helden" für ihr Vaterland mordeten und starben. Die beiden Kriege forderten nicht nur das Leben meines ersten Sohnes, Thomas, sondern vermutlich auch das von Wilhelm. Wie konnte mir innerhalb weniger Sekunden alles genommen werden, woran ich hing?!!! Jegliche Höllen hatte ich erlebt und durchschritten, nur um zu sehen, dass der Krieg und der Tod nicht einmal vor meinen engsten Vertrauen stehenblieb und auch diese in den Abgrund riss – wie ein Adler auf der Jagd. Zu dritt waren wir gewesen: Franz, Wilhelm und ich. Der Krieg war in seinen letzten Zügen, doch wurde er mit jedem Knall einer Granate, einer Kugel oder eines Artilleriegeschosses entsetzlicher und sein Durst nach Blut schien unersättlich. Franz Meier, ein junger Rekrut aus Nürnberg, der kaum volljährig geworden war, saß ängstlich am Rand des Grabens gelehnt. Zahlreiche Schlachten hatte er bereits mit uns bestritten, er zeichnete sich durch seinen Freigeist, seine Liebe zur Kunst und seine

Intelligenz aus – ebenso wie Wilhelm. Von der Schlacht in Lothringen bis zu Verdun hatten Wilhelm und ich alles durchgemacht, während wir auf Franz im Frühling des letzten Kriegsjahrs 1918 gestoßen waren. Obwohl wir uns nur wenige Jahre kannten, war aus unserer flüchtigen Bekanntschaft eine enge Freundschaft geworden, die im Krieg mehrmals auf eine Zerreißprobe gestellt wurde, uns jedoch näher zusammenführte. An dieser Hölle gab es nichts Schönes oder Bezauberndes, das unsere Herzen erfreute, dennoch hatten wir einander. Wir waren nicht bloß Kameraden, wir wuchsen zu engen Verbündeten – zu Brüdern heran. Selbst in den grausamsten Augenblicken halfen wir uns gegenseitig und schenkten uns Geborgenheit. An diesem Wintertag waren die Bombardements besonders entsetzlich. Schlimmer als die Schlachten selbst war das Sterben der Kameraden und das Warten – die Ruhe vor dem Sturm, das Warten auf das Ungewisse. WUMMS! „EINEN ARZT!!!! WIR BRAUCHEN EINEN ARZT!!!", schrie eine unbekannte Stimme aus der Ferne. Ihr Schrei nach Hilfe wurde abrupt von einem gewaltigen Einschlag eines schweren Artilleriegeschosses unterbrochen. Die „Franzmänner" waren uns an Ressourcen und Truppenstärke überlegen und die Moral der Truppen ließ stetig nach. Wilhelm war der ranghöchste unseres Trios, allerdings schimpfte er oft über seine Auszeichnungen, da er sie als „schandhafte Preise" für das Töten betrachtete, wofür er von seinen „stolzen" Mitsoldaten argwöhnische Blicke erntete. Selbst sein Eisernes Kreuz hatte er mit Verachtung gestraft und es in den nächstbesten Granatentrichter geworfen. „ZUM ANGRIFF!!! RAUS MIT EUCH!!!", schrie ein mürber Offizier, dessen Wange aufgrund eines Schrapnells grausam entstellt war. Franz presste das Gewehr an sich und schien wie festgefroren. Zögerlich richtete ich mich auf, während die anderen Soldaten bereits losstürmten. Eine kräftige Hand riss Franz und mich aus unserer Trance und hievte uns aus dem Graben. „Haltet euch an mich!!! Wir ziehen das durch!!!", sagte Wilhelm, der immer wieder neuen Mut schöpfte. Wieder sahen wir das Niemandsland - die Todeszone zwischen den Fronten - vor uns. Eine Wüste aus Schlamm – geschundene Erde, die vom Blut der Soldaten getränkt wurde. RATTATATA!!! MGs, wo wir nur hinsahen. Neben uns starben unsere Kameraden wie die Fliegen. Schreie erfüllten die Luft und ergaben mit dem Rhythmus der Geschosse ein atonales Werk des Grauens, als würde uns Luzifer höchstpersönlich in die Hölle geleiten. Plötzlich kam ich ins Stolpern und stieß mit einem Franzosen zusammen. Wir krachten in einen Krater, der sich wie eine Schlucht erhob – der Abgrund des Wahnsinns! Tote, deren Blut sich in Pfützen füllte, häuften sich. Reflexartig richtete ich das Gewehr auf den Franzosen, der mit wildem Blick sich mir entgegenstellte und mich wie ein Raubtier ansprang. Nach einem mühseligen Kampf drückte ich mein Knie auf seine Brust, sodass alle Luft aus seiner Lunge gepresst wurde. Bereit wieder zum Mörder zu werden, sah ich ihm in die Augen, als mich plötzlich jemand von ihm wegzerrte. Schlagartig drehte ich mich zur Seite. „TÖTE IHN NICHT!!!", schrie Wilhelm. „Er ist ja noch ein KIND!!!", beharrte er und wie durch ein Wunder nahm ich meinen soeben gewonnen Blutrausch aus einem anderen Blickwinkel wahr. Ich war unendlich froh, dass er eingegriffen hatte, denn ich wusste nicht, ob ich das Richtige getan hätte… Erst jetzt erkannte ich die Unschuld in den Augen des Jünglings und sah die Angst. Er kauerte schockiert am Rand der Grube und schenkte uns kaum Beachtung. Wortlos drehten wir uns zur Seite und ließen ihn in der Grube zurück, während wir uns gegenseitig hinaushalfen. Wilhelm hatte mich davor bewahrt, der Mörder eines Kindes zu werden, und hatte ihm gleichzeitig das Leben gerettet. Obwohl wir so schienen, als wären wir allein in dieser Hölle, waren wir trotzdem füreinander da - eine Kameradschaft, die uns eng verband. Er war für mich da gewesen, hatte mich vor grausamen Situationen bewahrt – wie es ein wahrer Freund getan hätte. Ruhig packte er meine Schulter und versuchte mich zu bestärken: „Franz, du und ich werden diese Hölle durchstehen!!! Wofür haben wir denn sonst vier lange Jahre überlebt?!" Für wenige Minuten hatte ich das Geschrei, das Donnern der Granaten, die bebende Erde, das Zischen der Flammenwerfer ausgeblendet, doch plötzlich holte es mich wieder ein. Das letzte Geräusch, das ich wahrnahm, war ein lautes Zischen direkt neben mir, das mich, gefolgt von einer ohrenbetäubenden Explosion, meterweit nach hinten schleuderte. Panisch sprang Wilhelm zu mir und ich sah sein dichtes braunes Haar, das meine Stirn kitzelte, während er mich in den Armen hielt. Wie ein Schiff, das im Meer versank, ging auch er in einem dichten Nebel unter und die Welt um mich herum entfernte sich immer weiter. „Unteroffizier Wilhelm Schilling" - meine Augen waren müde geworden und wie heißes Eisen brannten sich die Lettern in mein Herz.

Jakob Weber
Mittelschule Friedberg, Klasse 10aM

2020 – was ein Jahr!

2020 – was warst du für ein Jahr?
Jetzt sind alle füreinander da.
Anstatt Oma und Opa zu besuchen,

backen wir alle zu Hause einen Kuchen.
Die Masken hängen im Gesicht,
und von Tag zu Tag steigt auf der Waage das Gewicht.
Kein Sport, kein Bummeln in der Stadt,
wir haben es alle satt!
Der Urlaub am Meer fehlt uns allen,
wir warten, bis die Zahlen fallen.
Statt reisen und sich mit seinen Freunden treffen,
lassen wir uns alle von Corona stressen.
Wir lernen kleine Dinge schätzen,
müssen alles anders umsetzen.
Das war so nicht geplant,
wer hätte das geahnt!
Gemeinsam schaffen wir die Krise zu überstehen,
denn so kann es ja nicht weitergehen.
2020 – was ein Jahr,
hoffentlich wird zweitausendeinundzwanzig wunderbar!

Franka Friedrich
Berufsschule II, Klasse DMG10C

Zusammenhalt in der Familie

Zusammenhalt ist etwas, was in unserer Familie großgeschrieben wird.
Die Familie ist der Ort, wo das Leben anfängt und die Liebe niemals
endet. In unserer Familie ist es so, dass wir uns unter den Geschwistern
immer alles erzählen können und in schlechten Zeiten füreinander da
sind.
Mein Vater ist die Säule der Familie, der Starke, unser Beschützer.
Meine Mama ist die geheime Säule unserer Familie, sie ist unser Ratge-
ber, unser Lexikon, unsere beste Freundin, man kann ihr alles erzählen
und sie hat für jedes Problem eine Lösung.
Unseren Zusammenhalt stärken wir, indem wir oft Zeit miteinander
verbringen. Es ist ganz egal, ob es ein Urlaub in Italien ist oder man
zuhause auf der Couch einen Film schaut. Wir erleben die schönsten
Augenblicke unseres Lebens miteinander. Für uns ist die Definition des
Wortes „Zusammenhalt" die Familie.

Raffaela De Luca
Berufsschule IV, Klasse BM 12BM

Unser „Wir" gelingt nur mit dir und mir

Als wir 2019 in die 3. Klasse kamen, überlegten wir uns gemeinsam, dass es wichtig ist, zusammenzuhalten. Wir bekamen ein großes Glas von unserer Lehrerin. „Wenn wir es schaffen, es mit Kugeln zu füllen, fahren wir ins Schullandheim!", sagte unsere Lehrerin. Wir durften immer Kugeln sammeln. Kugeln gab es für gutes Miteinander. Deshalb strengten wir uns an und halfen uns gegenseitig. Es gab viele Beispiele: Verletzte sich einer von uns in der Pause, halfen wir ihm sofort. Als Belohnung gab es eine oder mehrere Kugeln.

Wir hatten auch verschiedene Dienste. Erledigten wir sie gut und selbstständig, bekamen wir eine oder mehrere Kugeln. Es gab auch verschieden große Kugeln. Klappte unsere Mittagspause, bekamen wir eine mittelgroße Kugel. Waren wir vorbildlich auf einem Unterrichtsgang, so erhielten wir eine große Kugel. Bis Januar sammelten wir miteinander so viele Kugeln, dass wir ins Schullandheim fahren durften. Das war toll!

Zusätzlich hatten wir einen „Herzchen-Club". Den gab es einmal in der Woche. Jedes Kind aus unserer Klasse hatte fünf grüne Frosch-Karten. Mit diesen Karten durften wir die Kinder selbst loben, die uns während der Woche etwas Gutes getan hatten.

Auch konnten wir mit den „Nicht-Vergessen!"-Karten andere Kinder an wichtige Dinge erinnern. Mit unseren „Herzchen-Karten" durften wir uns bei Mitschülern entschuldigen, wenn etwas schiefgelaufen war. Wir mögen unseren „Herzchen-Club" sehr.

Als wir endlich in der 4. Klasse waren, gab es Corona schon länger. Aber diese schwierige Zeit hieß für uns, es gibt keine Arbeitsgemeinschaft „Pausenengel", weil sich die Klassen nicht mischen dürfen. Wir waren so traurig!

Seit der 1. Klasse freuten wir uns darauf, einmal Pausenengel zu werden. Unsere Lehrerin hatte eine Idee. Wir werden „Pausenengel in geheimer Mission". Wir freuten uns sehr. Unsere Lehrerin brachte uns bei, Ruhe zu bewahren, um anderen helfen zu können. Sie lehrte uns, andere zu beruhigen, wenn sie gestresst oder in Panik sind. So haben wir viel gelernt. Jetzt wissen wir, dass wir in dieser schwierigen Corona-Zeit oder auch in anderen Zeiten zusammenhalten sollten.

Das ist das Wichtigste: das Miteinander, das „Wir".

Giosuè Scheumann
Friedrich-Ebert-Grundschule, Klasse 4 bgt

Miteinander

Meine Oma wohnt ein bisschen weiter weg. Immer wenn wir alle miteinander zusammenkommen, haben wir viel Spaß.

Ich habe mich das ganze Jahr darauf gefreut, sie an Weihnachten zu sehen. Tatsächlich habe ich sie seit Februar nicht mehr getroffen.

Es kann sein, dass wir dieses Weihnachten nicht zu Oma fahren können, sagt Mama. Ich kann es nicht glauben!

Niemals würde meine Oma das zulassen! Sie vermisst mich doch sicher! Ich vermisse sie doch auch!

Aber es ist wahr!

Nicht zur Oma an Weihnachten!

Das kann kein Weihnachten sein!

Es war wirklich so. Kein Miteinander! Wegen Corona konnte ich tatsächlich nicht zu Oma. Ich durfte nicht zur Gefahr für sie werden – sie ist ja schon älter. Richtig verstehen kann ich es noch immer nicht …

Christian Luca
Maria-Ward-Realschule, Klasse 6a

Wert der Freundschaft

Rosen sind rot
Tote sind tot,
Wie ich dich find?
Ich bin froh, dass wir Freunde sind.
Wir sind Freunde
Und das macht mir Freude.
Spaß haben wir
Und ich nur mit dir.
Steine sind hart
Und wir sind stark.
Zusammen schaffen wir,
Was unmöglich wirkt.
Ein Streit trennt uns nicht,
Denn unsere Freundschaft ist dicht.
Ob dumm oder schlau,
Es gibt keinen Radau.

Matteo Chortikoglou und Ily Al Shaltan
Jakob-Fugger-Gymnasium, Klasse 5c

Miteinander

Ein schlichtes Wort mit einer einfachen Bedeutung:
miteinander lachen,
miteinander lernen,
miteinander leben,
gemeinsam mit anderen,
mit Freunden.
Ein alltägliches Prinzip
als Selbstverständlichkeit wahrgenommen.
Eine bereits reflexartige Handlung wie
das Weitergeben von Neuigkeiten,
der Austausch über Erlebnisse,
das Bitten um Hilfe,
Kommunikation in einer Gemeinschaft.
Ein Ausdruck von Miteinander,
ein Gefühl der Zugehörigkeit
und eine Versicherung der gegenseitigen Unterstützung,
wann immer sie gebraucht wird.

Eva Ortmeier
Maria-Theresia-Gymnasium, Klasse 10d (Schreibwerkstatt)

Gut und schlecht, es ist alles Miteinander

Daheim, 21.November
Liebes Tagebuch,
ich muss dir unbedingt etwas erzählen: Ich fand endlich heraus, was Miteinander ist! Da ich dir gestern nicht mehr schrieb, hole ich das jetzt nach und erzähle dir, was ich gestern erlebte:
Alles fing mit der Gruppenarbeit in Mathe an. Ich freute mich total, weil Mathe ja mein Lieblingsfach ist. Aber die Anderen redeten so viel, dass ich nicht zu Wort kam. Am Ende hatten wir zwar etwas zu präsentieren, aber das war nicht sonderlich gut. Also: Das war schon einmal kein gutes Miteinander. Aber es ging noch weiter: Am Abend wollten Mama, Papa und ich einen Filmabend machen. Ich freute mich riesig! Doch meine Eltern suchten den Film ohne mich aus. Ich jedoch wollte diesen Film nicht anschauen. Als ich dies sagte, gab es Streit und ich musste sofort ins Bett, weil ich angeblich frech gewesen sei (wieder ein schlechtes Miteinander). Deshalb schrieb ich dir gestern nicht mehr.

Nun kommen wir zu heute:

In Sport mussten wir Gruppen bilden (für ein Spiel). Ich kam mit Clarisse, die ich ja eigentlich nicht so mag, in eine Gruppe, aber heute waren wir (fast) ein Herz und eine Seele. Das war ein gutes Miteinander. Am Nachmittag kam dann meine Freundin Finja zu Besuch. Wir stritten uns heute kein einziges Mal, obwohl wir sonst immer sehr „diskutierfreudig" sind, wie du sicher weißt. Wieder ein gutes Miteinander. Am Abend kamen meine Eltern von der Arbeit nach Hause und Finjas Eltern kamen zu Besuch. Zu sechst machten wir dann einen Spieleabend. Heute war ein toller Miteinander-Tag!

Also: Miteinander ist, wenn man zusammen ist, aber es ist nicht immer alles gut und freundlich.

Karla Metzner und Judith Pettinger
Gymnasium bei St. Stephan, Kl. 5b, und A. B. von Stettensches Institut, Kl. 5b

Neu im Internat

Wie fast jeden Morgen saß Mia mit ihrer Mutter Chloe am Frühstückstisch, und sie genossen ihren Toast mit Butter. Doch irgendetwas war anders. Chloe verhielt sich eigenartig. „Was ist los? Wieso verhältst du dich so seltsam?", fragte Mia nachdenklich. Chloe sah sie ernst an. Mit unsicherer Stimme antwortete sie: „Hör zu, Mia, ich habe schon die ganze Woche ein Geheimnis vor dir. Du weißt bereits, dass unser Geld knapp wird. Ich verdiene einfach nicht genug. Darum habe ich einen Job im Ausland angenommen. Bald werde ich nach Australien gehen müssen. Ich werde dich auf ein Internat in Hamburg schicken müssen, das HWI, was für Hamburger West Internat steht. Ich habe keine andere Wahl." Mias Augen wurden feucht und Tränen liefen über ihre Backen. Mia war wie erstarrt. Die einzigen Worte, die sie zustande brachte, waren diese: „Wow, Australien . . ." Chloe war bewusst, wie schwer das für ihre Tochter sein würde. Der Umzug, andere Freunde, eine neue Schule . . . Doch sie wusste auch, dass sie auf das Geld angewiesen war, vor allem, weil sie alleinerziehend war. Chloe und Mia redeten über die ganze Situation und mit ein paar aufmunternden Worten versuchte Chloe, Mia zu beruhigen. In dieser Nacht fiel es beiden sehr schwer einzuschlafen. Mia war heiß und sie bildete sich die ganze Zeit schwarze Schatten um sich herum ein. Chloe war mulmig zumute und sie hatte Kopfweh. Die folgenden Nächte bis Freitag verliefen nicht anders. Chloe und Mia hatten keine Ruhe gefunden. Chloe wollte noch etwas mit ihrer Tochter unternehmen, doch es gab nichts, was sie sich hätten leisten können. So verbrachten sie die ganze Woche zu Hause.

Kaum war es Freitag, mussten die beiden zum Bahnhof aufbrechen. Es war ein kalter, stürmischer, regnerischer Tag. Chloe hatte sich Geld von einer Bekannten geliehen, um das Ticket zu bezahlen. Allerdings musste Mia alleine nach Hamburg reisen. Das Einzige, was sie bekommen hatte, war ein Stadtplan. Die beiden umarmten sich ein letztes Mal, als der Zug auf dem Gleis stand. Mia hatte große Angst. Das war ihre erste Reise und sie musste sie auch noch alleine hinter sich bringen. Chloe fuhr nach Hause und war sehr traurig. Schon morgen musste sie nach Australien fliegen, tausende Kilometer von ihrer einzigen Tochter fort.

Mia war die ganze Fahrt über wach gewesen und hatte immer auf die Uhr geschaut. Nun war es soweit: Der Zug rollte im Hamburger Bahnhof ein. Der Schaffner verkündete per Lautsprecher: „Sehr geehrte Fahrgäste, wir haben es nun geschafft, wir sind in Hamburg angekommen. Ich bitte Sie, sich auf direktem Weg zum Ausgang zu begeben." Mias Herz pochte wie verrückt und dennoch begab sie sich mit butterweichen Beinen zum Ausgang. Das Erste, was sie tat, war, auf den Stadtplan zu schauen. Sie hatte wirklich Angst, denn sie musste immerhin alleine in einer wildfremden Stadt ein Gebäude finden. Um 7:15 Uhr erwartete man sie im HWI. Nun war es 6:10 Uhr. Mia hatte zwar noch genug Zeit, dennoch rannte sie wie verrückt Richtung Internat. Sie war so froh wie eine Maus im Käseladen, als sie an einem Gebäude ankam, auf dem an einem großen Schild die Buchstaben HWI zu sehen waren. Das muss es sein, dachte Mia. Sie lief in einer hohen Geschwindigkeit auf das Internat zu. Am Eingang wurde Mia von einer freundlichen Dame in gemustertem Shirt gegrüßt. Sie wartete einige Minuten im Wartebereich, bis die Dame rief: „Mia Hasel, bitte!" Mia war sehr aufgeregt und nervös, als sie die Direktorin im Sprechzimmer sah. Direktorin Karoscho wies auf einen gepolsterten Sessel hin und sprach: „Setz dich doch!" Mia begrüßte die Schulleiterin so, wie sie es mit ihrer Mutter eingeübt hatte: „Guten Tag, Frau Direktorin Karoscho, es ist eine Freude für mich, Sie kennenzulernen. Mein Name ist Mia Hasel." Die beiden unterhielten sich einige Minuten, bis Mia von einer Gruppe Schülerinnen in ihr Zimmer gebracht wurde. Sie lief stocksteif neben ihnen her. Sie hatte bisher noch kein Wort gesagt, weil sie Angst hatte, etwas falsch zu machen. An ihrer alten Schule war sie nämlich meistens wegen ihrer Ängstlichkeit gehänselt worden. „Danke", flüsterte Mia mit hoher Stimme. Sie zog die Schuluniform an, die bereits gefaltet auf ihrem Bett lag. Dann gab es Mittagessen.

Mia hatte in ihrem Zimmer noch ein wenig nachgedacht und sie war zu dem Schluss gekommen, sich zu verstecken. Sie versteckte sich beim Mittagessen hinter einer Pflanze.

Der Geruch von dampfenden Knödeln, Kartoffeln und Suppe machte die Sache nicht gerade leichter. Doch Mia beschloss standzuhalten und sich nicht unterkriegen zu lassen. Eine der Schülerinnen am Tisch sah Mia. Sie sagte kichernd: „Seht mal, Leute, da hinten steht tatsächlich eine Pflanze mit Gesicht." Im Saal breitete sich schallendes Gelächter aus. Jetzt hatte Mia jeder gesehen. Ihr rutschte das Herz in die Hose und sie vergaß fast zu atmen. Nun merkte sie, dass es keinen Sinn machen würde, sich weiter hinter der Pflanze aufzuhalten, da sie sowieso jeder entdeckt hatte. Außerdem hatte sie einen knurrenden Magen, der eine Portion Suppe mit Knödeln verlangte. Zitternd kroch sie aus ihrem Versteck heraus. Mia verbrachte das Essen inmitten lachender Schülerinnen. Nach dem sie den letzten Löffel Suppe verschlugen hatte, sprintete Mia sofort weinend auf ihr Zimmer. Sie war immerhin am ersten Schultag vor der ganzen Schule gedemütigt worden. Den restlichen Tag verbrachte sie schmollend in ihrem Zimmer. Erst am nächsten Tag würde der Unterricht beginnen und Mia hatte große Angst, dass sie noch einmal vor der ganzen Schule gedemütigt werden würde. Am nächsten Tag stand sie auf, zog sich um, aß Frühstück und ging ins Klassenzimmer. Das Frühstück verlief etwas unangenehm. Um Mia herum kicherten und tuschelten nämlich alle. Sie aß nicht mehr als eine Schüssel Müsli, denn sie wollte einfach nur noch in ihr Klassenzimmer. Abgesehen von den unangenehmen Mahlzeiten hätte ihr Schultag gar nicht besser laufen können. Mia wusste fast alle Antworten im Unterricht. Am liebsten hätte sie sich eigentlich gar nicht gemeldet, um nicht aufzufallen, doch sie hatte ihrer Mutter versprochen, sich nicht ängstigen zu lassen und sich zu melden, wenn sie etwas zu sagen hatte. Sie lag in der Nacht noch ewig wach und dachte an ihre Mutter und wie sehr sie sie vermisste. Doch dann würde sie doch ein wenig müde. Ihre Augenlider wurden immer schwerer, bis sie schließlich zufielen.

So verlief beinahe die ganze Woche. Nur eine Sache war anders: Es waren nicht nur die Mahlzeiten, die Mia Angst machten, sondern auch der Unterricht. Sie hatte eine Gruppe Mädchen in der Klasse, die sie immer nur hänselten. Sie sagten zum Beispiel immer nur, was für eine Streberin Mia sei, oder sie lachten über ihre Größe, denn Mia war nicht gerade die Größte. Genauso ging das die Woche weiter. Am Freitag hatte Mia schon Pläne für das Wochenende geschmiedet. Sie wollte sich einfach nur in ihrem Zimmer verstecken. Die ganze Zeit. Doch dass es ganz anders kommen würde, hatte Mia sich nicht gedacht. Am Samstag nämlich klopfte jemand an die Tür ihres Zimmers: „Hallo? Bist du Mia Hasel? Darf ich reinkommen?" Mias Augen wurden groß und sie selbst war wie erstarrt. Mia fragte sich, ob da wohl wieder jemand kam, um sie zu ärgern. Sie entschied sich, all ihren Mut zusammen zu nehmen, und sprach: „Ähm, ja, ja sicher kannst du reinkommen, ähm . . ." Mit diesen Worten senkte sich die Türklinke und ein blondes, großes Mädchen kam herein. Mia erinnerte sich, dass sie dieses Mädchen vom Sportunterricht kannte. „Ich bin Lilli, ich wollte nur mal vorbeischauen, wie es dir geht. Ich habe gesehen, wie dich diese Mädchen behandeln . . ." Lilli streckte Mia freundlich die Hand aus, die sie gern ergriff. „Aha, ähm, schön, dass du hier bist . . ." Mia setzte ein erzwungenes Lächeln auf, immerhin hatte sie keinen Besuch erwartet. Sie stotterte und wusste nicht, was sie sagen sollte. Lilli bemerkte das und sagte: „Ach, entspann dich doch mal, ich bin nicht hier, um dich fertig zu machen, ich wollte dir nur sagen, dass ich schon mit dieser Natascha geredet und ihr gesagt habe, dass sie sofort mit ihren Hänseleien aufhören soll." „Wer ist Natascha?", fragte Mia misstrauisch. „Sie ist das Mädchen, das dich immer so ärgert." „Aha, aha . . ." Mia fand es etwas peinlich, dass ihr ein größeres Mädchen helfen musste, allerdings war sie auch froh, endlich Anschluss gefunden zu haben. „Ich weiß noch genau, wie es war, das neue Mädchen auf der Schule zu sein. Ich war die Marionette der ganzen Schule und die Lachnummer von allen. Ich will dir durch diese Zeit helfen und ich verspreche dir, sie wird bald vorbei sein." Mia war überglücklich, das zu hören: „Vielen Dank, das ist wirklich nett von dir!"

An diesem Tag hatte Mia fünf Freunde gemacht: Lilli und ihre Mädels, Lara, Manu, Dani und Eli. Die Zeiten änderten sich und Mia war nicht mehr das Opfer von Natascha und ihren Freundinnen. Mia und ihre Mädels-Gruppe, setzten sich dafür ein, dass nicht noch mehr Mädchen Opfer von Natascha wurden. Sie hatte nun Freundinnen gefunden, die mit ihr die Jahre am Internat überstehen würden.

Ida Vögl
Gymnasium Maria Stern, Klasse 5c

Die Herrlichkeit des Miteinanders

Willst du etwas Schweres schaffen
und du probierst's allein zu machen?
Willst du einen hohen Berg besteigen
und die Freud am Wandern will sich dir nicht zeigen?

Willst du ein gutes Essen servieren
und keiner kann's mit dir probieren?
Willst du spielen ein lustiges Spiel allein
und dir fällt der Sinn des Spieles gar nicht ein?
Willst du in der Schule tiptop Noten haben,
doch zuhaus musst du dich mit dem Laptop plagen?
Willst du musizieren mit deinem Instrument,
aber spielst allein in deiner Band?
Willst du mal wieder richtig lachen,
und hast niemanden zum Witzemachen?
Dann mach doch mal gemeinsam diese Sachen:
Zusammen über Witze lachen,
vereint zu musizieren,
gemeinsam in die Schul spazieren,
mit Freunden sich im Spiel zu messen,
zusammen eine Pizza essen,
zu sehen, wie die schöne Aussicht auf dem Berg dich und deine Freunde eint,
dann wirst du merken, wie toll es ist zusammen, gemeinsam, vereint
den schweren Stein zu heben
und in der Herrlichkeit des Miteinanders zu schweben.

Elias Huth
Gymnasium bei St. Stephan, Klasse 6c

Der Wandel um 3031

Sophia, Luis, Nico und Lotta sind Geschwister. Sophia ist 12 Jahre alt und die Zwillinge Luis und Nico sind 13. Ihre kleine Schwester Lotta ist 5. Es ist ein ganz besonderer Tag: Der Tag des Wandels. Vor sechs Jahren wurde die Welt verändert. Und heute, an dem Gedenktag dieses Ereignisses, fragt Lotta neugierig ihre große Schwester Sophia: „Sophia?" - „Ja?" - „Was war vor sechs Jahren, was ist passiert, dass das einer der wichtigsten Tage des Jahres wird?" - „Ich werde es dir erklären. Komm mit, wir gehen aufs Sofa." Auch Luis und Nico hören zu: „Wir kommen mit und helfen dir erklären!" Sophia verdreht die Augen und murmelt: „Ach, als ob ich das nicht wüsste." Als alle auf dem Sofa Platz genommen haben, fängt Sophia zu erklären an: „Wie du weißt, ist jetzt das Jahr 3037 und vor sechs Jahren, also um 3031, ist es passiert: Die Welt war kaputt. Überall lag Müll, es gab keine Meere mehr, nur noch Plastik, Plastik und nochmals Plastik." Lotta schaut sie mit fragenden Augen an, doch sie wagt es nicht, ihre Schwester zu unterbrechen. Sophia fährt fort: „Kein Mensch war mehr auf den Straßen. Wieso auch? Roboter erledigten alles, arbeiteten, aber ..." - Sophia legt eine Kunstpause ein - „... es gab einen noch besseren Grund, nicht nach draußen zu gehen, soll heißen: Man konnte gar nicht nach draußen gehen! Man wäre geschmolzen. Die Hälfte aller Roboter arbeitete damals an Ventilatoren und Lüftungsanlagen. Drohnen lieferten diese aus." Jetzt hält Lotta es nicht mehr aus: „Was ist Plastik, was sind Drohnen und Roboter?" Nico übernimmt: „Plastik ist ein Stoff, der schwer abbaubar ist, immer bleiben kleine Teilchen übrig. Drohnen sind kleine Fluggeräte, die es heute nicht mehr gibt, und Roboter sind intelligente Dinger aus Metall und solchen Sachen, die es heute auch nicht mehr gibt." Nach seiner Erklärung erzählt er auch gleich noch weiter: „Außerdem verpesteten Flugzeuge die Luft und es gab Massentierhaltung." Nachdem er erklärt hat, was es mit den beiden Dingen auf sich hatte, redet er weiter: „Da berief der Vorsitzende eines Landes eine Konferenz ein. Er habe in einem seiner alten Bücher gelesen und gesehen, wie schön die Welt da war und wie gut die Leute zusammengehalten hatten, und er wollte, dass die Welt wieder so aussieht wie früher. Die Leute fanden das lächerlich und dachten, der spinne, denn der Präsident war sehr alt, ja so alt, dass er Schnee miterlebt hatte. Ein halbes Jahr später schmolzen die Roboter und konnten keine Lüftungsanlagen mehr bauen. Da fingen die Menschen an zu begreifen, was sie getan hatten, und hörten auf. Flugzeuge wurden nicht mehr benutzt und so musste man auch keine belüfteten Gänge mehr zum Flugzeug bauen und ..." Nun macht Luis weiter: „Und es gab mehr Material für Belüftungsanlagen. Nach und nach wurde alles besser, es wurde kälter, so um die 65 Grad statt hundert. Das dauerte ein halbes Jahr und noch ein weiteres halbes, bis die 30 Grad erreicht waren, wo man wieder nach draußen konnte. Roboter und andere technische Dinge, die nicht mehr gebraucht wurden, wurden in ihre Einzelteile zerlegt und für andere Dinge genommen. Meere wurden gesäubert und neue Tiere gezüchtet. Die Plastiküberreste wurden in unterirdische Hallen transportiert und somit fast aus der Welt geschafft. Und jetzt gibt es kein Plastik, keine Flugzeuge und keine Massentierhaltung mehr, sondern elektrisch fahrende Autos, Pappe und Papier und glückliche Tiere." Lotta nickt und sagt: „Tolle Geschichte, aber habt ihr schon einmal Schnee gesehen?" Alle schütteln Kopf und Luis meint: „Obwohl es Winter ist!" Und in diesem Moment fing es an zu schneien. Nur weil alle zusammengehalten hatten!

Johanna Löhr
Gymnasium Maria Stern, Klasse 5c

Miteinander in der Corona-Zeit

„Miteinander" bedeutet, wenn eine schwierige Zeit ist, dass man zusammenhält - gerade, wenn der beste Freund in Quarantäne ist.

Dass man ihm Schnee vorbeibringt und er Schneeball-Weitwurf vom Balkon machen kann.

Dass man mit ihm videochattet und so gemeinsam Experimente im Badezimmer macht.

Dass man sich online trifft und Homeschooling-Aufgaben gemeinsam löst.

Dass man an der Wohnung des Freundes vorbeigeht und sich über die Fensterscheibe zuwinkt.

Und dass man ihm zum Zeitvertreib Spielsachen, DVDs und Süßes vor die Wohnungstür legt.

Dass man einfach füreinander da ist und gemeinsam weiß: Bald wird es wieder besser.

Und wenn die Quarantäne vorbei ist, bedeutet „Miteinander",
dass man sich endlich wieder trifft.

Dass man sich gemeinsam den vereisten Schlittenberg hochkämpft, Stöcke sammelt, Feuer im Garten macht und Würstchen grillt.

Dass man gemeinsam lacht und Quatsch macht,
sich zum Rollerfahren trifft und im Hang klettert.

Dass man gemeinsam neue Pläne für die Zukunft schmiedet und sich freut, dass man wieder frei ist.

All das ist ein Miteinander mit dem besten Freund.

Bastian Betzing
Grundschule Inningen, Klasse 3

Vor fünf Jahren

Für alle anderen war es ein normaler Dienstag. Für mich war es der 22. März. Der Tag, an dem sich vor fünf Jahren alles änderte.

Ich war schon immer ein aufgewecktes Kind gewesen. Die Schule machte mir Spaß, ich konnte dort viel lernen, meine Freunde treffen und das unbeschwerte Leben genießen. Schließlich macht man sich in der 6. Klasse noch keine Gedanken um das Abitur und auch die Noten waren für meine Eltern nie so wichtig. Das Wichtigste für sie war, dass ich glücklich bin, dass ich gesund bin und meine Freizeit mit sinnvollen Dingen verbringe – übersetzt heißt das, ich sollte nicht den ganzen Tag auf mein Smartphone starren. Aber auch die kleinen Streitigkeiten um die in meinen Augen viel zu kurze Handyzeit waren nicht der Rede wert. Meine Familie war immer das Wichtigste in meinem Leben und besonders mein Papa hatte einen großen Einfluss auf mich. Mein Ziel war es immer, so zu werden wie er. Er war ein erfolgreicher Geschäftsmann, reiste um die Welt und brachte jedes Mal Geschenke mit. Er arbeitete Tag und Nacht, damit er uns das Beste vom Besten bieten konnte. „So wie du, so will ich auch mal werden", sagt ich eines Abends zu ihm, als er nach einer 5-tägigien Geschäftsreise wiederkam und gerade noch vor dem Einschlafen in mein Zimmer spähte und mich dann ganz fest an sich drückte. Ich war es gewohnt, dass er manchmal Tage oder Wochen im Ausland verbringen musste, und trotzdem hätte ich ihn gerne jeden Tag bei mir gehabt. Vor allem dann, wenn ich schlecht träumte oder Mama mir mal wieder nicht mit den Mathe-Hausaufgaben helfen konnte. Ich freute mich jedes Mal umso mehr, wenn ich den großen Wagen in der Einfahrt aufheulen hörte. Aber eines Abends – ich und meine Geschwister durften extra länger wach bleiben, weil Papa jetzt schon über zwei Wochen auf Geschäftsreise in Belgien war – kam er nicht wie erwartet, um uns tolle Geschenke und Mitbringsel zu überreichen. Stattdessen kamen die Tagesthemen und eine Eilmeldung, die nur von einem Ereignis handelte. Es war der 22. März 2016 und am Flughafen Brüssel-Zaventem entschieden sich drei Männer dazu, ihr Leben zu beenden und viele weitere mit in den Tod zu reißen. Unter anderem auch meinen Vater, der auf dem Weg nach Hause zu uns, meinen Geschwistern, meiner Mama und mir, war. An diesem Abend war es das erste Mal, dass ich den Begriff Terrorismus hörte. Und es war das letzte Mal, dass ich die Stimme meines Vaters hörte, kurz bevor er sein Leben und ich den wichtigsten Menschen in meinem Leben verlor. Für meine Familie und mich brach in dem Moment eine Welt zusammen, als die Polizeibehörde bei uns anrief und wir wussten, dass es nicht um das Fahrrad ging, das mir letzte Woche geklaut worden war.

Ab diesem Zeitpunkt verlor ich den Glauben an die Menschheit. Ich wusste, in dieser Welt gibt es kein Miteinander, keine Rücksicht, keine Nächstenliebe, wie ich es im Religionsunterricht gelernt hatte. Eine Welt voll Hass und Gewalt, voll Ungerechtigkeit und Neid ist der Ort, an dem ich lebe. Ich schottete mich von meinen Freunden ab und verließ mein Zimmer nur noch selten. Ich fiel in ein tiefes Loch und kam nicht mehr heraus, bis mir eines klar wurde:

Jedes Jahr fahren wir am 22. März nach Brüssel und trauern hier mit anderen Hinterbliebenen, die ihre Liebsten verloren haben. Wir hatten alle dasselbe Schicksal und irgendwie spürte ich hier das erste Mal wieder so etwas wie Miteinander und Zusammenhalt. Wir waren aus keinem schönen Anlass hier und trotzdem wusste ich, dass ich nicht allein bin. Das gab mir Hoffnung, Halt und ein Stück Normalität zurück.

Julia Klein
Maria-Theresia-Gymnasium, Q12

Großes Glück

Es war ein sonniger, kalter Tag. Meine Freunde und ich gingen zu einem nahegelegenen, zugefrorenen See im Wittelsbacher Park. Wir nahmen Schlittschuhe mit, um ein bisschen auf dem Eis zu fahren. Zuerst setzten wir uns auf Bänke und zogen die Schlittschuhe an. Im Anschluss testeten wir vorsichtig das Eis, um herauszufinden, ob es uns alle aushielt. Das Eis war schon ein bisschen rissig, aber es schien dick genug zu sein. Ich probierte es einfach. Mit einem Satz sprang ich auf die Eisfläche. Um meine Schlittschuhe herum bildeten sich rasch leichte Risse. Sie wurden größer und größer und dann passierte es! Ich brach ein! Das Wasser war eiskalt und ich schnappte erschrocken nach Luft. „Hilfe! Holt mich hier raus!", schrie ich panisch. Meine Freunde wollten schnell Hilfe holen, aber das würde viel zu lange dauern. Zunächst hatte keiner eine Idee, wie sie mich aus dem Wasser herausziehen könnten, aber dann beschlossen sie, eine Art „liegende Räuberleiter" zu machen. Sie legten sich hintereinander hin und hielten sich aneinander fest, bis einer meiner Freunde mich aus dem Wasser ziehen konnte. Dann brachten sie mich ans Ufer zurück und setzten mich auf eine Bank. Ich war sehr durchgefroren und nass und zitterte am ganzen Körper. „Vielen Dank, dass ihr mich gerettet habt! Das war eine tolle Idee mit der Räuberleiter!", sagte ich mit leiser Stimme. „Kein Problem, als Team schaffen wir alles!", erwiderte mein Freund Tom. Danach begleiteten mich meine Freunde nach Hause und wir verabschiedeten uns.

Felix Meivers
Jakob-Fugger-Gymnasium, Klasse 5b

Miteinander überleben

Es herrschte Streit in der Familie Aumeier. Ach, habe ich dir noch nicht gesagt, wer die Familie Aumeier ist? Also: Frau Aumeier ist die Herrin von Grey. Grey ist ein Kater von 13 Jahren und er ist dunkelgrau. Er ist mager, worüber wir gleich reden. Wieso streiten sie sich denn jetzt wohl? Nun, es ist eine sehr lange Geschichte. Wollt ihr sie hören? Ok, Ok, ich mache es so kurz wie möglich. Es fing so an:

Wie jetzt jedes Kind weiß, herrscht Coronakrise. Herr und Frau Aumeier verdienen nicht mehr so viel Geld, weil sie nur in einem kleinen Hotel arbeiten. Da man nicht reisen darf, kommt kaum jemand mehr zum Hotel. Jetzt haben sie kaum Geld und können nicht sehr viel kaufen. Hunger verbreitet sich in der Familie. Sie können kein Katzenfutter besorgen. Sie streiten sich darüber, ob sie doch lieber Grey loswerden sollten. Am Ende wurde der junge Kater ausgesetzt. Auf die laute, aber doch einsame Straße.

Er war raus. Und er konnte nicht mehr rein. Er war ausgesetzt worden. Grey hatte nichts mehr im Haus seiner Herrin zu suchen. Wo sollte er jetzt hin? Er hatte keine Familie mehr. Er hatte niemanden, der ihn lieb hatte. Er hatte niemanden, mit dem er schmusen konnte, wenn er so alleine war. Und jetzt war Grey sehr alleine.

Grey wusste nicht, wie man auf der Straße überleben sollte. Niemand gab ihm Futter. Er hatte kein Bett, wo er sich abends einkuscheln konnte. Mit der Zeit wurde Grey kälter und kälter. In der Nacht, wo nur der kahle Mond schien, war es kälter denn je. Bis auf die Knochen zitterte der arme Kater. Dazu regnete es wie aus Eimern; schlimmer konnte es nicht mehr werden.

Als Grey am frühen Morgen seine schwachen Augen aufmachte, war er plötzlich nicht mehr alleine. Eine junge Katze stand vor ihm. Für eine Weile lag Grey einfach da. Er konnte es einfach nicht fassen. Wer war diese braun-orange gefärbte Katze, die neben ihm aufgetaucht war? Schließlich wurde die Katze etwas ungeduldig. „Wer bist du?", fragte sie neugierig. „I-I-Ich bin G-Grey", stotterte er endlich. „Woher kommst du?", erwiderte die Katze. Sie hatte sich hingesetzt. „Vom Haus da drüben. Ich wurde ausgesetzt. Und wie heißt du?" „Ich bin Amelie. Ich wurde auf der Straße geboren." „Oh!", war Greys einzige Antwort. Er war sehr überrascht und wusste nichts Besseres zu sagen. „Ist nicht schlimm", versicherte Amelie. „Willst du mit mir in der Wildnis leben? Ich bin ziemlich alleine im stillen Wald. Und zusammen fängt man besser Beute. Man kann sich auch gegenseitig wärmen", gab Amelie zu bedenken. Grey bewunderte Amelie. Tausend Gedanken schossen ihm durch den Kopf. Konnte man wirklich im Wald überleben? Was fraß man da? Nüsse? Beeren? Eichhörnchen? Und wo schlief man? Im Gras? In der Erde?

„Ok", antwortete Grey. Es konnte doch mit einem Begleiter nicht so schlimm sein. Schließlich hatte er Hunger und war einsam. Doch nicht mehr lange!

Am nächsten Morgen waren sie endlich im Wald angelangt. „Jetzt jagen wir. Auf der anderen Seite dieser Hängebrücke jage ich am besten. Gehen wir dort hin", erklärte Amelie. Sie deutete auf eine schmale Hängebrücke. „Darüber zu laufen kann doch wohl nicht so schwierig sein", dachte Grey, doch da irrte er sich. Es hatte auch hier in der vorigen Nacht geregnet und es war sehr rutschig. Plötzlich rutschte Grey aus und fiel von der Hängebrücke! Sich gut auskennend, reagierte Amelie schnell und konnte Grey gerade noch retten. Sie zog ihn mit aller Kraft zurück auf die Hängebrücke. „Vielen Dank!", bedankte sich Grey. Amelie zeigte Grey, wie man im Schatten eines Baumes lauerte. Bald kam eine Familie Wiesel. Als sie nahe genug waren, sprang Amelie auf sie zu und im Nu waren die Wiesel verzehrt. „Jetzt geht es vorsichtig wieder zur anderen Seite und zum Schlafen. Der Mond scheint schon hell", stellte die junge Katze fest. So leicht war es jedoch nicht, denn auf der anderen Seite erwartete sie eine angsteinflößende Überraschung . . .

Mit weit aufgerissenem Maul sprang ein grausam aussehender, großer Wolf den beiden entgegen. Selbst Amelie hätte diesen grauen Wolf nicht erwartet. Gerade als der Wolf Grey in den Hals beißen wollte, sprang eine junge Hündin aus dem Gebüsch. Der Wolf hatte nicht damit gerechnet und heulte laut auf, als sie ihn stark in ein Hinterbein biss. Jaulend humpelte der nicht mehr mutige Wolf davon. Als der Wolf weg war, drehte sich die Hündin zu Grey und Amelie um. „Das war knapp!", sagte die Hündin. Grey bedankte sich: „Ohne dich würde ich jetzt wahrscheinlich im Bauch des Wolfes sein! Danke, danke, und noch tausend Mal Dank!" - „Oh, es war nichts", versicherte die Hündin, „ich hab nur den Wolf gehört, als er sich leise euch annäherte. Übrigens, ich bin Dana. Und wer seid ihr?" - „Ich bin Amelie und das ist mein neuer Begleiter Grey." - „Cool! Und woher kommt ihr? Hauskatzen tauchen ja schließlich nicht einfach nur so im Wald auf", erkundigte sich Dana. „Ich wurde ausgesetzt auf der Straße", erklärte Grey, „und Amelie wurde schon auf der Straße geboren." - „Ich kann für mich selber reden!", fauchte Amelie Grey an. „Woher kommst du eigentlich? Hunde tauchen ja auch nicht einfach so im Wald auf, oder?" - „Meine Herrin hatte kleine Probleme und ich fühlte mich nicht mehr wohl. Deswegen bin ich eines Morgens ausgerissen. In der Wildnis fühle ich mich auch wohler. Ich sehe nirgendwo Suchplakate, aber das ist mir auch egal. Ich habe es mir hier im Wald gemütlich gemacht. Hier sind wir: Meine Höhle." Sie waren Dana hinterhergelaufen und waren endlich zu einem großen Ring von Büschen und Bäumen gekommen. „Hier wird es nie nass, weil die Bäume so dicht aneinander stehen. Ist auch super als Windschutz, weil die Büsche so eng wachsen. Nur im Winter ist es fürchterlich."

„Wow!", flüsterte Amelie, „So was Schönes habe ich noch nie gesehen!" - „Komm, gehen wir in diese Ecke dort drüben. Dort kann man am besten schlafen", erklärte Dana, „und morgen machen wir dort Betten aus Tannen- und Fichtennadeln, vielleicht auch aus Kiefernnadeln." Amelie und Grey riefen begeistert: „Cool!" und „Das wird toll!" - „Aber jetzt schlafen wir! Gute Nacht, ihr zwei", beteuerte Dana. „Gute Nacht!", sagten Grey und Amelie schläfrig.

Am nächsten Morgen wachte Amelie früh auf. Sie trottete zum Schlafplatz und räumte es von Haaren und Dreck, der hier über die Jahre hingekommen war, frei. Als sie fertig war, wachten Dana und Grey endlich auf.

„Wow! Hast du das wirklich alles alleine geschafft? Dankeschön!", bedankte sich Dana. „Schließlich wollen wir uns nicht in der Erde herumwälzen." Sie bauten zusammen die Betten, aßen, tranken und schließlich blieben Grey und Amelie für immer bei Dana.

Emma Mascalchi und Autumn Aurora Roberson
Jakob-Fugger-Gymnasium, Klasse 5c

Die Miteinander-Torte

300 g Gemeinschaft
2 EL Respekt
1 Pck. Zusammenhalt
100 g Freundschaft
200 g gemeinsam etwas unternehmen
1 ½ TL Nettigkeit
300 g Hilfsbereitschaft
3 Pck. Versöhnung
400 g Rücksicht
ein Zuckerguss voller Liebe

Zuerst müsst ihr Gemeinschaft, Respekt, Zusammenhalt, Freundschaft und das ‚gemeinsam etwas unternehmen' in einer Schüssel verrühren. Dann müsst ihr Nettigkeit, Hilfsbereitschaft, Versöhnung und Rücksicht langsam unterheben. Das Ganze kommt für 45 Minuten bei 190 Grad in den Ofen. Zum Schluss begießt ihr den Kuchen mit einem Zuckerguss voller Liebe.

Simon Görig
Maria-Ward-Realschule, Klasse 7b

Miteinander ist es doch viel besser als gegeneinander!

In meinem Dorf habe ich keine Freunde, dafür viele Feinde, was sich jedoch schon bald änderte. Aber von vorne!

Ich lief die Dorfstraße entlang, die zu meiner Schule führte. Doch plötzlich standen fünf Jungs vor mir. Es war die Nasty Group, eine fiese Gruppe, die mich beleidigte und mobbte. Ich rannte weg. Ich hatte viel zu viel Angst vor der fünfköpfigen Truppe.

Sie schrien mir „Feigling" hinterher und lachten grässlich.

Ich konnte wieder nicht zur Schule. Ich war viel zu ängstlich und traute mich nicht mehr die Straße entlang. Ich wollte nicht schon wieder beleidigt und gemobbt werden. Hinter der nächsten Ecke stand ein Baum, auf den ich immer floh, wenn ich von den anderen verfolgt wurde. Doch als ich um die Ecke rannt, knallte ich mit einem riesigen Jungen mit großen Muskeln zusammen. Ein richtiger Schrank von Kerl! Ich stolperte nach hinten und konnte mich gerade noch abfangen.

„He! Du da! Ich mag es nicht, wenn jemand in mich rein rennt und mich dann anstarrt", brüllte er.

Da kamen die Jungs aus der Nasty Group auf uns beide zu.

„Lass sie runter!", schrien die fünf Jungs.

Es waren jedoch nicht nur die fünf Jungs. Es war eine ganze Kinderhorde. Mädchen und Jungs stellten sich vor den kräftigen Jungen. Als der Junge merkte, dass er gegen die vielen Kinder nicht gewinnen konnte, knurrte er: „Du hast Glück, Mädchen! Du kommst davon!" Mit diesen Worten drehte er sich um und stampfte davon.

Am nächsten Tag hatte mich die Nasty Group zu einem Treffen eingeladen. Sie erwiesen sich als ganz nett. Als wir uns alle bei James eingefunden hatten und alle ein Glas Limonade in der Hand hielten, fragte ich: „Wieso habt ihr mich gestern vor diesem Prachtkerl bewahrt? Ich meine, ihr beleidigt mich und mobbt mich. Wieso habt ihr das getan?"

Da antwortete Benni: „Der Prachtkerl heißt Mike Eliot. Er mobbt andere. Wir haben dich, na ja, gerettet, weil wir schon am eigenen Leib erfahren haben, wie weh er jemandem tun kann."

„Und wieso habt ihr mich eingeladen?", fragte ich weiter. Die Jungs grinsten sich an. „Weil wir uns folgendes dachten: Miteinander ist es doch viel besser als gegeneinander!"

Sarah Dawidowitsch
Mädchenrealschule St. Ursula, Klasse 6b

Liebes Tagebuch,

wir haben gestern im Religionsunterricht über das Thema „Miteinander" geredet. Als Hausaufgabe sollen wir darüber nachdenken und dazu etwas aufschreiben. Miteinander ist man ja mit Familie, Verwandten oder Freunden. Es bedeutet, dass man mit jemandem zusammen etwas unternimmt, dass man nicht alleine ist. Ich finde es schön, wenn man miteinander ist, in Gesellschaft.

Das ist eigentlich alles, was mir einfällt. Ich denke, das werde ich in meiner Hausaufgabe schreiben. Na gut, das war's. Bis morgen.

Shalyn Tesmann
Maria-Ward-Realschule, Klasse 7b

Der Almabtrieb

Miteinander. Es kann vieles bedeuten - für mich ist es, wenn man zusammen als Gemeinschaft etwas erreicht, etwas, das man alleine nicht schaffen könnte. Als Beispiel habe ich mir den Almabtrieb ausgesucht:

Ein Almabtrieb. Hier laufen alle Kühe einer Herde zusammen, bilden eine mächtige und schöne Gruppe, die nur durch ein Miteinander erreicht werden kann. Ich spüre das Vibrieren ihrer gewaltigen Hufe auf dem Boden und höre die lauten Glocken hin und her bimmeln. Langsam trotten die Kühe hinter ihrem Kuhhirten her. Die Langeweile spiegelt sich in ihren Gesichtern wider, ich kann mir nur vorstellen, wie langweilig es sein muss, den ganzen Tag nur zur Show herumzulaufen. Meine Augen schweifen über die wunderschönen Blumenkränze um den Hals der Kühe. Wie lange es wohl gedauert hatte, bis diese an alle Kühe angebracht waren? Die Herde hat so viele einzelne Kühe, jede unscheinbar in der Menge, aber insgesamt ist die Herde unübersehbar. Genau wie eine Klasse. In einer großen Klasse gibt es so viele verschiedene Charaktere, Meinungen und Gedanken, aber zusammen sind sie eine Gemeinschaft. Zusammen kann man viel mehr schaffen als alleine. Man kann Ziele verfolgen und erreichen, obendrein ist man am Ende zusammengewachsen und jeder einzelne kann seine Freude mit den anderen teilen. Man kann sich in einer Klasse gegenseitig stärken und miteinander über alles reden. Wenn Kühe reden könnten, dann würden sie sich wahrscheinlich auch alles erzählen. (Miteinander hat natürlich auch schwierige Seiten: Man kann sich streiten und man kann sich nicht einig sein.)

Aber für mich hat Gemeinschaft und Zusammenhalt mehr Positives als Negatives:

Meinungen austauschen
Interesse zeigen
Zei**t** miteinander verbringen
Entscheidungen fällen
Im **Zi**el ankommen
Nett sein
Anregungen suchen
Neue Ideen willkommen heißen
Durchhaltevermögen
Erinnerungen machen
Rollen verteilen

Hannnah Swann
Mädchenrealschule St. Ursula, Klasse 8c

Das Labyrinth der Einsamkeit

Vor langer Zeit lebte im dichten Wald jenseits der Wertach ein alter Mann mit seinem Sohn. Der Vater hieß Jeremias und seinen Sohn nannte man Flori. Sie wohnten in einem Holzhaus aus klapprigen Brettern auf einer kleinen Lichtung. Ihr Essen mussten sie selbst sammeln oder jagen. Ihr Leben war sehr hart.

Eines Tages sprach der alte Vater: „Geh Beeren sammeln, mein Sohn! Ich kann nicht mehr gut laufen!" Daraufhin lief Flori gleich los in Richtung Süden, wo immer die besten und saftigsten Beeren wuchsen. Nach einiger Zeit blickte er zum Himmel, was sein Gesicht sofort versteinern ließ. Der Himmel war dunkelgrau. Nun merkte er auch, dass es zu regnen begann. Der Donner wurde stetig lauter und ein Blitz schlug genau neben ihm in einen Baum ein. Er rannte und rannte, bis er in einer mächtigen Hecke einen rechteckigen Durchgang fand, um sich unterzustellen. Über dem Durchgang hing schief ein vergilbtes Schild mit einer Aufschrift, die er nicht entziffern konnte.

Inzwischen machte sich Jeremias trotz seiner Knieschmerzen und des tosenden Gewitters auf den Weg, weil er sich so große Sorgen um seinen Sohn Flori machte.

Als der Regen schwächer wurde, traute sich Flori aus seinem Unterstand und lief einfach geradeaus weiter an den langen Mauern aus dichten Hecken entlang. „Irgendwie werde ich schon wieder auf den richtigen

Weg stoßen, der mich nach Hause führt", dachte er sich. Es gab immer wieder Richtungswechsel auf seinem Weg durch die Hecken, so dass er die Orientierung komplett verloren hatte. Er war so fasziniert, diesen seltsamen Pfaden zu folgen, aber die Abendkälte und sein Hunger holten ihn in die Realität zurück. Noch nie in seinem ganzen Leben hatte er sich so einsam und verlassen gefühlt. Wie sollte er jemals wieder allein aus diesem Irrgarten herausfinden? Wer würde ihm schon helfen? Er sackte in sich zusammen, kauerte sich in eine Ecke des Labyrinths und zitterte vor Kälte und Angst.

Der Vater irrte zur gleichen Zeit im Wald umher. Seine schmerzenden Beine ließen ihn nur schwer vorankommen, aber eine innere Stimme führte ihn zu dem Eingang des Labyrinths, an dem das Schild hing. Ihm gelang es mit viel Mühe, die Schrift auf dem Schild zu entziffern. Auf dem Schild stand: „Das Labyrinth der Einsamkeit". Der Vater erinnerte sich an die Erzählungen seines Großvaters, der ihn immer vor diesem sagenhaften Ort gewarnt hatte. Niemand, der dieses Labyrinth jemals betreten hatte, sollte dort wieder herauskommen.

Da hörte Jeremias hinter den grünen Wänden einen jämmerlichen Ruf. Er hatte nicht mehr so gute Ohren, aber er war sich sicher: Das war die Stimme seines Sohnes Flori! Sofort lief er in das Labyrinth hinein. Er musste seinem Sohn doch helfen, egal welche Gefahr ihn erwartete. Er konnte ihn doch nicht einfach seinem Schicksal überlassen. Die Schreie wurden immer lauter und deutlicher, je weiter er in das Labyrinth hineinkam! ‚Flori muss ganz in der Nähe sein', dachte der Vater voller Hoffnung. Er lief und lief, aber es gelang ihm nicht, zu seinem Sohn zu kommen. Mittlerweile war es stockfinster und seine Beine konnten einfach nicht mehr. Er legte sich auf den Boden und schlief vor Erschöpfung ein.

Nachdem die Sonnenstrahlen Jeremias geweckt hatten, fiel ihm wieder ein, dass er in einem Labyrinth gefangen und auf der Suche nach seinem Sohn war. Da konnte er seinen Augen nicht trauen. Flori lag in der Ecke gegenüber. Er schlief tief und fest. Als der Vater seinen Sohn weckte, war Flori überglücklich, nicht mehr allein in diesem fürchterlichen Labyrinth zu sein.

Aber wie sollten sie bloß wieder herausfinden? Da hatte Flori eine Idee. Er kletterte auf die Schultern seines Vaters und blickte über die Hecke. Da konnte er von oben mit seinen Augen genau den Weg zu dem Eingangstor nachverfolgen, durch das sie in das Labyrinth hereingekommen waren. Allein hätte er den Ausgang niemals gefunden oder die Orientierung wiedererlangt. Er merkte sich den Weg ganz genau. So konnte er sich und seinen Vater zielsicher aus dem Irrgarten führen. Nur gemeinsam war es ihnen möglich gewesen, dem „Labyrinth der Einsamkeit" zu entkommen.

Daniel Odato
Gymnasium bei St. Anna, Klasse 6b

Versprechen und Blut

Ein ehrgeiziger junger Mann sucht sich in einer unbekannten Welt, dieser unversöhnlichen Welt. Er bemühte sich, etwas zu finden, das der Welt zugute kommen würde, aber diese Welt war immer gegen ihn. Wohin auch immer er mit einem Schritt vorrücken wollte, die Welt würde ihn mit Nachdruck zu Zehntausenden oder Tausenden von Schritten zurückschieben. Das wichtigste Versprechen, das er gemacht hat und wofür er das Blut seines Lebens vergossen hat, um es zu erfüllen, gilt seiner Frau, der er versprochen hat, dass er sie nicht verlassen wird. Dieses Versprechen war zu hart und blutig, weil es nicht einfach ist, jemandem auf diesem Planeten die Treue zu halten und den Umständen, Schwierigkeiten und allen Formen der Unterdrückung zu trotzen. Versprechen zu halten ist schwieriger als das Versprechen selbst, und Kapitän eines Schiffes zu sein, ist schwieriger, als nur ein Passagier auf einem Schiff zu sein. Sein Lebensziel ist es, das Schiff zu behalten, ohne zu sinken. Es ist viel besser, alleine zu ertrinken, als viele unschuldige Menschen mit sich in die Tiefe zu ziehen.

Mohammad Aljomah Alhasan
Grundschule und Gymnasium Homs, Syrien

Mein Traum wird wahr! Gemeinsam sind wir stark

Es war der 1.10.2025. Ich hatte einen Traum: Ich wollte Profi-Wrestler der WWE werden. Ich hatte mir überlegt: „Was müsste ich machen, um Profi-Wrestler zu werden?"
1. Trainieren
2. Einen Tag-Team-Trainingspartner suchen
3. gewinnen – gewinnen – gewinnen
Also bin ich zum Boss gegangen und habe mich vorgestellt. Eine Stunde später waren wir mit dem Gespräch fertig.
Mein Tag-Team-Partner war Cesaro und wir haben viel zusammen trainiert, bis endlich die Gelegenheit kam, gegen den „Money in the Bank"

zu siegen. Und auch gegen „Otis" mit seinem Tag-Team-Partner „Hude zum Kampen". Cesaro und ich haben zusammengehalten! Und das war gut so! Wir haben nach harten und anstrengenden Kämpfen gewonnen und sind jetzt Profi-Wrestler. Gemeinsam haben wir es geschafft!

Wir haben uns gegenseitig Mut zugesprochen. Das hat uns durch eine harte Trainingszeit geholfen – und es hat sich gelohnt! Für uns beide!

Julian Konzack
Förderzentrum Hören Augsburg, Klasse 6/7sg

Miteinander

Miteinander bedeutet für mich Zusammenhalt und Liebe, Verständnis und Wohlwollen für andere und für das Leben.

Miteinander funktioniert nur, wenn man sich darauf einlässt, darauf „zu verstehen", dass nicht immer alles glatt läuft, dass es nicht nur schwarz und weiß gibt und dass jeder seinen Teil, mal ein bißchen mehr, mal ein bißchen weniger, dazu beitragen muss.

Die Zeit hier auf Erden und mit den Menschen um uns herum ist leider begrenzt, daher wäre es viel schöner und vieles auch einfacher, wenn wir miteinander leben und kämpfen, anstatt gegeneinander.

Es gibt täglich so viel Neues und Faszinierendes zu entdecken, und das mit einer Person zu erleben, die man liebt – ich finde, es gibt nichts Wundervolleres.

Ich würde mir wünschen, dass bei vielen Menschen das Bewusstsein dafür wieder gestärkt würde, gerade jetzt in Zeiten von Corona. Miteinander bedeutet Liebe. Es bedeutet Respekt und Verständnis.

Miteinander bedeutet, sich die Köpfe einhauen zu wollen, zu diskutieren und aneinander zu geraten, aber es bedeutet auch aufeinander zuzugehen, zu verzeihen, zu verstehen und zu akzeptieren.

Miteinander ist wertvoll und wichtig. Miteinander bedeutet Liebe für sich und andere, aber vor allem für das Leben.

Simone Waldhier
Berufsfachschule für Kinderpflege, Klasse Ki 10B

Eine besondere Freundschaft

Kerstin und ihre Freundin Klaudia wohnen in einem Haus in der Schiller-straße. Sie sind von klein auf beste Freundinnen, schon im Sandkasten spielten sie zusammen. Sie gehen in die 5. Klasse der Schiller-Schule. Am

Morgen gehen sie gemeinsam in die Schule und am Nachmittag gemeinsam nach Hause. Kerstin und Klaudia halten zusammen wie Pech und Schwefel. Auch wenn sie von den Jungs in der Schule geärgert werden, halten sie zusammen und kommunizieren mit den Lehrern darüber, wie die Probleme mit den Jungs gelöst werden können. Sie setzen sich alle zusammen, um den Umgang miteinander zu besprechen. Es soll ein respektvolles Miteinander sein. Keiner darf den anderen beleidigen, ärgern, mobben oder sogar schlagen! Nur zusammen kann man mehr erreichen!

Am Nachmittag helfen sie sich gegenseitig bei den Hausaufgaben. Kerstin ist in Mathe besser und Klaudia in Englisch und Deutsch. Nach den Hausaufgaben spielen sie hinter dem Haus miteinander Fangen und Verstecken oder sie treffen sich mit Freunden und gehen miteinander zur Eisdiele, um ein Eis zu essen. Am Wochenende wird Kerstin bei Klaudia übernachten. Sie machen das regelmäßig und immer abwechselnd: Entweder gibt es einen Kinoabend oder einen Besuch im Schwimmbad. Freundinnen halten zusammen und feiern auch zusammen.

Die Eltern von Kerstin verstehen sich auch sehr gut mit Klaudias Eltern. Somit ist alles kein Problem. Natürlich gibt es auch mal Streit! Aber das ist nun mal so bei Freundinnen. Sie reden dann darüber und schnell ist der Streit vergessen. Sie haben sich vorgenommen, über Probleme zu sprechen.

Für die Zukunft wollen Klaudia und Kerstin für immer befreundet bleiben. Es ist einfach schön, seine beste Freundin an seiner Seite zu haben! Beruflich möchten sie anderen Menschen helfen und diese unterstützen. Sie wollen miteinander am besten in einer WG oder später dann mit ihren eigenen Familien nebeneinander wohnen.

Miriam Korna
Förderzentrum Hören Augsburg, Klasse 7M

Zusammen ist man nicht allein

Alleine ist man einsam,
zu zweit da ist man's nicht.
Allein ist man nicht gemeinsam,
drum schreib ich dies Gedicht.
Zusammen ist man froh,
allein da ist man trübselig,
das weiß ja jeder Floh,

das Singen wir sehr kehlig.
Zusammenhalt ist wichtig,
denn ohne ihn ist es nicht richtig.
Jeder braucht auch einen Freund,
wenn er nicht will, bleibt alles versäumt.
Denn zusammen ist man nicht allein
und das wird ja wohl wichtig sein.

Jordan Zaus
Gymnasium bei St. Anna, Klasse 7a

Miteinander

Mit meiner Cousine bin ich heute Schlitten gefahren.
In unserer Wohnung verbringen wir die Zeit mit meinem Hamster.
„Telefonieren wir mit Oma?", fragt meine Mutter.
Einander zu sehen ist per Skype möglich.
Ich freue mich darauf, meine Oma zu sehen.
Niemand von uns kann sie jetzt besuchen.
Alleine gelassen zu sein, fühlt sich nicht gut an.
Nützlich zu sein, macht mir und anderen Freude.
Die Familie ist mir das Allerwichtigste.
Ein Treffen mit meinen Freunden würde Spaß machen.
Richtig ist es, freundlich miteinander umzugehen!

Arpad Kurowicki
Maria-Ward-Realschule, Klasse 6d

Als wir miteinander Corona-Volleyball entdeckten

Das war schon seltsam letztes Jahr, als wir auf einmal wegen Corona alle
zu Hause bleiben mussten. Bisher konnten wir uns immer mit unseren
Freundinnen und Freunden treffen, um miteinander zu spielen. Doch
plötzlich durften wir das nicht mehr, um das Corona-Virus nicht zu verbreiten. Zum Glück, dachte ich, habe ich meine Schwester. Mit ihr habe
ich auch sehr viel gespielt, geturnt und gebastelt. Wir haben Pappkar-
tonhäuser mit selbst gebastelten Möbeln für unsere Playmobilfiguren
eingerichtet und im Garten viel Räderschlagen geübt.
Nach vier Wochen wollten wir dringend etwas Neues erleben und zwar
mit anderen Kindern. Vom Garten aus haben meine Schwester und ich
immer die beiden Kinder unserer Nachbarn gesehen, Tim und Felicitas.

Ein paar Tage haben wir uns gegenseitig beim Spielen zugeschaut und uns nur kurz ein Hallo zugerufen. Wir haben uns zuerst alle nicht getraut, miteinander ein Spiel anzufangen, weil wir nicht wussten, wie wir dann noch Abstand halten sollten.

Einmal hatten Felicitas und Tim einen neuen Ball. Da rief ich plötzlich über den Zaun: „Zeigt mir mal euren neuen Ball!" Und Felicitas warf ihn mir über den Zaun zu. „Der ist aber toll!", sagte ich und warf ihn zurück. Felicitas fing ihn aber nicht auf, sondern schubste ihn mit ihren Fingern sofort wieder zu mir. Ich versuchte es genauso zu machen. Bald flog der Ball zwischen uns hin und her über den Zaun. So begannen wir, miteinander unser Corona-Volleyball zu spielen.

Lucia Hanrieder
Fröbel-Grundschule, Klasse 3a

Meine Zeit in Quarantäne

In der Schule hatte ich schon viel über Quarantäne gehört. Als mein Papa dann gesagt hat, dass er vermutlich Corona-positiv sei, erinnerte ich mich an die Geschichten meiner Schulkameraden. Diese waren nie sehr schön und plötzlich hatte ich Angst, zwei Wochen in Quarantäne alleine zu sein. Na ja, nicht alleine, sondern nur mit meinen Eltern, ohne Freunde und das auch noch in den Herbstferien.

Meine Eltern hatten nur Angst, dass wir nichts zu essen haben. Mama und ich sind sofort zum Einkaufen gefahren. Der Einkaufswagen war so voll, dass ich aufpassen musste, dass nichts herausfällt. Dann kam das positive Ergebnis von meinem Papa. Plötzlich hatte ich keine Angst mehr, dass ich allein bin, sondern dass es meinem Papa schlecht geht. Mama hat sofort einen Termin für uns zum Testen gemacht. Wir sind in die große Halle gefahren und überall waren Menschen mit Masken und Schutzkleidung. Zum Glück hatte ich jemand ganz Nettes, der mich getestet hat. Unsere Ergebnisse waren negativ, trotzdem sollten wir zwei Wochen in Quarantäne bleiben. Weil ich nicht in die Schule durfte, mussten mir meine Freunde die Hausaufgaben bringen. Die restliche Familie und Freunde meiner Eltern waren jeden Tag an der Tür und haben irgendetwas mitgebracht (z. B. Eier oder Blumen). Sie wollten sehen, dass es uns gut geht.

In dieser Zeit ist eine neue Klassenkameradin gekommen. Zuerst dachte ich, sie sei nicht so nett, aber das hat sich ganz schnell geändert, denn sie kam einfach mit, als ein Klassenkamerad mir die Aufgaben brachte, und sie sagte freundlich: „Hallo" (Sie ist heute eine Freundin, mit der ich sehr gern Zeit verbringe.) Meine Eltern und ich sind gut mit dem Unterrichtsstoff vorangekommen. Ich war meistens gegen Mittag fertig und wir konnten danach noch ein bisschen für die Schule üben. Ab und zu hatten wir Angst, dass unser Vorrat an Essen nicht reicht, aber wir haben bis heute noch Nudeln und andere Dinge im Keller.

Irgendwie konnte ich die traurigen Quarantänegeschichten nicht mehr glauben. Im Gegenteil - meinen Eltern ging es jeden Tag besser, weil ich auch gelernt habe zu bügeln und Wäsche zu waschen, denn ich hatte mehr Zeit. Mama hatte viel weniger Stress mit dem Haushalt, weil ich ihr bei all den Dingen helfen konnte und bis heute noch kann. Papa konnte sich auf dem Sofa ausruhen und schnell wieder gesund werden. Abends, bevor ich ins Bett gegangen bin, haben wir 1 bis 2 Stunden Monopoly gespielt. Das hat mir riesigen Spaß gemacht, weil Papa immer Geld ausgeben musste und er das auch im Spiel nicht gern tut.

Wir hatten sehr viel Spaß und haben sehr viel gelacht. Es war ganz anders, als ich es mir jemals vorgestellt habe. Vor allem mit der Schule habe ich es mir stressiger vorgestellt.

In dieser Zeit habe ich gelernt, dass Dinge manchmal anders passieren, als ich es erwarte. Aber das Wichtigste für mich und meine Familie war zu sehen, wie alle zusammengehalten haben. Wir haben es mit allen gemeinsam geschafft. Dabei ist es egal, ob wir groß oder klein, jung oder alt sind, die Gemeinschaft und der Zusammenhalt ist das Wichtigste.

Laura Kaminski
Grundschule Hochzoll-Süd, Klasse 3/4d

Meine Familie

Weil es meine Familie gibt,
fühle ich mich geliebt.
Weil ich Menschen habe, die mir nahestehen,
Menschen, die mit mir durch das Leben gehen,
kann ich im Leben jederzeit bestehen.
Weil ich meine Familie liebe,
weil ich allen meine Liebe gebe,
habe ich einen Lebenssinn.
Es führt mich viel zu ihnen hin,
zu den Menschen, denen ich nahe bin.
Ich bin froh, dass ich euch nahestehe,
gemeinsam mit euch durch das Leben gehe.

Wenn ich mit der Familie zusammen bin,
dann erfüllt er sich, der Lebenssinn.
Dann fühle ich mein Herz stark schlagen,
dann weiß ich, ich kann alles wagen,
weil Menschen an meiner Seite stehen.

Denisa Dublea
Schiller-Mittelschule, Klasse 6b

Miteinander in der Familie

Meine Schwester und ich haben zusammen auf dem Spielplatz gespielt.
Meine Mama und ich sind zusammen einkaufen gegangen.
Mein Papa und ich haben zusammen auf dem Autoteppich mit Autos gespielt.
Meine Brüder und ich haben zusammen Fernsehen geschaut.
Meine Familie und ich sind zusammen am See spazieren gegangen.
Miteinander ist es in der Familie so schön!

Shirin Aldawoodi
Grundschule Centerville-Süd, Klasse 2a

Miteinander

Zusammen mit anderen macht mir alles viel mehr Spaß. Jedes Wochenende freut sich meine 90-jährige Oma, wenn ich zu ihr komme, und ich freue mich genauso auf diese Zeit. Sie spielt mit mir und gibt mir Schokolade. Ich bringe ihr den Müll raus oder hole ihr den Rollator. Am Ende war das für uns beide immer eine wunderbare Zeit.
In der Schule gefällt mir die Zeit als Pausenengel sehr gut. Ich kann anderen Kindern helfen. Dabei fühle ich mich viel besser, als wenn ich mit anderen Kindern streite. Manchmal gewinne ich sogar neue Freunde.

Stefan Kalkhoff
Friedrich-Ebert-Grundschule, Klasse 4bgt

Ungewöhnliche Sommerferien

Es war ein wunderschöner Sommermorgen. Die Sonne strahlte durch meine Jalousien so hell, als wolle sie mich von innen erleuchten. Durch meine schläfrigen Augen sah ich die vollgepackten Koffer, in denen meine Klamotten und andere Accessoires verstaut waren. Denn wie jeden Sommer flogen meine Mutter und ich zu meiner Oma nach Los Angeles in die Ferien. Ich freute mich sehr auf diesen Tag. Als wir am Frühstückstisch saßen, bekam meine Mutter aber einen wichtigen Anruf eines Patienten aus Florida, der dringend ihre Hilfe brauchte, und so schob sich diese wichtige Situation vor unseren Plan. Ach ja, ich hatte vergessen zu sagen, dass meine Mutter Ärztin war. Damit mussten wir unseren Urlaub streichen und meine Sommerferien waren nun gelaufen. Stattdessen sollte ich bei meinem Vater, den ich über alles hasste, meine Zeit verbringen. Ich war nun mal zu jung, um auf mich selbst aufzupassen. Der Grund, warum ich ihn nicht mochte, war der, dass er sich immer heimlich mit einer Anderen getroffen hatte, wie meine Mutter einst erzählt hatte. Doch meine Mutter war nicht dumm und so trennte sie sich von ihm. Mein Vater zog in eine Wohnung in New York und meine Mutter und ich in eine Villa nahe Chicago. Daher gingen hier unsere Wege auseinander und ich hörte nur selten von meinem Vater.

Doch nun war der Tag gekommen, an dem ich zu ihm ging. Nachdem ich bei ihm eintraf, wurde mir etwas mulmig. Vor der Wohnungstür blieb ich auf einmal stehen, als wären meine Füße an den Boden genagelt worden. In meinem Kopf schossen die Gedanken umher, als ob ich zu feige wäre, die Klingel anzurühren. Doch laute Schritte näherten sich und ein fröhliches Lächeln empfing mich, was mich auf bessere Gedanken brachte. Er begrüßte mich herzlich und nahm mir mein Gepäck ab. Er zeigte mir den Weg ins Wohnzimmer und ich setzte mich schweigend auf die weiche Couch, während ich versuchte, seinem Blick auszuweichen. Stille herrschte im Raum. Doch ein paar Minuten später fragte mich mein Vater mit einer ruhigen Stimme, ob ich jemals in New York gewesen sei, aber ich verneinte seine Frage. So schlug er vor, mir die Großstadt zu zeigen, und sagte mir, dass er ein gutes Restaurant kenne. Schließlich machten wir uns auf den Weg und hetzten durch die riesigen Menschenmengen, bis wir endlich ankamen. Nun schoss mir ein zweites Mal dieser verzweifelte Gedanke durch den Kopf, dass ich meinem Vater vertraute, nach all den Jahren, in denen ich ihn kein einziges Mal gesehen hatte. Jedoch machte er einen netten Eindruck und ich begann, ihm zu vertrauen. Wir sprachen viel über die Ereignisse, die in den letzten fünf Jahren passiert waren. Ich erfuhr, dass er schon seit zwei Jahren mit seiner Neuen Schluss gemacht hatte und er deswegen sehr allein war und so meine Mutter und mich unheimlich vermisse. So ging ich, nachdenklich über diesen aufregenden Tag, ins Bett und verbrachte eine erholsame und spaßige Woche mit meinem Vater. Die kurze Zeit mit ihm war, als hätte ich ihn schon immer gekannt. Seine positiven Seiten wurden mir bewusst und das Negative plötzlich unbekannt. Wir erkundeten die Stadt, machten Ausflüge und schauten jeden Abend meine Lieblingsserie an. Nun war der Tag gekommen, an dem ich wieder zurück nach Hause musste. Doch überraschenderweise flog er mit mir. Als wir endlich ankamen, war meine Mutter ein wenig skeptisch darüber, aber ich überredete sie mit vielen positiven Dingen, die ich über meinen Vater kennengelernt habe.

Die Zeit verging, in der sich meine Eltern vertragen hatten, ihre eigenen Fehler sich gegenseitig beichteten und wir alle miteinander tolle Dinge erlebt hatten.

Die schlimmen Geschichten sind Vergangenheit und nun kommt die Gegenwart, in der wir alle füreinander da sind und miteinander eine dreiköpfige Familie bilden, egal, was in der Vergangenheit geschehen war. Immerhin ist er mein Vater und gleichzeitig mein einziger. Zwar wohnt er noch in New York, aber wir haben nun ein gutes Verhältnis zu ihm.

Livia Schuierer
Gymnasium bei St. Stephan, Klasse 7a

Miteinander

Ich kenne mehrere Beispiele für das Miteinander. In allen vier Beispielen funktioniert es sehr gut. Das ist mein erstes Beispiel: Bei uns in der Klasse ist es so: In unserer Klasse haben wir ein „Wir-Glas". Ein Wir-Glas ist ein Glas, mit dem unsere Klasse Kugeln sammelt. Es gibt drei verschiedene Kugeln. Die erste Kugel ist klein. Die kleine Kugel bekommen wir zum Beispiel, wenn jedes Kind aus der Klasse seine Hausaufgaben am Wochenende gemacht hat. Die zweite Kugel ist mittelgroß. Die bekommen wir, wenn wir in der Mittagspause gut zurechtkommen und keiner streitet. Die dritte Kugel ist groß. Die bekommen wir, wenn wir auf Ausflüge gehen und alles klappt. Wenn wir eine von den drei Kugeln bekommen, kommt sie in unser Wir-Glas. Ist das Glas voll, bekommen wir eine Belohnung, zum Beispiel eine Fahrt ins Schullandheim oder wir schauen einen Film an. Wir haben alle zusammengehalten und so viele Kugeln gesammelt. Deshalb fuhren wir ins Schullandheim.

Nun kommt mein zweites Beispiel: Im Schullandheim gründeten wir den „Herzchen-Club". Der Herzchen-Club ist ein Club, der mit dem „Wir" zu tun hat. Jedes Kind darf die anderen Kinder aus der Klasse loben. Es gibt dafür grüne Karten. Jedes Kind darf höchstens fünf grüne Karten vergeben. Immer fängt ein Kind an. Es geht auf ein Kind zu und sagt zum Beispiel: „Danke, dass du mit mir in der Pause gespielt hast." Oder irgendetwas, das sehr nett war von einem anderen Kind. Vielleicht hast du dein Pausenbrot vergessen oder deinen Kleber. Du hast aber Hilfe von einem Mitschüler bekommen. Dann kannst du diesem Kind eine grüne Karte geben, um dich bei ihm zu bedanken. Jedes Kind freut sich über die Lobkarte am Freitag. Deshalb strengen sich alle an.

Interessiert euch mein drittes Beispiel? In der Schule darf nur unsere Klasse Pausenengel sein. Eigentlich sind wir in diesem Jahr „Pausenengel in geheimer Mission". Das heißt: Keiner an unserer Schule weiß, dass wir Pausenengel sind. Wir arbeiten in diesem Jahr im Verborgenen und helfen, wenn jemand Hilfe braucht. Wir können in geheimer Mission sein, weil unsere Lehrerin Kinder zu Pausenengeln ausbilden kann. Eigentlich dürften alle 4. Klassen Pausenengel werden. Aber wegen Corona gibt es in diesem Schuljahr keine Arbeitsgemeinschaft. Wir freuen uns aber, dass wir „Pausenengel in geheimer Mission" sein dürfen.

In meinem letzten Beispiel geht es um meine Familie: In meiner Familie sind wir ein Wir. Darauf bin ich stolz. Ich hoffe, euch haben meine „Miteinander-Geschichten" gefallen!

Fiona Eisele
Friedrich-Ebert-Grundschule, Klasse 4bgt

Unser Waldabenteuer

Ein fiktives Interview mit Xenia, der Jugendbeauftragten des Marktes Diedorf.

Xenia: Hallo, Vincent, ich war letztens im Wald, dort bin ich an eurem Bauwerk vorbeigelaufen und habe dich und deinen Freund beim Bauen gesehen. Wie heißt er gleich nochmal?

Vincent: Hallo, Xenia, mein Freund Paul und ich bauen schon lange an unserem eigenen Waldhaus.

Xenia: Wie kam es denn dazu?

Vincent: Ich wollte mit Paul spielen, doch wegen Corona und der Einschränkungen erlaubten unsere Eltern nur, dass wir draußen, im Freien, zusammen spielen. Dann hatte ich die Idee, in den nahegelegenen Wald zu gehen und dort zu spielen. Paul war anfangs nicht so begeistert, aber er wollte es einmal versuchen. Wir entwickelten die Idee, zwischen drei riesige Bäume ein eigenes Waldhaus zu bauen, und

| | legten direkt los. Wir wollten gar nicht mehr aufhören. Seitdem treffen wir uns, wann immer es geht, und bauen fleißig daran weiter. |

Xenia: Welche Materialien benutzt ihr denn?

Vincent: Verschiedene. Die erste Schicht besteht aus Holz. Wir haben sehr viele große und kleine Stöcke gesammelt und damit die Wand errichtet. Die zweite Schicht besteht aus Gras. Hierzu haben wir aus einem langen Ast einen „Gras-Ernter" entwickelt. Danach haben wir die Lücken noch mit Blättern zugestopft, damit es im Waldhaus schön dunkel ist und kein Regen durchkommt. Zuletzt haben wir die Wände und das Dach mit Tannenzweigen bedeckt. Nun kommt wirklich kein Regen mehr durch und es duftet ganz wunderbar. Den Boden haben wir mit Moos ausgekleidet, damit es trocken und weich ist. Unser gesamtes Material ist aus dem Wald, bis auf zwei Halteseile, die wir von zu Hause mitgebracht haben.

Xenia: Hast du schon einmal alleine daran weitergebaut?

Vincent: Nein, nicht wirklich. Ich habe nur einmal nach dem Rechten gesehen. Gebaut wird immer nur zu zweit. Es macht zusammen mehr Spaß und man hat bessere Ideen, die sich manchmal auch ergänzen. Ab und zu sind die Stöcke so groß, dass der andere den Weg freiräumen oder mittragen muss. Außerdem kann man zusammen super längere Äste brechen und Material von weiter oben holen. Zudem ist man dann nicht so alleine und fühlt sich zusammen sicherer.

Xenia: Und was sagen eure Eltern dazu?

Vincent: Sie sagen, dass es schön ist, wenn wir im Wald zusammen bauen. Wir sind dann an der frischen Luft, können auch in Corona-Zeiten zusammen sein, sind kreativ und bewegen uns viel. Uns sie sehen, dass es uns so viel Spaß macht und freuen sich für uns. Auch andere Erwachsene, die vorbeikommen, bewundern unser gemeinsames Bauwerk.

Xenia: Was habt ihr denn gemacht, als so viel Schnee gelegen ist?

Vincent: Wir sind Schlittenfahren gegangen und haben immer wieder mal geschaut, ob unser Waldhaus noch steht.

Xenia: Wann werdet ihr mit eurem Waldhaus fertig sein?

Vincent: Nie. Man kann es immer noch dunkler, dichter und stabiler machen. Mit so einem Bauwerk ist man einfach nie wirklich fertig.

Xenia: Danke, Vincent, für das interessante Gespräch. Tschüss!
Vincent: Gerne. Komm uns doch mal am Waldhaus besuchen. Ciao!

Vincent Kempter
Gymnasium bei St. Stephan, Klasse 6d

Diese gemeinsamen Probleme

Nun steht sie dort wieder. Sie sieht mich. Sie hat ein Kleid an und ihre Haare sind wunderschön hochgesteckt. Sie hat viele Freunde und alle mögen sie. Sie hat keine Probleme. Ich hingegen habe das gleiche T-Shirt wie gestern an. Ich schminke mich nicht. Man sieht meine Augenringe. Eigentlich bin ich ja selbst schuld, wenn ich die ganze Nacht lieber Netflix schaue . . . Ich bemühe mich nicht, irgendjemandem zu gefallen. Ich bin einfach nur da. Ich bin nicht beliebt. Sie würde auch nicht nur einen Gedanken an mich verschwenden, schon gar nicht erst, mit mir zu sprechen. Warum denn auch? Ehrlich? Ich auch nicht. Ich meine, ich bin schüchtern, sie ist eingebildet. Ich habe Probleme . . . ein großes neues Problem übrigens auch. Keiner weiß etwas davon. Sie hat wahrscheinlich keine. Oder vielleicht doch? Nein, niemals. Was für ein Problem könnte so ein scheinbar perfektes Mädchen schon haben? Welches der acht Bäder sie heute benutzen soll? Sie hat alles leicht. Sie muss sich in ihrem Leben nicht anstrengen, wozu denn auch? Sie bekommt eh alles, was sie will, vor die Füße gelegt und niemand erwartet etwas von ihr. Sie und ich gemeinsam? Freunde? Im Leben nicht. Sie ist das komplette Gegenteil von mir. Warte . . . sie ist gerade alleine . . . das kam lange nicht mehr vor. Sie ist eigentlich immer entweder von ihrer Clique oder irgendwelchen Nerds umzingelt. Soll ich mich trauen? Soll ich zu ihr gehen und versuchen, mit ihr wie jeder andere ein normales Gespräch zu führen? Sie wird mich abweisen. Aber ich habe es nicht einmal versucht. So fasste ich meinen Mut zusammen, ging zu ihr und sprach sie an: „Hey" - „Hi?", antwortete sie recht überrascht. Sie ist verwundert. Sie hasst mich sicherlich. Eigentlich scheint das Gespräch gut zu laufen. Zumindest hat sie mich weder verurteilt noch angeschrien noch beleidigt. So schlecht kann sie mich also gar nicht finden. Heute wurden alle Gruppen in der Schule neu aufgeteilt. Das heißt, ich bin auch in einer neuen. Im Laufe des Gesprächs kommen wir auch auf das Thema und es stellt sich heraus, dass wir in derselben Gruppe sind. Ob das gut laufen wird? Die ersten gemeinsamen Wochen haben wir nicht allzu oft geredet. In der Zeit ist mir aber aufgefallen, dass ich sie ganz anders eingeschätzt habe.

Sie ist nicht arrogant und schon gar nicht erst gemein. Sie macht sich zwar jeden Morgen zurecht, aber das ist nichts, was man als etwas Negatives zählen kann. Wie dem auch sei . . . Mir ist noch etwas aufgefallen . . . Irgendetwas stimmte nicht. Mit der Zeit wurde sie immer trauriger, einsamer und sprach plötzlich auch nicht mehr viel. Also entschied ich mich, sie darauf anzusprechen. Ich habe sehr lange darüber nachgedacht, denn warum könnte sie sich so verhalten? Sie ist doch perfekt?! Wie könnte das perfekte Mädchen Probleme haben? Wahrscheinlich weiß sie nur nicht, wie sie mir sagen soll, dass sie mich nicht mag oder nichts mehr mit mir zu tun haben will. „Wenn du mich hasst, sag es ruhig. Es war schon nett genug von dir, mit mir zu reden", schoss ich los. Sie schaute mich traurig und zugleich entsetzt an: „Wie – wie kommst du darauf? Hassen? Ich hasse dich doch nicht!" - „Klar tust du das, warum solltest du dich sonst so abgrenzen?" - „Warte, du dachtest, dass das wegen dir ist? Nein, ist es nicht, okay?! Ich wusste nur nicht, mit wem ich darüber wie sprechen kann. Weißt du, die Leute wollen von mir nur hören, wo ich zuletzt shoppen war und welche Produkte ich benutze. Sie himmeln mich nur an . . . Niemand denkt daran, dass ich auch nur ein Mensch bin, so wie ihr alle. Niemand bedenkt, dass ich auch Probleme habe oder es auch Tage gibt, an denen es mir schlecht geht. Alle sehen nur, wie beliebt ich bin. Und um ehrlich zu sein, habe ich auch noch nie mit irgendwem über Probleme gesprochen. Ich behalte sie lieber für mich . . . Das mach ich immer. Aber dieses Problem übersteigt alle vorherigen." – ‚Wow', dachte ich mir, ‚sie hat also doch Probleme? Sie ist nicht makellos? Aber wenn sie es nicht ist, ist dann überhaupt jemand, naja, du weißt schon, so wirklich perfekt?' „Ich fühle mich genauso. Bis auf den Teil mit dem Beliebtsein. Also mich beschäftigt gerade auch eine Sache, die es vorher nicht so gab . . . eine Sache, die die anderen bisherigen übertrifft." Sie riss sich wieder zusammen und wischte ihre Träne weg, als sie in arrogantem Ton sagte: „Ach ja? Was ist denn diese ach so schlimme Sache, die dich so sehr beschäftigt?" Ich kenne sie mittlerweile. Deswegen dachte ich mir nichts dabei. In ihr war nun einmal ein Gefühlschaos. Ich fuhr fort: „Meine Mutter ist letzte Woche gestorben. Bei einem Autounfall. Sie war immer da für mich und wir hatten so vieles zusammen erlebt. Ich will nicht sagen, dass ich meinen Vater nicht mag, nein, er ist sehr nett und so, aber den Platz meiner Mutter kann er trotzdem nicht einnehmen. Soviel zu meinen Beschwerden. Was ist bei dir los?" Es war nicht einfach, ihr das zu sagen. Ich wollte es niemandem sagen. Keiner sollte es erfahren. Sie würden es eh nicht verstehen. Ich hatte Angst, als ich sie gefragt hatte, was denn bei ihr los sei. Wahrscheinlich kann ich nur mit einem „Was geht dich das an" rechnen . . . dachte ich . . . - „Ich – ich kann das nicht ganz glauben. Wie kann das ein Zufall sein? Meine Eltern haben sich neulich getrennt und mein Vater ist umgezogen. Er wohnt am anderen Ende des Landes und meine Mutter meinte, ich werde ihn wahrscheinlich eh nie wieder oder nicht oft sehen. Also soweit ich das verstanden habe, bedrückt uns dieselbe Sache, stimmt das so?" Ich konnte es selber nicht fassen. „Äh, ja, ich denke schon." Wir haben lange miteinander geredet. Sie hat mich und ich habe sie unterstützt und getröstet. In diesem Moment gäbe es wohl keine Person, die das besser verstehen könnte als sie. Ein paar Tage nach dem Gespräch gab es schon Veränderungen. Wir fingen an, uns zu treffen. Immer öfter. Ich lernte mit der Zeit ihre Mutter kennen und sie meinen Vater. Sie hatte sich auch verändert. Sie hing immer weniger mit ihrer Clique ab und hatte immer mehr Zeit für mich. Durch sie fand ich sogar neue Freunde. Unsere Schule ist gar nicht so schlimm, wie ich dachte. Die meisten sind ganz nett. Außer eben die, die es nicht sind. Es gab viele Übenachtungspartys und schon bald wurden wir die besten Freunde. Wir haben alles zusammen gemacht. Wie Schwestern. Letztendlich lernten sich auch unsere Eltern kennen. Wir sind ja der Meinung gewesen, dass die beiden sich mögen . . . aber sie selbst wollten es nicht zugeben. Naja, sture Erwachsene eben. Also nochmal die Frage. Sie und ich? KLAR. Unsere Unterschiede waren kein Problem mehr. Überhaupt nicht. Ach so und unsere Eltern . . . Sie planten ein Jahr späte schon ihre Hochzeit. Das heißt, sie und ich waren jetzt wirklich Schwestern. Viele Lehrer und Freunde waren überrascht. Naja, klingt ja auch alles ein wenig wie die Geschichte von dem reichen Mädchen, das perfekt ist, und dem armen Mädchen, das nichts auf die Reihe bekommt. Und jetzt? Jetzt sind wir eine perfekt zusammenpassende Familie. Zum Glück hatte ich sie damals angesprochen. Was diese Kleinigkeit geändert hat, hätte sicher keiner gedacht. Und für die Zukunft und unseren jetzt kleinen Bruder: Beurteile keine Menschen nach ihrem Aussehen oder ihren Freunden, wenn du sie nicht kennst! Und habe ihnen gegenüber keine Vorurteile, von denen du eigentlich nicht viel weißt! Denn Personen zeigen dir nur den Teil von sich, von dem sie wollen, dass du ihn siehst. Aber miteinander kann so gut wie jedes Problem gelöst werden.

Burcu Nalbant
Jakob-Fugger-Gymnasium, Klasse 8a

Die Sage zum Siebentischwald

Es waren einmal 49 Zwerge. Sie lebten in einem tiefen Wald südlich vom heutigen Augsburg. Die Zwerge besaßen dort drei schöne Fachwerkhäuschen und lebten friedlich miteinander.

Eines Tages im Sommer saßen die Zwerge draußen vor dem Häuschen an ihren sieben Tischen beim Frühstück. Sie hatten Kräutertee, Brot, Marmelade und Honig auf ihren Tischen stehen. Ein leckerer Duft stieg ihnen in die Nase. „Was haben wir es schön, hier in unserem Wald", sagten sie einander und strichen sich über die Bäuche. Doch plötzlich wurde die Ruhe unterbrochen: Die Zwerge hörten eine Art Angriffsgeschrei. Laut toste es aus dem Wald heraus.

Und schon sahen sie einige Gnome auf sich zukommen. Diese hatten Salzstangen als Munition. Die kleinen Gebäckstücke sausten durch die Luft. In Windeseile kippten die Zwerge ihre großen Holztische um und versteckten sich dahinter. Sieben Tische schützten die Zwerge nun wie Schilde. Dann schnappten die Zwerge sich die Marmelade, weil sie wussten, dass die Gnome die nicht mochten, und warfen sie zu den Gnomen. Leider konnte man damit nicht gut zielen. Nach wenigen Minuten sagten die Zwerge zu den Gnomen: „Wieso greift ihr uns an? Das bring doch eh nichts. Am Ende schaden wir uns nur selbst." Die Zwerge sagten weiter: „Lasst uns die Tische umdrehen und alle zusammen ein Festessen mit unserer Munition feiern." Das sahen auch die Gnome ein: „Da habt ihr eigentlich recht", riefen sie. Alle setzten sich an die sieben Tische, die Zwerge aßen die Marmelade und die Gnome lieber den Honig.

Seit diesem Ereignis sind die Zwerge mit den Gnomen befreundet und sie trafen sich regelmäßig an den sieben Tischen im Walde. Und deshalb heißt dieser Wald seither Siebentischwald.

Richard Rutsatz
Gymnasium bei St. Anna, Klasse 6

MITEINANDER

VERBUNDEN zu sein, das heißt, sich VERSTEHEN auch ohne Wort,
zu wissen, dass es ein GROSSES GANZES gibt, unabhängig von Zeit und Ort.
Gerade schwierige Zeiten verlangen, dass wir in Taten und Gedanken ZUSAMMEN bleiben,
und uns als GEMEINSCHAFT nicht am äußeren Geschehen aufreiben.
Das funktioniert nur, wenn VERTRAUEN unser Begleiter ist,

damit man diese heilsame VERBINDUNG und unsere WERTE nicht vergisst!
Zu zweit, zu dritt, zu viert . . .
Ideen werden zusammen POTENZIERT!
ZUSAMMEN können Herausforderungen eine CHANCE werden,
um MITEINANDER zu WACHSEN hier auf Erden.
Unsere WELT bietet so viel, sie ist WUNDERSCHÖN BUNT,
jeder so, wie er ist, IDEAL, SEITE AN SEITE im BUND.
Es entsteht ein großes WIR,
GEMEINSAM statt einsam im HIER.
Denn auch Schicksale können VERBINDEN,
und so können wir alles ÜBERWINDEN.
VERBINDUNG mit ALLEN Lebewesen in HARMONIE,
das WÜNSCHE ich uns so sehr, WIE NOCH NIE!
FRIEDEN pflegen, versuchen einander zu VERSTEHEN,
steile und auch steinige Wege in GEMEINSAMKEIT zu gehen!
Lasst uns in eine gute ZUKUNFT sehen,
Schritt für Schritt weiter ZUEINANDERSTEHEN!

Juliane Singer
Gymnasium bei St. Stephan, Klasse 5b

Irgendein Tag im Homeschooling, z.B. der 10.1.2021

Puh, ich muss aufstehen. Oder eigentlich doch nicht, ich bleibe ja heute zuhause . . . Das sieht Mama ganz anders: „Raus jetzt, Zähne putzen, anziehen, schnell frühstücken und ab vor den Rechner!"
Eigentlich würde ich lieber in die Schule gehen. Das ist manchmal echt schöner. Die Lehrer können mir viele Sachen besser beibringen, sind nicht so gestresst, und außerdem kann ich meine Freunde sehen.
Aber ich verstehe natürlich, dass das gerade eben nicht geht. Trotzdem.
Mama versucht, sich auch gut um mich und meine Schwester zu kümmern, obwohl sie währenddessen arbeiten muss. Auch von zuhause aus. Sie hat nämlich nicht frei. Manchmal streiten wir – so richtig, manchmal lachen wir – auch so richtig. Wir machen das alles zusammen. Miteinander. Auch meine Lehrer sind für mich da. Über Teams kann ich sie sehen. Das ist nicht so toll wie richtiger Unterricht im Klassenzimmer, aber sie geben sich auch große Mühe – mit uns zusammen, denn wir Schüler versuchen uns auch Mühe zu geben. Zusammen werden wir das schaffen. Miteinander geht alles besser.

Moritz Pinto Montaneiro
Maria-Ward-Realschule, Klasse 5c

Comic über Rassismus

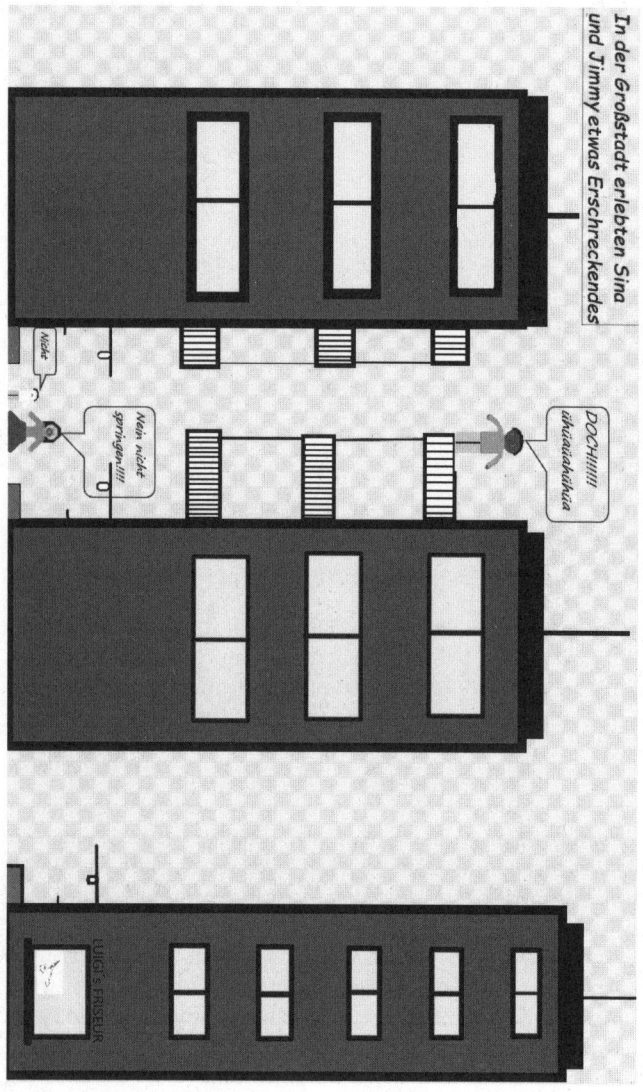

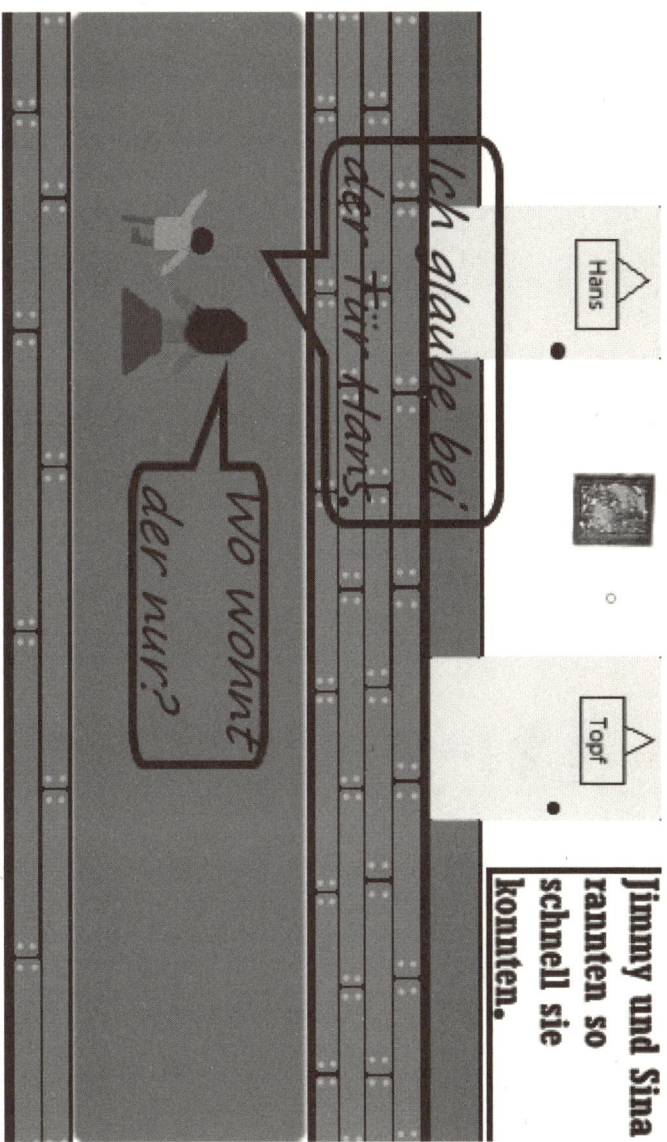

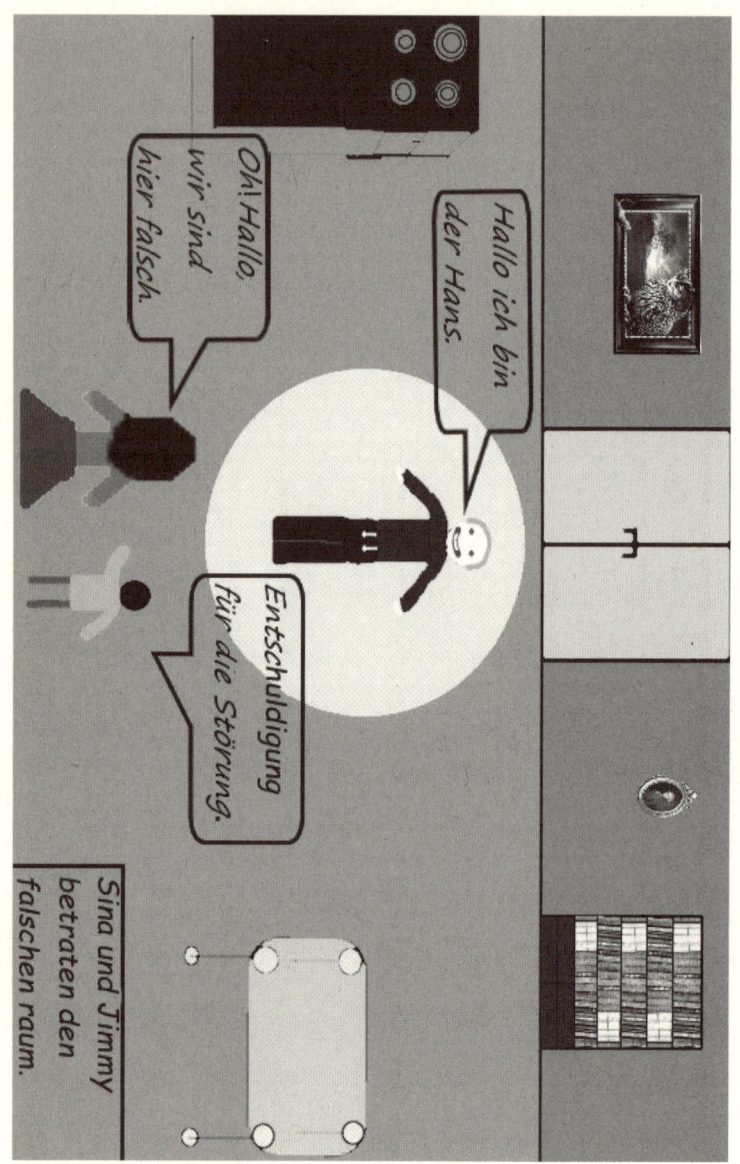

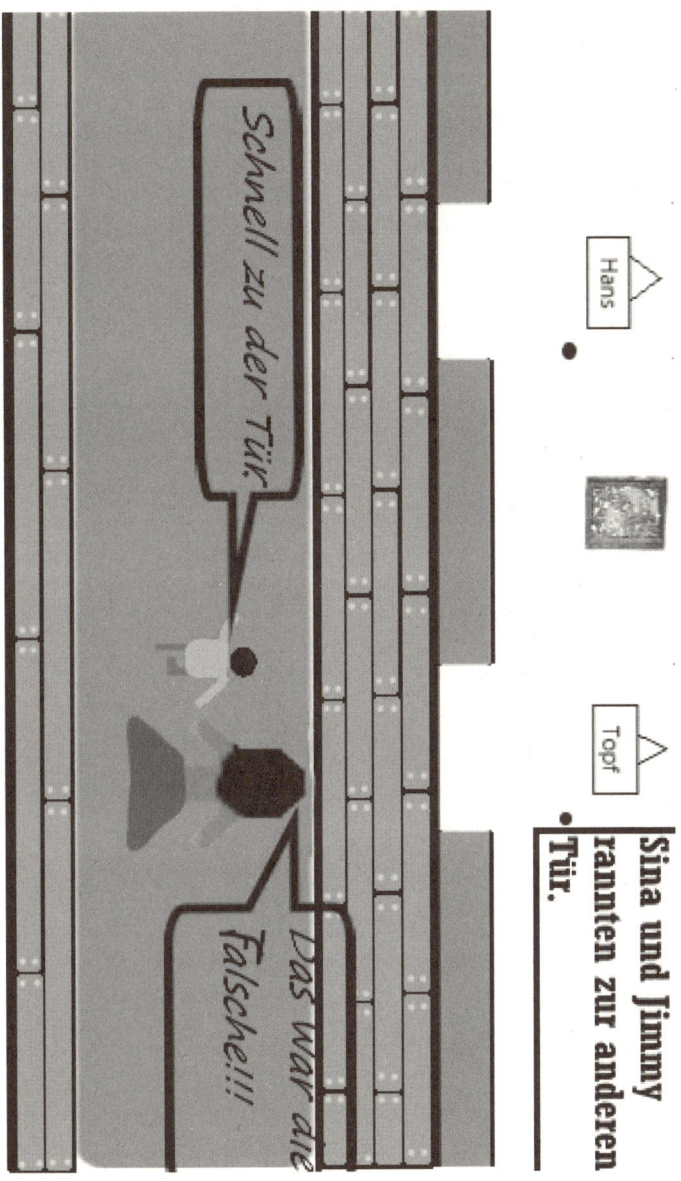

Sina und Jimmy rannten zur anderen Tür.

59

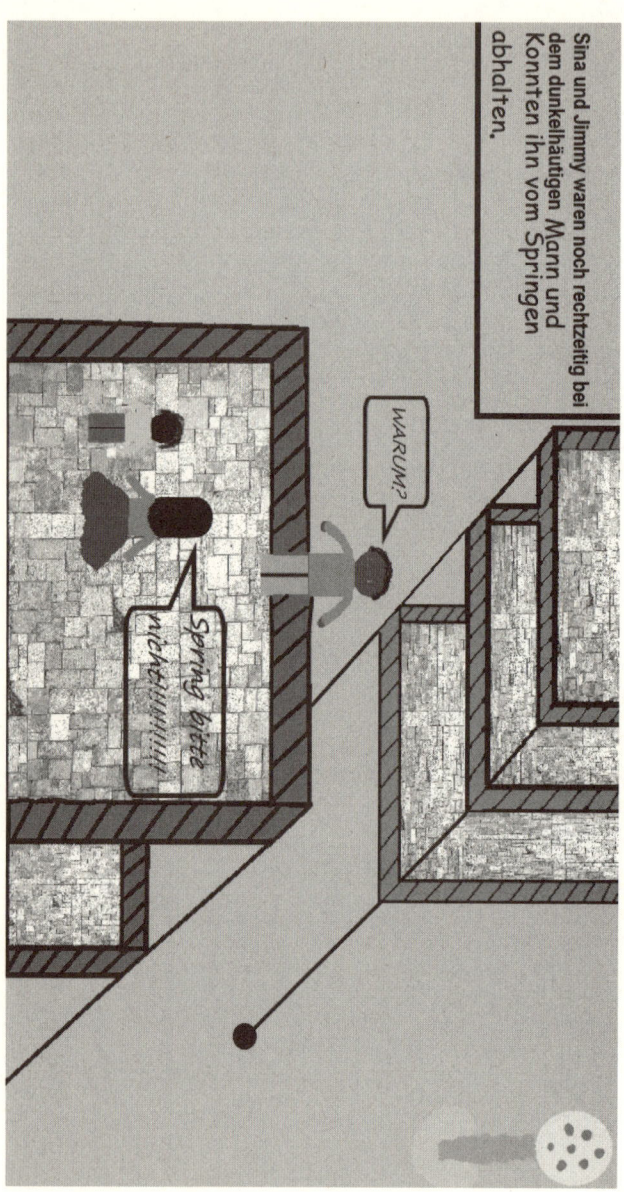

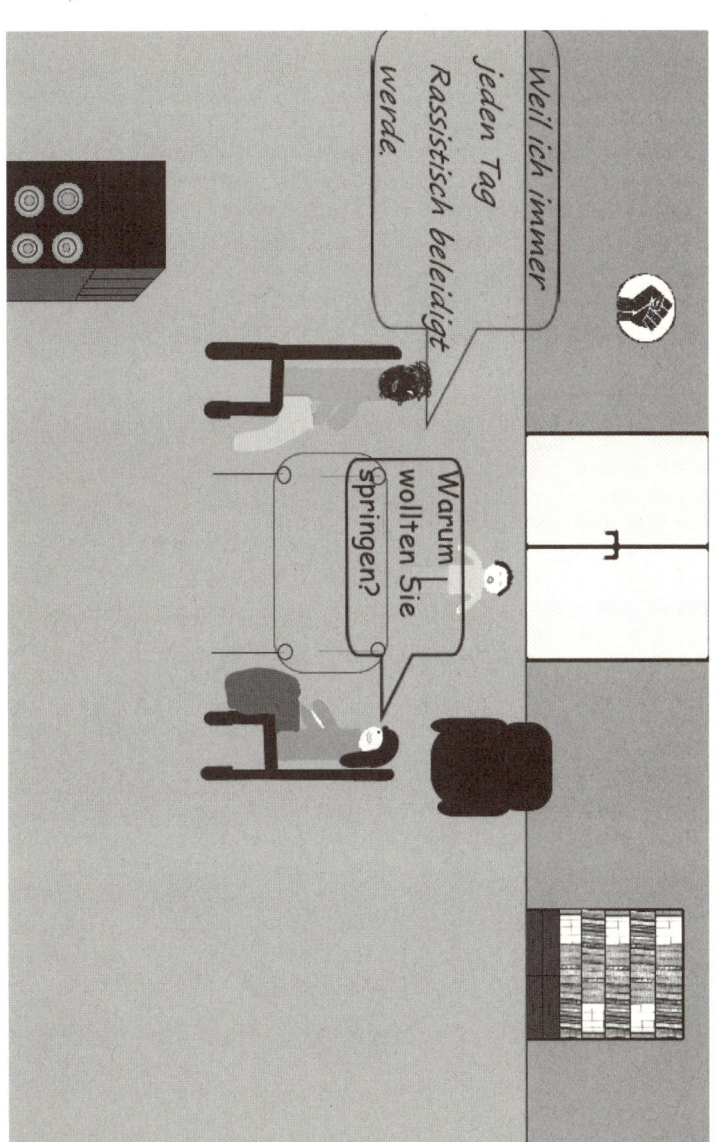

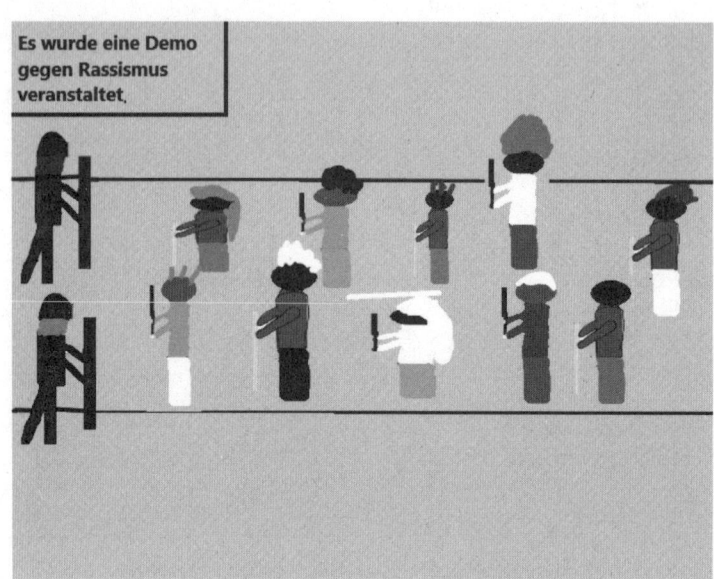

Es wurde eine Demo gegen Rassismus veranstaltet,

ZUSAMMEN GEGEN RASSISMUS

Daniel Wengart und Tobias Marquardt
Förderzentrum Hören Augsburg, Klasse 7M

Das verstehe ich unter „gemeinsam"

Paul, der in meinem Fußballverein ist, kam zu mir und wollte mit mir Fußball spielen. Wir gingen zum Fußballplatz und sahen, dass schon größere Jungs da waren. Wir fragten, ob wir mitspielen dürften. Als wir mitspielten, hatte Paul den Ball und spielte nie ab. Und als er vor dem leeren Tor stand, schoss er auch noch vorbei. Er war sauer und wir erklärten, dass so ein Ballwechsel nur gemeinsam klappt. In der 2. Runde änderte er seine Spielweise und passte ab. Und am Ende gewannen wir. Paul lernte, dass man nicht alles alleine machen sollte, sondern auch gemeinsam - nur gemeinsam kann man ein Fußballspiel gewinnen!

Simon Wörner
Bischof-Ulrich-Realschule, Klasse 5a

Liebes Tagebuch,

Letztens in der Pause haben ich und meine Freundinnen wie immer etwas zusammen gemacht. Wir haben gegessen und geredet, jedoch ist mir schon lange ein Mädchen aufgefallen, das jede Pause allein ist. Sie sah etwas besorgt aus. Als die Pause zu Ende war, holte ich alle Mädchen aus meiner Klasse zusammen und fragte, ob sie Lust hätten, gemeinsam mit dem Mädchen etwas zu unternehmen. Alle stimmten zu und wir gingen nach der Schule dem Mädchen hinterher. Wir fragten sie, ob wir sie auf ein Eis einladen dürften. Sie stimmte zu und wir gingen alle miteinander ein Eis essen. An diesem Tag beschlossen wir, jeden Freitag alle miteinander spazieren zu gehen. Schon bald hatten wir einen sehr guten Draht zueinander. Ich habe gelernt, dass es oft miteinander schöner ist als allein.

Phebe Leitenstein
Maria-Ward-Realschule, Klasse 6c

Der arme Bauer

Es war einmal ein armer alter Bauer. Er hatte nichts, auch kein Holz für den Winter. Im Winter wurde es oft sehr kalt, darum bat er seine Nachbarn um Holz. Sie gaben ihm nichts, obwohl sie sehr viel Holz hatten. Dann ging der Mann zu einem anderen Haus. In dem Haus wohnte eine Familie, die auch sehr arm war. Dennoch gaben sie ihm etwas von ihrem wenigen Holz ab und der Bauer versprach ihnen, dass er es ihnen zurückgeben werde.

Als es endlich Frühling war, machte er sich auf den Weg. Er ging über Berge und durch Wälder. Als er fast am Ende war und nicht mehr konnte, fand er eine Fee. Sie sagte ihm, dass er ein sehr netter und guter Mensch sei. Ihr sei aufgefallen, dass er eine reine und gute Seele habe, und deswegen schenke sie ihm drei Wünsche. Als erstes wünschte er sich Futter für seine Tiere, damit sie nie wieder hungern mussten. Sein zweiter Wunsch war Gold, Essen und alles andere, was man zum Leben brauchte; das wollte er für die arme Familie, die ihm im Winter das Holz gegeben hatte.

Sein letzter Wunsch war, wieder zurück bei seiner Familie zu sein. Als er daheim war, kam die arme Nachbarsfamilie zu Besuch. Sie fragte ihn, wie er das gemacht habe mit dem Gold, und so erzählte er ihnen die ganze Geschichte. Er berichtete auch, dass er sich für sich nichts außer die Rückkehr zu seiner Familie gewünscht habe. Die Familie gab ihm etwas von ihrem Gold und Essen ab, weil sie fanden, dass das nicht geht, dass er dann kein Gold und Essen hat.

Amy Brunner
Jakob-Fugger-Gymnasium, Klasse 5b

Alle oder keiner

Ich frage mich jedes Mal,
wenn ich aus dem Fenster sehe,
wie lange geht das noch gut?
Wie lange können wir so weitermachen?
Die Erde ist labil,
sie steht vor dem Abgrund
und trotzdem sehen wir nur die Scheine vor uns.
Was bringt uns all das Geld
ohne Sauerstoff,
ohne Bäume,
ohne Algen,
ohne Bienen?
Es ist an der Zeit, Intelligenz zu beweisen,
wir haben die Verantwortung.
Wir müssen sie ehrbar nutzen.
Nur in einem Miteinander
können wir uns und die Natur schützen.
Wach auf,
hilf mit,

recycle, trenne, überlege.
Du bist nicht mehr und auch nicht weniger wert
als jeder Organismus dieser Welt.

Sandra Staiger
Berufsschule IV, Klasse BM10E

Der MITEINANDER-Rap

Miteinander spielen,
das ist wichtig vielen.
Miteinander streiten,
dann doch wieder begleiten.
Miteinander leben,
das ist wichtig, eben!
Darum lass dir sagen:
Du musst nicht gleich verzagen.
Klappt es auch manchmal nicht gleich,
beschimpft nicht arm und nicht reich,
dann rappt diesen Rap,
mit viel Beat und viel Clap,
gleich werdet ihr sehen,
es wird bald wieder gemeinsam gehen.
Ist man miteinander daheim,
geht man sich oft auf den Leim.
Du musst nicht gleich verzagen,
darum lass dir sagen:
Bleib noch ein wenig daheim,
dann können wir bald wieder gemeinsam sein!

Matthias Stöhr
Gymnasium bei St. Anna, Klasse 6b

Gedicht „Miteinander"

Miteinander reden,
spielen und lachen
heißt, bereit sein
fürs Seeleaufmachen.
Miteinander heißt fühlen!
Sagst du: „Lass es doch krachen!",

werde ich zum Mitspieler –
zusammen erleben wir Sachen!
Aber nicht nur das Fröhliche.
Trauer und Leiden verstehen,
das bedeutet zusammen,
miteinander Gefühle ausleben!
Wenn WIR großes Deutschland erleben wollen,
dann 1000-fach
sollen wir miteinander sein – das ist zu schaffen!

Laura Bulgak
Jakob-Fugger-Gymnasium, Klasse 5b

Miteinander

Es gibt Menschen, die ihr Leben gerne allein verbringen. Es gibt aber auch Menschen, die ihr Leben lieber in Gesellschaft, mit anderen Menschen verbringen. Dieser Meinung bin ich auch. Zwar nicht immer, denn es ist durchaus wichtig, auch Zeit für sich selbst zu haben, doch ist man in Gesellschaft, unternimmt man zum Beispiel etwas mit Freunden; so ist es immer amüsant und die Zeit verfliegt rasend.

Im Sommer gemeinsam an den See fahren, Musik hören und den Sommerabend genießen, zusammen etwas kochen, mit Freunden shoppen gehen, sich unterhalten, all diese Beispiele sind Dinge, die ich unter dem „Miteinander" verstehe.

Miteinander kommunizieren, etwas miteinander unternehmen, miteinander auskommen, miteinander streiten, sich miteinander vertragen, es gibt viele Arten des Miteinanders.

Doch das Wichtigste ist meiner Meinung nach das miteinander Kommunizieren und Auskommen!

Wenn z.B. ein Problem vorhanden ist, einen eine Sache stört, so sollte man das Problem ansprechen und nicht verdrängen. Denn wenn man dem Gegenüber nicht sagt, was das Problem ist, so kann man miteinander auch keine Besserung, gar eine Lösung des Problems finden.

Man sollte sich einmal vorstellen, wie es wäre, wenn man allein ist und es gar kein Miteinander geben würde. Da wäre keiner, mit dem man Ideen sammeln kann, den man nach der Meinung oder einem Ratschlag fragen kann, wenn man sich selbst bei einer Sache oder Entscheidung unsicher ist.

Lara Rottmann
Berufsfachschule für Sozialpflege, Klasse Soz 10A

Mit-Ein-Ander

Es waren einmal zwei Worte,
die lebten an einem Orte.
Dieser hieß Wörterwelt.
Aber diese beiden Worte
waren von der schlechten Sorte.
Man nannte sie Hass und Pein.
Drei Kinder hatten sie,
die sprudelten vor Energie.
Das waren Mit, Ander und Ein.
Sie wollten das Böse aus der Menschenwelt treiben,
um ihren Eltern zu zeigen,
dass man nur zusammen siegen kann.
Doch wie sollten sie das schaffen?
Denn das Böse hatte viele Waffen.
Aber da besannen sie sich darauf, wer sie waren,
und begannen, gute Wörter um sich zu scharen.
Sie vertrieben die bösen aus den menschlichen Gefilden
und fingen an, ein MITEINANDER zu bilden.

Johanna Adam und Karin Chao
Rudolf-Diesel-Gymnasium, Klasse 8a

Unser Schullandheimaufenthalt

In der dritten Klasse waren wir im Schullandheim. Das war sehr aufregend für mich. Eine Woche ohne die Familie, das gab es bei mir noch nie! Ich habe viele schöne Erinnerungen an diese Zeit. Wir besuchten eine Sternwarte und spielten Tischtennis. Meine Zimmerkollegen waren Laurin und Hakan. Wir waren ein tolles Team. Am Mittwochabend war ein „schwarzer Tag" an dem wir uns im Zimmer traurige Geschichten erzählten. Da wir nicht einschlafen konnten, gingen wir spät in der Nacht zu unserer Lehrerin. Sie kam dann zu uns in das Zimmer und wir redeten. Dann schliefen wir gut ein. Das Miteinander in unserem Zimmer und unserer Klasse war echt toll. In dieser Woche haben wir gelernt, dass „unser Wir nur mit dir und mir" gelingen kann. Ich werde diesen Aufenthalt in schöner Erinnerung behalten! Nach dieser Zeit im Februar 2020 durften keine Klassen mehr ins Schullandheim fahren.

Jonas Schreieder
Friedrich-Ebert-Grundschule, Klasse 4bgt

MITEINANDER

M itwirken ist der Schlüssel für das Miteinander: Außenstehende
i ntegrieren.
T eilen ist ein Bestandteil einer
e infühlsamen und
i dealen
N ächstenliebe, die die Gemeinschaft stärkt.
A rm in Arm besondere Situationen
n achbarschaftlich
d urchstehen ist auch eine Form des Miteinanders.
E invernehmlich Entscheidungen zu treffen und dabei den
R espekt des Gegenübers nicht zu verlieren, sorgt für ein harmonisches
Miteinander.

Matthias Gattinger
Balthasar-Neumann-Berufbildungszentrum, Klasse ZIM10

Die Schulrettung

„Lotta, komm!" Meine beste Freundin Tilli und ich liefen zur Schule. „Komm ja schon!", rief ich. „Du bist nervös wegen des Theaterstücks später, oder?" - „Ja, ich habe Angst, dass ich den Text vergesse!" - „Ach komm, das schaffst du schon!" - „Meinst du?" - „Ja!"
Dann mussten wir uns beeilen, sonst wären wir zu spät gekommen. Tilli und ich waren mächtig aufgeregt, als dann endlich unsere Eltern kamen und Maria, unsere Theaterlehrerin, eine kleine Rede hielt und sagte: „Liebe Eltern, liebe Geschwisterkinder! Die Kinder der Vierten und Fünften aus der Mondscheinklasse haben ein Theaterstück vorbereitet, das sie sich selber ausgedacht und ein paar Monate daran getüftelt haben. Aber jetzt ist es endlich soweit und sie werden es nun auch präsentieren. Das Stück heißt: Grüner Schatz der Erde.
Danach hatten die Eltern noch eine Überraschung: Es gab ein Buffet mit Sushi, Sandwiches und tausend anderen Sachen.
Es war 6 Uhr morgens. Tilli hatte kurzfristig bei mir geschlafen und gerade weckte ich sie. Tilli sagte: „Es ist 6 Uhr früh, warum weckst du mich?" Es war Samstagmorgen und wir hatten keine Schule. „Wir wollten doch ‚Hüpfe dich um' spielen! Aber vorher muss ich noch die Post aus dem Briefkasten holen."
Heute war sogar ein Brief für mich dabei. Natürlich las ich ihn sofort und erschrak so, dass ich laut schrie! Davon wachten Mama, Papa und sogar

meine kleine Schwester Lissi auf und sie kamen herbeigerannt. Mama fragte, was los sei, und ich antwortete: „Ab Montag schließt die Schule!" Meine Eltern sagten: „Jetzt frühstücken wir erst einmal." Nach dem Frühstück ging uns einfach nicht aus dem Kopf, dass wir ab Montag in einer Regelschule lernen müssen. Plötzlich fiel mir auf, dass in dem Brief gar nicht stand, warum die Schule geschlossen werden musste. Ich sah im Internet nach. Dort fand ich heraus, dass unser Direktor Max Redford eine Rechnung nicht bezahlen konnte und von dem Geld, das er durch den Verkauf der Schule verdient hatte, dann diese Rechnung bezahlt werden konnte. „Aha, so ist das also!", sagte ich. „Waaaaas?", rief Tilli, „das gibt's ja gar nicht! Ich habe eine Idee, wie wir es gemeinsam schaffen können! Ich habe mit meiner Mama einen Stand auf dem Markt! Na los!" Wir rannten zum Stadtmarkt hinunter und ganz am Anfang war der Stand von Tilli und ihrer Mutter aufgebaut. Wir stellten uns in den Stand und warteten und warteten und warteten . . . aber niemand kam. „Wir brauchen Werbung", sagte ich und kaufte beim Nachbarstand ein großes Plakat und schrieb darauf: Sandwiches selbst gemacht! Und tatsächlich: Nach ungefähr zwei Minuten standen bei uns so viele Leute an, dass Tilli und ich alle Hände voll zu tun hatten . . . Am Abend hatten wir zehn Kassetten voll Geld. Jetzt brachten wir es dem Direktor. Der bedankte sich doppelt und dreifach und holte sich die Schule zurück.

Ann-Sophie Oostenryck
Montessorischule Augsburg, Klasse Saturn 4

Freunde

Meine Freunde und ich streifen übers Feld.
Hand in Hand freuen wir uns über die lachende Sonne.
Einer fällt hin, wir helfen ihm wieder auf die Beine,
denn gemeinsam sind wir stark.
Während wir über das Feld laufen,
atmen wir die Luft ein und aus.
Die warmen Strahlen der Sonne wärmen unser Herz.
Wir denken: Wir sind nicht alleine. Wenn uns etwas schwerfällt,
haben wir jemanden, der uns hilft.
Jetzt spüren wir Hände über unseren Köpfen.
Da ist jemand Großes, der immer bei uns ist.
Wir sind die mutigsten und stärksten Menschen,
wenn wir zusammen sind.
Wir schließen die Augen und genießen die Stille, die uns umgibt.

Wir halten die Hände des anderen ganz doll fest.
Eine Brise umgibt uns und ich denke:
Wir sind nie allein, es gibt immer einen Menschen, der uns hilft.

Emmy Gläsel
Lichtenstein-Rother-Grundschule, Klasse 3

Römische Bretter

Lärm. Aufregung. Blendendes Licht. Lampenfieber. Die Vibration der Bühne unter seinen Füßen. Endlich war der Moment gekommen. Sein großer Traum. Seine große Leidenschaft. Hier zu stehen. Hier zu sein.

Auf diesen einen Tag hatte er gewartet. Vor Nervosität zitternd, sprang er auf die Bühne. Ist das hier real? Er atmete tief ein. Die staubige Luft, die Anspannung im Raum. Es ist real.

Er atmete langsam aus. Genoss das Gefühl der Anspannung. Er liebte das Theater so sehr. Und heute würde er wieder ein Teil von dieser Welt sein. Auf diesen Abend hatten sie alle gemeinsam hingearbeitet. In diesem Theaterstück steckte so viel Liebe, so viel Zeit und Freude, sodass sie alle dafür kämpften, die bestmögliche Show zu liefern. Alles war durchgeplant, die Plätze, die Szenen, die Zeit, wer wo steht, wer wann auftritt, wer spricht. Es musste einfach perfekt sein.

In diesem Theaterstück war sein Name Amelin. Er war ein kleiner Schreiberling im jüngeren Zeitalter der industriellen Revolution. Gemeinsam mit Xolin, seinem Bruder, wollte er eine Reise durch verschiedene Länder der Erde starten, um die Welt zu entdecken und am Ende einen ihrer Freunde in Rom zu besuchen.

Gegen Ende des Theaterstücks befanden sich Xolin und Amelin auf dem Weg nach Rom. Sie hatten es fast geschafft! Noch wenige Stationen bis zum Ziel und sie konnten nach langer Zeit ihren Freund Julius wiedersehen. Die beiden hatten Julius auf einer ihrer letzten Reisen kennengelernt. Xolin konnte nicht mehr sitzenbleiben. Er war so unglaublich aufgeregt! Die beiden stiegen aus dem Zug und holten eine ihrer Karten heraus. Sie wollten so schnell wie möglich Julius aufsuchen.

„Und du bist dir sicher, dass das der richtige Weg ist?", fragte Amelin verwirrt und sah sich die Landkarte unentschlossen an. Xolin lachte und drehte die Karte um.

„Du hast sie schon wieder falsch herum in der Hand!"

„Oh je, das passiert mir aber öfter", meinte er schulterzuckend und legte sie auf den Boden, um sich besser orientieren zu können. Er betrachtete sie, lief ein paar Mal im Kreis und murmelte unverständlich in sein Mikrofon hinein. Denn obwohl Amelin wusste, dass das alles nur ein Spiel war, sah er die Straßen Roms vor seinem inneren Auge entlangziehen und vergaß komplett die Welt, die sich um ihn herum befand. Er spielte nicht nur Amelin. Er war Amelin.

Tief atmete er ein und nahm die Karte wieder in die Hand.

„Wir müssen da lang, Xolin. Ich habe mich mal mit der Karte orientiert, wir sollten ihn schon finden." Xolin klatschte erfreut in die Hände und schnappte sich seinen Rucksack, den er zuvor auf den Boden gelegt hatte. Die beiden liefen ein paar Mal um die Bühnenbilder herum und dann war das Bild dunkel. Szenenwechsel.

Sie klopften an einer dunklen Holztür. „Du bist dir wirklich sicher, dass dies das richtige Haus ist?" Xolin verdrehte die Augen.

„Natürlich ist es das! Ich kann wenigstens Karten lesen, im Gegensatz zu dir!" Dabei kniff er Amelin neckend in die Seite. Genervt schubste Amelin Xolin zurück. Plötzlich öffnete sich die Tür. Sofort standen die beiden gerade in gleicher Linie und versuchten, seriös zu wirken.

„Was kann ich für euch tun, meine Herren?", fragte ein älterer Mann grimmig und schaute die beiden mit zugekniffenen Augen an.

„Wir, wir wollten zu Julius. Wohnt hier ein Julius?", stammelte Xolin. Er spielte an seinen Händen herum und sah schüchtern zu Boden.

„Warum so eingeschüchtert?", fragte der Mann lachend zurück und kratzte sich am Kopf. Vermutlich ist ihm in diesem Moment aufgefallen, dass er die beiden böse angesehen hatte.

„Julius ist mein Sohn. Er ist aber gerade auf dem Markt und verkauft dort Äpfel und seine anderen Lebensmittel. Ihr könnt ihn gerne besuchen, die Markthalle ist nicht weit von hier."

„Oh, er ist Ihr Sohn! Natürlich, das hätte ich mir auch denken können", murmelte Xolin gehemmt.

Nun war es Amelin, der ihm in die Seite kniff.

„Wir hätten auch das falsche Haus haben können, Dummkopf." Lachend wandte er sich zurück zu dem Mann. „Vielen Dank, wir werden ihn suchen gehen. Nicht weit, haben Sie gesagt?"

Der Vater von Julius beschrieb ihnen noch kurz den Weg und die beiden machten sich erneut auf eine kleine Reise. Xolin und Amelin liefen quer durch das Publikum, um die Expedition zu simulieren. Dann gab es einen weiteren Szenenwechsel.

In der Markthalle befanden sich ein paar Händler mit ihren Ständen und einige Kunden, die ihre Lebensmittel kauften.

„Siehst du ihn irgendwo?" Xolin lief auf den Zehenspitzen, den Kopf erhoben, durch die kleine Masse an Menschen hindurch und versuchte Julius zu lokalisieren.

„Und du bist dir wirklich sicher, dass das die richtige Markthalle ist?" Amelin starrte Xolin verdutzt an. „Natürlich ist es die richtige Halle! Im Gegensatz zu dir kann ich nämlich zuhören!"

„Okay, okay", murmelte er genervt zurück und hielt ebenfalls nach Julius Ausschau.

„Julius!", schrie Xolin plötzlich erfreut und rannte schnell auf einen jungen Mann zu, der vor Schreck sein Obst fallen ließ.

„Xolin? Ach du meine Güte, was machst du denn hier?" Amelin rannte Xolin schnell nach und sah, wie die beiden sich vor Freude wild umarmten. Xolin war viel kleiner als Julius. Das sah unglaublich witzig aus. Amelin konnte sich das Lachen nicht verkneifen, sodass er aus Versehen auf sich aufmerksam machte. Julius sah sich aufgeregt um. Die Stimme kannte er doch!

„Amelin, du bist ja auch da!" Ruckartig umarmte er auch Amelin, der sich hilflos umsah. Das Publikum lachte.

„Was macht ihr beiden denn hier?", entgegnete Julius verwirrt und hob das gefallene Obst vom Boden auf. „Wir beide hatten die dumme Idee, die Welt zu entdecken und dich zu besuchen. Wir waren fast überall! Und demnach sind wir auch schon sehr lange unterwegs."

„Das klingt ja großartig! Ich wusste schon immer, dass ihr beide nie zu Hause bleiben könnt."

„Wie geht es dir, Julius?", fragte Xolin und klaute sich einen kleinen Apfel aus dem Marktstand und biss hinein. „So weit, so gut, nur die Arbeit läuft nicht so gut. Im Moment werden sehr viele Lebensmittel gestohlen und wir wissen nicht, wer dahintersteckt. Das sorgt für sehr viel Streit zwischen den Händlern. Die glauben nämlich, dass wir uns alle gegenseitig beklauen." Amelin nickte verständlich.

„Wie ist das möglich, am helllichten Tag unter so vielen Menschen?" Julius zuckte mit den Schultern. „Wenn wir das wüssten!"

In diesem Moment fingen ein paar Händler an, sich gegenseitig anzuschreien.

„Du hast mir schon wieder meine Ware gestohlen! Das zahlst du mir sofort zurück!", brüllte einer der Händler empört.

„Wieso ich? Ich habe doch gesehen, wie du die Ware aus meinem - ich betone meinem - Stand herausgenommen hast!" Amelin drehte sich verwirrt um und sah auf die streitenden Händler. Sollte er einschreiten? Sollte er etwas dazu sagen? Er hielt sich besser zurück.

„Du spuckst immer so große Töne, aber nie steckt wirklich was dahinter! Nimm deinen dummen Stand und stell dich woanders hin!" Der Verkäufer trat aufgebracht gegen den Verkaufsstand. Der andere Händler schrie erzürnt ein paar Schimpfwörter und schlug plötzlich dem anderen ins Gesicht. Die beiden rauften am Boden. Das konnte Amelin nicht mehr mit ansehen und rannte auf die um sich schlagenden Händler zu. „Hört auf, das hat doch keinen Sinn! So kann man doch keine Konflikte lösen!" Die beiden Verkäufer ließen sich nicht beirren. Wild kugelten sie hin und her. Plötzlich war es dunkel. Amelin lief erschrocken ein paar Schritte zurück und starrte nach oben. Kein Licht. Keine Show. Stille. Das Bühnenlicht war ausgefallen.

War alles umsonst? Hatten sie all die Zeit investiert, damit der Abend schieflaufen konnte? Er wusste keine Lösung. Im Dunkeln konnten sie nicht spielen. Wie konnte die Technik so einen Strich durch die Rechnung machen? Grauenvoll. Entsetzt suchte er nach seinen Teammitgliedern, aber konnte leider nur leichte Silhouetten erkennen. Ob sie schon an einer Lösung arbeiteten? Das Publikum fing an, leise zu tuscheln. Ihm musste etwas einfallen. Panisch versuchte er Kontakt zu seinem Team aufzubauen. Der Schweiß tropfte ihm von der Stirn, sein Herz schlug ihm bis zum Hals und seine Beine zitterten. Aus den Sekunden wurden gefühlte Stunden. Wusste denn keiner etwas? Er sah das Theaterstück schon scheitern.

Dann ging hinter ihm ein Licht auf. Ein Mitglied der Gruppe hatte eine Taschenlampe angeschaltet und leuchtete nach oben. Auf diese kleine Erleuchtung folgten noch ein paar mehr Lichter, sodass diese genug Beleuchtung spendeten, um die Bühne wieder zu erhellen. Von Handytaschenlampen bis Knicklichtern - alles war dabei.

Amelin atmete tief aus. Es war doch noch nicht vorbei. Eine Mitspielerin reichte ihm ein paar Knicklichtringe, die er sich um die Arme klemmte. Er flüsterte ihr ein leises Danke zu und sah auf das Publikum. Ein paar Gruppenmitglieder rannten durch die Zuschauerreihen und steckten den Kindern und Erwachsenen ein paar Knicklichter zu. Diese lagen wahrscheinlich noch von den letzten Theaterstücken in den Kisten. Er war unglaublich erleichtert. Er räusperte sich. Im Hintergrund standen die Mitglieder, die gerade nicht in der Szene waren, und schwangen im gleichen Takt die Lichter hin und her.

„Was war das?", fragte er frei heraus und sah erschrocken auf die beiden Männer, die noch am Boden lagen. Diese schauten irritiert auf.

„War das ein Zeichen, dass wir aufhören sollen?", improvisierte einer der Händler verwirrt. Er stand auf und half dem anderen Händler wieder hoch.

„Es tut mir leid. Es ist eine schwere Zeit und die Güter sind einfach wertvoll." Der andere Geschäftsmann rieb sein Gesicht und legte ihm eine Hand auf die Schulter.

„Entschuldigung. In so einer Zeit sollten wir alle zusammenhalten und uns nicht prügeln."

Erleichtert ging Amelin ein paar Schritte zurück. Xolin biss wieder von seinem Apfel ab, den er immer noch in der Hand hielt. Man sah an seinem bestrahlten Gesicht, wie schlecht er sich fühlte, da er sich den Apfel vorhin einfach nur geschnappt hatte, ohne ihn zu bezahlen. Sofort kramte er ein paar Münzen aus der Tasche und legte sie Julius in die Hand. Dieser bedankte sich verdutzt.

„Aber wer stiehlt denn dann die ganzen Vorräte?", fragte Amelin aufgelöst und sah sich fokussiert um. Vielleicht konnte er ein Muster erkennen. Er hielt nach möglichen Dieben Ausschau. Im Hintergrund half Xolin den beiden Händlern, ihre Stände wieder herzurichten. Aber wirklich etwas erkennen konnte er nicht.

Einen kurzen Moment später zupfte etwas an Amelins Jacke. Amelin starrte verdutzt nach unten und sah ein kleines Kind mit Tränen in den Augen.

„Es tut mir leid", flüsterte es zitternd und rieb sich weinend die Augen.

„Was tut dir leid?", fragte er freundlich und kniete sich zu dem kleinen Jungen auf den Boden.

„Ich wollte nicht, dass sie sich meinetwegen streiten. Aber ich brauchte etwas, damit wir zu Hause auch was haben. Papa geht es nicht so gut und wir haben nicht genug zum Essen und ich habe kein Geld, um etwas zu kaufen!" Er schlug die Hände vor das Gesicht. Das Publikum raunte. Sie zeigten Mitgefühl für das kleine Kind.

Der Händler im Hintergrund lief auf das Kind zu.

„Du kannst nicht einfach etwas stehlen. Man kann auch miteinander nach Lösungen suchen, Kleiner."

Er nickte bedrückt. Der Händler nahm das Kind in den Arm und führte es mit zu seinem Stand. Er nahm ein paar Äpfel in die Hand und drückte sie dem Jungen in die Arme. Dieser lachte vor Freude.

„Danke, das ist so lieb von dir!"

„Das nächste Mal kommst du wieder hierher und wir suchen wieder gemeinsam nach einer Lösung." Das kleine Kind nickte erfreut und tapste fröhlich davon. Xolin stellte sich neben Amelin.

„Ich glaube, wir haben langsam genug gesehen. Lass uns noch ein paar Tage hierbleiben, die Sehenswürdigkeiten anschauen und dann nach Hause gehen." Er nickte zustimmend.

„Ich denke, es wird Zeit." Die beiden sahen sich an und im Hintergrund gingen die Lichter der Taschenlampen und Handys aus.

Dann war es vorbei.

Das Publikum jubelte. Er zitterte. Sie hatten es geschafft! Trotz Chaos ein riesiger Erfolg!

Gemeinsam verbeugte sich die gesamte Gruppe und sie schwangen Hand in Hand die Lichter hin und her.

Ist das hier real? Er atmete tief ein. Der staubige Geruch war noch da. Es ist real.

Dann wieder Licht. Er sah nach oben. Die Scheinwerfer funktionierten wieder. Ein typischer Zufall.

Aber er ignorierte den Fakt. Denn im Moment zählte nur das Gefühl des Erfolges.

Schade, dass es schon das Ende war. Aber es wird nie das Ende für ihn sein. Es werden viele weitere Abenteuer auf ihn warten. Er liebte das Theater so sehr.

Zufrieden starrte er auf die Zuschauer. Genoss die Vibration der Bühne. Schloss die Augen. Und war glücklich.

Alina Berger
Berufsschule II, Klasse DMG12D

Regen

„Nein", meint er ganz beharrlich und läuft hastig weiter.

„Wie wäre es hiermit?", spricht sie wiederum und zeigt auf das leere Plätzchen.

„Zu voll", sagt er mit einem unangenehmen Ton und schaut sich weiter um.

„Mein Lieber, ich verstehe, dass das für dich, wie für alle auf dieser Wolke, ein aufregender Moment ist, aber wir werden in nur wenigen Minuten fallen gelassen und suchen schon Ewigkeiten", erzählt sie und gleitet langsam zu dem stehengebliebenen Tropf hin. „Dieser Teil der Wolke ist doch perfekt."

Leicht nimmt sie ihn in den Arm, woraufhin er sich losreißt und sie verständnislos ansieht.

„Nein, Mom! Dieser Bereich ist viel zu voll!", ruft der Jüngere mit einem panischen Gesichtsausdruck.

Er hat Recht, es ist überfüllt, aber das war es immer, wenn schon seit längerer Zeit kein Abfallkommando angekündigt war. Am meisten am Ende des Sommers. Überall auf der flauschig grauweißen Wolkendecke mit einem Stich blauem Farbenglanz, der von der Sonne, die sich hinter der obersten Wolke versteckt, abgegeben wird, stehen aufgewühlte Wassertropfen, die es kaum erwarten können.

„Ich möchte alleine fliegen, denn unter den ganzen anderen Tropfen wird man mich kaum erkennen!", berichtet der Kleine von seinem Anliegen und wird ganz emotional.

„Ich kann dich verstehen!", sagt sie, „Als ich in deinem Alter war, also vor etwa fünf langen Tagen, machten wir uns auch für den Abflug bereit und da fragte ich meine Mutter, also deine Oma, ob wir nicht zu klein für den untersten Boden seien. Da antwortete sie: „Warum glaubst du, dass Trolle sich immer zusammen aufhalten? Weil sie, wenn das Schicksal sie erreicht und diese zu Stein werden, zusammen eine Mauer bilden können. Angst, Schrecken und Respekt verbreiten. Genauso sind wir!" Was ich dir also damit sagen will, ist, dass es stimmt. Du bist unter so vielen Gleichartigen, auch wenn du mutiger, stärker oder schöner bist, winzig. Das ist eben so, aber das ist nichts Schlechtes, denn wir können auch mutiger, stärker und schöner zusammen sein. Denn alleine bist du nur ein Tropfen, aber zusammen sind wir Regen, wir können sogar den riesigen Fluss, den See, das Meer bewegen oder Kreaturen vor dem Tod bewahren."

Stolz richtet der Tropfen sich auf, hebt seinen Kopf und umarmt kräftig seine Mutter. Aufgeregt merkt er, wie die Wolke vibriert und unter seinem blauen Unterteil an Standhaftigkeit verliert, bis diese durchsichtig wird und . . .

Viktoria Vugman
Bertolt-Brecht-Realschule, Klasse 9d

Interview mit dem Zusammenhalt

Heute zu Gast bei ‚Interviews mit Stars': der Zusammenhalt. Herzlich willkommen bei Interviews mit Stars, Herr Zusammenhalt, wofür stehen Sie in unserer Welt?

Ich stehe für Zusammenhalten, wie mein Name schon sagt. Ich stehe für eine gute Bewältigung in der Krise. Wir müssen uns gemeinsam gegen das Virus stellen, damit es unsere Gesellschaft nicht spaltet. Nur mit Zusammenhalt kann eine Gesellschaft gut miteinander leben.

Was braucht man denn für Zusammenhalt?

Wir brauchen 500 g Gemeinschaft, eine Handvoll Respekt, einen Löffel Vertrauen und eine Prise Mut. Wenn wir diese Zutaten vermischen, bekommen wir den Zusammenhalt, den die Menschheit braucht, um gut zusammenleben zu können. Diese Masse muss man unter den Menschen verteilen.

Zum Abschluss noch die Frage, was Sie auf der Welt am liebsten verändern wollen?
Ich würde den Menschen mehr Respekt, Vertrauen und Zusammenhalt einflößen, damit auf der Welt mehr Gerechtigkeit herrscht und alle Menschen in Frieden und ohne Krieg leben können. Das wäre mein großer Wunsch.

Vielen Dank, Herr Zusammenhalt, für dieses Interview! Bis zum nächsten Mal bei ,Interview mit Stars'. Lust auf mehr Interviews? Im Augsburger Lesebuch 2020 ist das Interview mit dem Respekt.

Max Knobloch
Jakob-Fugger-Gymnasium, Klasse 6b

Miteinander heißt

Menschen, die zusammenleben
in einer Welt voller Frieden.
Tausende von glücklichen Kindern und Erwachsenen.
Ein guter Zusammenhalt
in dem gegenseitige Unterstützung da ist,
niemand diskriminiert und vernachlässigt wird,
alle leben gelassen werden wie sie möchten,
nie Hass nicht verbreitet wird –
das nenn ich ein glückliches MITEINANDER.
Ein großer Wunsch von mir für die Zukunft:
Respektvoller Umgang miteinander!

Kübra Cetrez
Berufsfachschule für Kinderpflege, Klasse Ki 10C

Zahlen wie 4 sind Zahlen wie 5

Es war einmal an einem schönen Sommertag der Geburtstag einer bestimmten Zahl. Der Name der Zahl war 4. An diesem Tag wollte der beste Freund der 4, die 5, ihr etwas schenken, doch daraufhin wurde die 3 eifersüchtig, weil sie die beste Freundin der 4 war. Also wollte die 3 ein besseres Geschenk kaufen, um die 5 zu übertrumpfen. Doch was sie auch kaufte, funktionierte in ihrer Vorstellung nicht, da die 5 viel mehr Geld hatte und die 3 sehr arm war. Sie wollte die 4 zu sich nach Hause einladen, doch leider war das Haus der 3 nicht gut genug, da es einem Schrottplatz glich. Die 3 gab jedoch nicht auf und brach in ihrer Verzweiflung bei der 5 ein, um Geld zu stehlen. Doch bemerkte die 3, dass das nicht das Haus der 5 war, sondern das der 13. Sie war allseits gefürchtet. Die 13 war zum Glück gerade auf der Toilette und das nutzte die 3, um zu flüchten. Dann versuchte die 3 die 5 zu erpressen und drohte ihr: „Geh aus dem Zahlenreich oder du wirst deinen Vater nie wieder sehen!" Aber die 5 erwiderte: „Mein Vater ist in Spanien." Die 3 haute ab und suchte wieder ein Geschenk. Ihre einzige Lösung war es, krumme Sachen zu machen. Sie stahl einen Apfel von Mr. Baum. Sie ging und fühlte sich veräppelt, doch dann hörte sie, dass bei der 5 eingebrochen worden war und die 5 jetzt auch arm war. Da verstand die 3, dass Freunde wichtiger sind als ein Geschenk. Sie half der 5, den Dieb zu finden. Am Ende stellte sich heraus, dass die 4 der Verbrecher war.

Michael Müller, Maximilian Müller, Loic Cormeau und Emilian Evers
Jakob-Fugger-Gymnasium, Klasse 5c

Miteinander ganz neu erlebt

Zusammen mit Freunden raus gehen, ins Kino gehen, viele Dinge erleben oder mit der Familie einen Ausflug machen. Das war das Miteinander vor der Pandemie. Jetzt ist das Zusammensein auf eine Personenanzahl und auf die Uhrzeit beschränkt. Niemals hätte ich gedacht, dass wir einmal so leben müssen. Seit es mit Corona angefangen hat, gibt es ein ganz neues Miteinander, so wie ich es noch nicht kannte. Eine neue Art von Zusammenhalt und Miteinander ist, wenn alle eine Maske tragen, um sich und andere zu schützen. Die andere Art ist, für Verwandte oder Freunde einkaufen zu gehen, wenn sie in Quarantäne sind. Ich bin davon überzeugt, dass wir miteinander alles schaffen und diese schwierige Zeit überstehen. Danach können wir das Miteinander hoffentlich wieder anders erleben.

Rebecca Knoller
Berufsschule IV, Klasse BM12B

Ertrinken — der einsame Schwimmer

Ich ertrinke. Das kalte Monster des Ozeans zieht mich erbarmungslos nach unten, in die Untiefen des Wassers. Unbarmherzig zieht es mich in die Tiefe. Den Drang, gegen die Flut anzukämpfen, hatte ich aufgegeben. Ich ertrinke. Allein. Ungesehen und ungehört auf dem offenen Meer. Dass mir ausgerechnet jetzt auffällt, dass ich einsam bin, hätte ich nicht gedacht, doch meine Gedanken hatten recht. Keiner ist hier, um mich zu retten, keiner kam angeschwommen, um mich aus dem Wasser zu ziehen. Nur ich und das Monster, das mich in die Tiefe zog, um mich zu verschlingen, alle anderen hatte ich von mir weggestoßen in der Überzeugung, den Weg allein schwimmen zu können, der Müdigkeit und den Zweifeln trotzen zu können, doch auf nicht einmal halber Strecke hatte mich der Ozean überlistet. So als hätte er gewusst, dass ich allein sein würde. Meine Lunge scheint zu bersten, meine Ohren beginnen unter dem Druck des Wassers zu schmerzen, noch einmal versuche ich Luft zu holen, kann aber nur Wasser in meine Lunge ziehen. Ich fühle mich schwer, verlassen. Ich hatte sie alle weggestoßen. Meine Mutter und Geschwister ebenso wie meine Freunde. Ich hatte ihre Gesellschaft nicht ausgehalten, das Beisammensein verabscheut, doch gerade jetzt wünsche ich mir, dass diese Menschen, die schon einmal in meinen Leben waren, wieder auftauchen würden, doch dafür war es zu spät.

Ich ertrinke. Die Stimme meiner Mutter dringt durch das graue Nass direkt an meine Ohren. Sie sagte immer, dass ich es eines Tages bereuen werde, das Beisammensein mit meinen Freunden nicht zu wollen. Immer wieder hatte sie mir versucht zu erklären, dass ich mit den Menschen und nicht gegen sie schwimmen soll, da wir nur miteinander das andere Ufer erreichen konnten. Ja, sie hatte recht, doch das habe ich damals nicht verstanden. Ich schließe die Augen, höre auf die Geräusche des Wassers. Höre die immer wieder einbrechenden Wellen, denen ich zum Opfer gefallen bin. Ich fühle mich schwer. Die Last der Erkenntnis hatte mich umklammert und zog mich zusätzlich wie ein Gewicht nach unten. Die Erkenntnis, dass ich ohne Unterstützung nicht weit kommen kann, schlägt mir regelrecht in den Magen. Miteinander, dieses Wort verstehe ich jetzt, jedoch fühle ich, dass es zu spät ist.

Der Theatervorhang meines Lebens schließt sich langsam. Meine Lunge verlangt nach Luft und ich merke, wie einzelne Adern in meinen Augen und Ohren platzten. Mein Verstand sendet mir noch einmal die Gesichter meiner Mutter, meiner Geschwister und Freunde vor meine geistigen Augen. ‚Ich habe verstanden, Mama. Nur gemeinsam sind wir stark. Es tut mir leid, dass ich das erst jetzt erkannt habe', denke ich mir noch, dann schließt sich mein Vorhang. Das Stück ist beendet, doch es gibt keinen Applaus. Niemand ist gekommen, um sich mein Stück anzusehen. Einsam bin ich ertrunken.

Auf einmal öffnet sich der Vorhang wieder, doch ein komplett neues Stück scheint gespielt zu werden. Tief in meinem Herzen spüre ich noch, dass ich dieses Stück nur mit Unterstützung von Menschen, denen ich wichtig bin, spielen kann. Dann beginne ich wieder zu schwimmen. Und wie ich schwimme, vergeht die Erinnerung an das vorangegangene Stück, doch dieses Gefühl bleibt. So finde ich Freunde und pflege die Beziehung zu ihnen. Wir erreichen das andere Ufer. Der Vorhang schließt sich, begleitet durch einen tosenden Applaus.

‚Ja, miteinander habe ich es geschafft', denke ich zufrieden und schlafe ein. Mein Theaterhaus schließt. Das Meer verschwindet. Zurück bleiben menschliche Überreste, die bald vergessen sein würden. Doch ich . . . nein, WIR haben es geschafft, ein unglaubliches Stück aufzuführen.

Michelle Golling
Maria-Ward-Realschule, Klasse 10c

Rassismus — miteinander leben

Also meine Meinung zu Rassismus ist: Warum können wir uns nicht akzeptieren, so wie wir sind? Jeder Mensch ist gleich, egal ob schwarz oder weiß. Wir sind alle Menschen. Wir alle haben rotes Blut. Leider gab es Rassismus schon immer. Aber man hat es einfach für sich behalten und nicht geäußert. Vor allem, dass ein paar Kinder schon sehr rassistisch sind, kann ich auf keinen Fall unterstützen. Ich bin selber ein Kind, aber es ist mir egal, wenn meine Freundin eine dunkle Hautfarbe hat. Ich würde nie etwas gegen schwarze Menschen haben. Ich würde für immer für sie da sein. Es ist einfach nicht cool, Leute mit anderer Hautfarbe zu verurteilen. Wir könnten alle gut zusammenleben, weil wir ALLE Menschen sind, egal, welche Hautfarbe wir haben. Wenn ich schwarze Menschen als Freunde habe, ist es mir egal, auch wenn ich alle meine Freunde verliere, die dagegen sind. Menschen mit anderen Hautfarben haben nichts Schlimmes gemacht. Wenn man sie fragt, was der Grund für ihren Hass ist, antworten sie nicht. Sie haben nämlich gar keinen Grund, die anderen herunterzumachen. Also bitte ich, dass wir uns alle gegenseitig akzeptieren, so wie wir sind. Außerdem hoffe ich, dass wir eines Tages ohne Rassismus leben können und ohne Terrorismus, ohne dass wir uns heruntermachen wegen der Religion und der Nationalität. Damit wir alle miteinander in Frieden leben können.

Su Kaya
Friedrich-Ebert-Grundschule, Klasse 4

Miteinander

Miteinander beginnt schon, wenn du geboren wirst
und du das erste Mal das Licht erblickst.
Miteinander ist Familie.
Meistens wohnt da auch ganz viel Liebe.
Gemeinsam ihr durchs Leben geht
und lernst du auch auf deinem Weg
viele neue Freunde kennen –
den einen oder anderen wirst du auch deinen besten nennen.
Schön ist meistens das Leben,
doch wird es auch Tiefen geben.
Gemeinsam lachen und auch weinen,
traurig und auch glücklich erscheinen,
miteinander streiten und auch versöhnen,
allerdings sich auch gegenseitig verwöhnen.
Auch Faulenzen ist mal schön,
genauso sich neuen Herausforderungen gegenüberzusehen.
Gemeinsame Hobbies schweißen einen zusammen
und lassen die Freundschaft weiter entflammen.
Aber auch Hilfsbereitschaft und ein offenes Ohr
bringen Hoffnung wieder hervor.
Wie herrlich kann das Miteinander sein,
denn dann bist du nie allein.

Ingrid Brucker
Berufsfachschule für Kinderpflege, Klasse Ki 10A

Miteinander

Tom und seine Mutter wollten in den Park gehen. Doch sein kleiner Bruder
Paul wollte mitkommen. Tom, der große Bruder, war verärgert. Deshalb
hatte die Mutter eine Idee. Als Erstes ging sie mit Tom spazieren, danach
mit seinem Bruder Paul und als Letztes mit beiden zusammen. Tom wollte
mit seiner Mutter über Maschinen reden, doch er fand alles langweilig.
Deshalb sagte er: „Ich will wieder nach Hause, ich finde alles langweilig."
Paul wollte auf einen Spielplatz gehen. Ihm machte es Spaß, doch irgendwann wurde auch das langweilig. Da sagte er: „Ich will mit Tom auf den
Spielplatz gehen." - „Na gut, ich hole ihn", sagte die Mutter und ging wieder nach Hause und holte Tom zum Spielplatz. Zusammen machte es den

Brüdern richtig Spaß. Sie spielten auf dem Spielplatz und Tom erzählte was über Maschinen. Als sie zusammen wieder nach Hause gingen, riefen die Brüder: „Zusammen macht alles viel mehr Spaß!"

Florian Sonnleitner
Gymnasium bei St. Stephan, Klasse 5c

Zusammen

Für mich ist Miteinander so: Miteinander ist wie Freundschaft, Liebe und Freude. Man will zusammen sein und mit seiner Familie Spaß haben, z. B. etwas spielen, etwas unternehmen, rausgehen und einfach glücklich sein. Es ist keine schöne Zeit, aber man muss sie einfach miteinander verbringen.

Veronika Sturz
Bischof-Ulrich-Realschule, Klasse 5a

Miteinander

Was bedeutet Miteinander?
Spaß, Menschen, Freude, Hilfsbereitschaft, Nähe, Gemeinschaft ..
Jetzt fragt man sich: Ist das alles?
Nein!
Wut, Aggressionen, Depressionen, Herzrasen, schlechte Laune . . .
Jetzt fragt man sich: Was hat das mit Miteinander zu tun?!
Wahrscheinlich ist es genau das, was man nicht lesen will, wenn man von Miteinander spricht.
Für mich klingt allerdings dieses Thema wie Hohn, als würde man mir nochmal so richtig in das Gesicht rotzen wollen!
Wir haben Corona und Social Distancing – und jetzt kommt Miteinander? Was soll das?
Sehnsüchte wecken?
Das Gefühl, dass man allein ist?
Das Gefühl, Freunde zu vernachlässigen?
Als Tante zu versagen, weil man die Kinder zurückweist?
Sich überfordert fühlt, weil man alles alleine machen soll, Haus, Garten etc.?
Mitschüler, die ihre Hausaufgaben nicht machen, und ich deswegen mein halbes Referat zur Seite legen darf?
Dieses Miteinander kann ganz schön wütend machen.
Aber natürlich könnte man sagen: „Zusammen sind wir stark" oder „Miteinander bekämpfen wir die Pandemie!"

Really?

Also bis jetzt kam ich mir nicht wie eine Heldin vor. Das Virus ist immer noch da und ein „Miteinander" merke ich auch nicht.

Dafür bin ich isoliert, habe kaum Kontakte, vermisse Umarmungen, Partys, Menschen, Freunde. Aber hey: Miteinander!

Dieses Wort Miteinander löst in mir so viele Frustrationen aus, dass mein Vitamin D, das ich heute den ganzen Tag über durch Sonnenbaden in mich aufgesogen habe, sich im Nichts auflöst.

So, was bedeutet jetzt dir das Miteinander? Das hat schon sadistische und masochistische Züge, wenn man so darüber nachdenkt in einer Zeit, wo Distanz einen höheren Stellenwert hat als das Miteinander.

Also, was erlebe ich jetzt miteinander? Gemeinsam sich zu distanzieren? Zu viel Ironie?

Aber vielleicht ist genau das, was uns allen fehlt: Ironie, um distanziert miteinander zu lachen.

Ingrid Brucker
Berufsfachschule für Kinderpflege, Klasse Ki 10A

Anfangsbuchstabengedicht „Miteinander"

M iteinander ist alles schöner:
I ns Schwimmbad gehen und Eis essen.
T oll ist es, beim Fußball im Team zusammen zu sein und zu gewinnen.
E s ist schön, mit anderen etwas zu machen.
I mmer möchte ich mit meinen Freunden zusammen sein.
N ie möchte ich mich von meinen Freunden trennen.
A ber manchmal muss ich allein zu Hause sein.
N iemand ist dann da.
D as ist gar nicht lustig.
E s ist viel schöner, wenn andere da sind und mit mir spielen.
R ichtig super ist es, wenn meine Familie und meine Freunde bei mir sind!

Yusuf Basüzümcü
Grundschule Centerville-Süd, Klasse 2a

Gedicht: parole „Miteinander"

Miteinander, Hand in Hand,
mit viel Herz und mehr Verstand.

Du bist ich und ich bin du,
gemeinsam lernen wir dazu.
Ganz besonders in schweren Zeiten
darf jeder gern den anderen leiten.
Jeder achtet auf den Nächsten,
es braucht Mitgefühl für die Schwächsten.
Die Parole „Miteinander" gilt für alle.
Es braucht Taten, kein Geschwalle.
Ob kluger Kopf, ob lustiger Spinner -
miteinander sind wir alle Gewinner.

Pablo Fraguela
Grundschule Vor dem Roten Tor, Klasse 4b

Die Entführung von Emma

Emma war mit ihrer großen Schwester Lena und einer befreundeten Familie am Samstagnachmittag auf einem Spielplatz. Die Kinder spielten zusammen Verstecken. Als Emilie gezählt hat und sie nur Ben und Lena fand, suchten die drei gemeinsam weiter nach Emma. Sie konnten Emma nirgends finden. Deshalb gingen sie zu den Eltern und sagten, dass sie Emma nirgends fanden. Die Eltern halfen beim Suchen. Nochmal gingen sie den ganzen Spielplatz ab. Als Emma nirgends zu finden war, riefen die Eltern die Polizei und die alleinerziehende Mutter von Lena und der verschwundenen Emma an. Die Mutter kam zeitnah mit der Polizei an. Die Polizei hat alle Kinder nacheinander befragt. Allen dreien fiel am Samstag zum zweiten Mal der gleiche Mann auf, der ohne Kinder kam. Die Eltern haben noch ergänzt, dass der Mann Zeitung las. Die zwei Familien fuhren noch mit zur Dienstelle und haben dort ein Phantombild erstellt. Nach der Erstellung des Phantombildes haben die Beamten den Mann auf zwischen 40 und 45 Jahre geschätzt. Die benachbarte befreundete Familie ging noch mit zu Lena und ihrer Mama und sie spielten dort ein Brettspiel zur Ablenkung. Nach dem Spiel fragten die Kinder, ob sie über Nacht bleiben dürften. Die beiden Mütter kochten Spaghetti. Als alle fertig gegessen hatten, klingelte das Telefon so gegen 18:45 Uhr. Lenas und Emmas Mama ging hin und schaltete den Lautsprecher an. Am Telefon war der Entführer, der 30.000 € Lösegeld forderte und keine Polizei wollte. Die Familie rief trotzdem die zuständige Beamtin von diesem Fall an. Die Beamtin kam darauf sofort mit ihrem Privatauto, falls der Entführer in der Nähe wohnt, dass er keinen Verdacht schöpft. Die alleinerziehende Mama Claudia sollte die 30.000 € in einer Tasche im Mülleimer auf dem Spielplatz verstecken. Claudia bekam von der Beamtin das geforderte Lösegeld geliehen. Am nächsten Morgen versteckten sich Beamte rings um den Spielplatz. Als Claudia den Anruf bekam, dass die Beamten bereit seien, lief sie los zum Spielplatz, legte das Geld ab und lief zurück nach Hause. Zehn Minuten später kam der Entführer mit Emma auf den Spielplatz. Als er Emma losließ, kamen in dem Moment die Beamten raus und nahmen den Entführer fest. Es war der Mann von dem Phantombild. Er war bei der Polizei noch nicht straffällig geworden. Der Entführer wurde wegen Entführung und Freiheitsberaubung von Minderjährigen angeklagt. Er wurde zu acht Jahren Haft verurteilt. Emma hatte zum Glück nur einen Schock. Seit diesem Ereignis machen die zwei Familien noch mehr gemeinsam.

Samantha Stemmann und Sophie Mair
Förderzentrum Hören Augsburg, Klasse 7M

Miteinander

Miteinander?
Weißt du noch, wie es ohne Ausgangssperre war?
Damals, draußen, öffentlich, wo uns jeder sah.
Damals, weißt du, wo das Virus noch nicht existierte,
wo jeder raus ging und für seine Rechte protestierte.
Weißt du noch, wo die Schule offen hatte?
Viele Menschen, alle gemeinsam machten sie Mathe.
Manche, die flüstern und labern im selben Raum,
nervten den Lehrer, man glaubt es kaum.
Weißt du noch, unsere tollen Nächte zusammen?
Täglich abhängen, zusammen standen wir in Flammen.
In der Kneipe, vor dem ganzen Kontaktverbot,
heute heißt es nur noch Alkoholverbot!
Weißt du noch, in der Straßenbahn ohne Qual?
Niesen, Husten, Keuchen war allen egal.
Auch die Stadt war voller Menschen,
heute brüllt jeder nur noch „attention"!
Weißt du noch, wo es die ersten Lockerungen gab?
Raus aus unserem altbekannten häuslichen Grab.
Zum ersten Mal seit Langem wieder Freunde treffen,
ohne dass dich gleich alle anderen ankläffen.

Weißt du noch, das große Miteinander?
Heute halten alle lieber Abstand voneinander.
Rücksicht auf andere, fliegen mit der Airline?
Abstand halten oder Maske tragen, zu viele sagten „nein".

Elias Baumgärtner, Samuel Kander und Manuel Dießner
Städtische Berufsoberschule, Klasse 11

Miteinander

Sei es Teamsport, in der Schule, Familie, Klassengemeinschaft oder Freunde - alle haben etwas gemeinsam.
Es geht hier um das Miteinander. Beim Sport hat man ein Team, man verbringt viel Zeit miteinander, man unterstützt und hilft sich gegenseitig.
All das kann man auch in den anderen Bereichen, die ich oben genannt habe.
Das Miteinander ist ein Wort, für das jeder eine andere Bedeutung hat.
Dieses Wort bedeutet aber für mich persönlich:
Du bist nicht allein!
Du hast Leute hinter dir!
Gemeinsam schafft man alles!
Solche Worte motivieren einen Menschen sehr und man gibt nicht auf, seine Ziele und Träume erreichen zu wollen.

Rukiye Kayhan
Berufsfachschule für Sozialpflege, Klasse Soz 10A

Ein solidarisches Miteinander

Zwei Kinder gingen durch die Straßen,
ohne Plan und ohne Ziel.
Sie sahen geschlossene Geschäfte,
doch ansonsten gab's nicht viel.

An einer Ecke saß ein Mann
mit löchriger Kleidung und ohne Schuh.
Die beiden waren neugierig
und gingen auf ihn zu.

Nach kurzer Begrüßung fragten sie ihn,
warum er hier sitze und nicht zuhause sei.

Er antwortete, er sei obdachlos
und das schon seit Mai.

Die beiden Kinder waren entsetzt,
ihre Augen waren groß.
Sie sagten zu ihm: Wir kommen gleich wieder
und dann liefen sie los.

Sie liefen nach Hause,
besorgten Kleidung und eine Decke.
In einen Rucksack packten sie Nahrung und Getränke
und liefen zurück zu dem Mann an der Ecke.

Die beiden übergaben dies dem Mann,
dieser war so gerührt,
denn die Geste der beiden Kinder,
hatte sein Herz berührt.

Oliver Radbauer und Julian Guobadia
Städtische Berufsoberschule, Klasse 11

Miteinander

Miteinander ist für mich . . .
- mit Freunden auf dem Fahrrad unterwegs sein.
- zusammen spielen (z. B. Fangen, Wissensspiele, Karten).
- miteinander in der Schule lernen und arbeiten.
- in der Freizeit sich treffen und Grillpartys veranstalten und in der Familie Feste feiern und Karten- und Brettspiele spielen.
Es ist egal, ob man mit Freunden oder mit der Familie etwas zusammen machen kann, man fühlt sich immer gut.

Jason Dorrer
Bischof-Ulrich-Realschule, Klasse 5

Allein unter Menschen

Gefühl allein zu sein
Unter Menschen
Gefühl allein einsam zu sein
Obwohl man weiß, dass dem nicht so ist

Mitten in der Nacht aufzuwachen
Angst vor dem anstehenden Tag
Am Abend Angst vor der Nacht
Allein
Dieses Gefühl
Kalt
Und doch ein Funken Wärme
Gedanken sind wie Feuer
Brennen und lodern
In meinem Kopf
Ein Chaos
Flammen wohin man sieht
Blau, rot und orange
Blau wie die Angst
Orange wie die Hoffnung
Und rot wie das Zeichen der Vernunft
Bin ich richtig
Oder sind meine Entscheidungen nichtig?
Klar oder im Nebel
Vernunft oder Wunsch eines Kindes.
Gedanke schwebt in der Luft
Greife ihn
Nehme mich an
Obwohl ich mich alleine fühle
Auch unter Menschen
Manchmal unverstanden
Ist da doch das Zeichen
In vielen Farben wird es irgendwann leuchten
Wie ein Regenbogen
Wird es am Himmel erleuchten
Den Himmel erstrahlen
Und die Hoffnung leben lassen
Wie ich mich
Unter Lebewesen
Nicht so einsam
Wie mein Gedanke
Der da
In der Luft schwebt
Ohne großes Ansehen schwebt er da

Ich stehe auf Boden
Mit Kontakt zu anderen
Und fühle
Da zu sein
Nur die Gedanken schwirren um die Welt
Aber.
Sind ja nur Gedanken
Nicht mein Ich
Treffen keine Entschuldigungen
Das mach ja ich

Christin Topal
Berufsschule V, Klasse MF11H

Weihnachten miteinander

Mit meiner Familie habe ich Weihnachten gefeiert. Wir haben Geschenke ausgepackt. Dann haben wir miteinander viel zu Essen aufgebaut und zusammen gegessen. Alle aus der Familie waren da: Oma und Opa, Mama und Papa, meine Brüder und ich, meine Cousins und Cousinen. Es war so schön, alle zu sehen und miteinander Zeit zu verbringen.

Arthur Fix
Grundschule Centerville-Süd, Klasse 2a

Miteinander im Schnee

Wie schon so oft in den vergangenen Wochen liegt so viel Schnee auf den Straßen, dass kein Stückchen Asphalt es schafft, durch die dicke Decke hindurchzublinzeln. Immer und immer wieder beginnen die Himmelskristalle auf den Boden zu fallen. Eigentlich ist sie wie verzaubert vom Schnee: die weiße glitzernde Landschaft. Das Skifahren in den Bergen oder ein warmer Tee bei einem Winterspaziergang - alles total friedlich und wunderschön.

Doch seit sie im vergangenen Jahr in ein kleines Häuschen nahe ihrer Heimatstadt gezogen ist, ist sie bei jedem Schneefall nur noch damit beschäftigt, mit der Schneeschaufel all das weiße Wunder zu beseitigen. Ätzend ist das. Kaum noch kann sie ihre Zeit etwas anderem, Spaßigerem widmen.

Oh, nein! Als wäre das nicht schon genug, bekommt sie genau in dem Moment eine Einsatzbenachrichtigung: Dächer abräumen im Allgäu.

Schon wieder Schneeschaufeln . . . Obwohl sich alles in ihr dagegen sträubt, springt sie in ihr Auto und fährt in die Unterkunft ihrer Hilfsorganisation. Gemeinsam mit vielen anderen Helfern macht sie sich in einem orangenen Schneeanzug auf den Weg in die Berge. Schnaufend steigen sie alle auf das erste Dach. Genervt fängt sie an, die Schaufel in den meterhohen Schnee zu rammen. Schaufeln und schwitzen und werfen und stöhnen.

Langsam kann sie die Anstrengung schon in ihren Muskel spüren, doch da trifft sie plötzlich ein riesengroßer Schneeball am Hinterkopf. Empört dreht sie sich um und blickt in die grinsenden Gesichter der anderen. Mit voller Wucht wirft sie selbst einen Schneeball zurück in die Richtung ihrer Freunde, sodass es schnell in eine riesige Schneeballschlacht ausartet.

Gegen Abend räumen sie noch lachend das Dach fertig frei und fahren nun in guter Stimmung zurück nach Hause.

Abends im Bett muss sie dann doch zugeben, dass das Schneeräumen gemeinsam mit ihren Freunden eine Menge Spaß gemacht hat.

Elena Krämer
Grundschule Göggingen-West, Klasse 4a

Die Flammen der Nacht

„Was? Lea soll bei uns wohnen? Für zwei Wochen?", entgeistert schaute ich meine Mutter an. Meine Cousine Lea sollte bei uns bleiben, weil ihre Mutter auf Dienstreise geht? Ich mochte meine Cousine nicht besonders. „Ja, Romy, und du wirst nett zu ihr sein! Wir haben bestimmt viel Spaß zusammen." Das Wort Spaß sprach meine Mutter aus, als ob irgendetwas Ekliges auf ihrer Zunge läge. Ich stöhnte, verdrehte meine Augen und ging in mein Zimmer.

Als Lea zwei Wochen später kam, hatte ich sehr schlechte Laune. Ich stocherte gerade im Essen herum, als es klingelte. Mama machte mit einem gespielten Lächeln die Tür auf. Eine Wucht von Parfüm schlug mir entgegen. Und da stand sie mit ihrem braunen, lockigen Wuschelkopf. Sie lächelte. War sie doch nicht so schlimm? Lea lachte: „Hi, Leute, meine Mum kann mich doch erst in drei Wochen holen, ich hoffe, das ist ok?" – ‚Nein', dachte ich mir, und als ob der Tag nicht noch schlimmer werden konnte, sagte Mama: „Klar ist das okay, komm, ich bring dein Gepäck in Romys Zimmer." – ‚Ich glaube, ich habe mich verhört', dachte ich mir. Doch als wir am Abend ins Bett gingen, wusste ich, dass ich richtig gehört hatte.

Mitten in der Nacht schreckte ich hoch. Mein Feueralarm war losgegangen. Ich weckte Lea und sie sagte: „Romy, ich weiß nicht, was ich dir getan

habe, dass du mich nicht magst, aber wir müssen jetzt zusammenhalten!"
Ich flüsterte: „Du hast recht, aber ich mag dich! Los komm, wir müssen hier
raus! Die halbe Zimmertür ist schon abgebrannt!" Das Feuer loderte, es
knackste und krachte, wir mussten husten, die Augen brannten, doch ich
wusste, dass wir das gemeinsam schaffen werden. Ich nahm mein Kletter-
seil, band es mit einem festen Knoten an dem Karabiner an der Wand fest,
warf das Seil Lea zu und sagte: „Lea, klettere an dem Seil aus dem Fenster!
Los!" Schnell rief ich Mama an. Als Lea unten war, kletterte ich auch runter.
Unten erzählte Mum, dass sie ohne Probleme aus dem Haus konnte. In der
Ferne hörten wir schon die Sirenen der Feuerwehr.

Lina Schneider
Maria-Ward-Gymnasium, Klasse 6c

Miteinander geht es besser

Kapitel 1: Der bodenlose Fall in das Nichts
Ich wurde gerade siebzehn Jahre alt, als ich eine Person kennenlernen
durfte. Ich nenne sie einfach M. M war sehr nett und zuvorkommend zu
mir und ich dachte, sie sei die Richtige, mit der ich mein restliches Leben
verbringen würde.
Nach circa zwei Monaten entschlossen wir uns, uns zu vereinen und von
einer innigen Freundschaft in eine Beziehung überzugehen. Sie war
weder die Beste in Mathe oder in Deutsch, noch war sie die sauberste,
doch das war mir egal. Ich liebte sie und sie liebte mich.
Nach vier Monaten, in denen wir zusammen waren, verließ sie mich. Sie
verließ mich ohne jeglichen Grund. Den Grund allerdings, warum sie
mich verließ, fand ich schnell heraus. Es war wegen meines damaligen
besten Freundes, in den sie sich verliebt hatte.
Es riss mir den Boden unter den Füßen weg, als ich das erfuhr. Er sagte
mir, dass sie sich bereits mehrfach getroffen hätten, nur um ein bisschen
Zeit zu zweit zu haben, und dass er es bereuen würde, jedoch nicht die
Beziehung mit ihr beenden wolle.
Als ich das hörte, fühlte ich mich wie in einem falschen Film, wie in einem Loch ohne Boden, und ich wurde hineingestoßen von ihm und ihr.
Ich fühlte eine ganze Zeit lang nichts mehr und war nichts als ein leben-
diges Wrack. Ich fühlte weder Wut noch Trauer.
Ich meldete mich bei meinen Freunden und fragte, ob sie mir helfen könn-
ten, da ich es alleine nicht schaffen würde, jedoch bekam ich als Antwort
lediglich, dass ich es zu akzeptieren hätte und nicht herumheulen solle.

Ich verlor alles. Meine Beziehung, meine Freunde, den Zusammenhalt in der Familie. Es gab nur noch mich und meine gefühllose Hülle.

Nach einiger Zeit meldete sich meine beste Freundin bei mir, die zu dieser Zeit im Urlaub war. Ich erzählte ihr alles und sie kam sofort zu mir. Sie kam zu mir, umarmte mich und sagte, dass sie immer für mich da sei.

Sie wusste über meine damalige Depression Bescheid und war selbst schon in einer Klinik wegen Depressionen. Vermutlich verstanden wir uns deshalb so gut.

Kapitel 2: Meine beste Freundin

Wie ich bereits erwähnte, gab es niemanden, der mich verstand oder verstehen wollte, außer meiner besten Freundin J. Es gab nie eine Zeit, in der wir uns stritten, und wir sind seit zehn Jahren befreundet.

Wir halfen uns immer gegenseitig in den schwierigsten Zeiten. Egal, wie dunkel die Welt für den einen auch schien, kam der andere und zündete eine Kerze an.

J half mir auch, als ich ihr sagte, dass ich ihre Hilfe nicht bräuchte, weil sie merkte, dass ich ihre Hilfe brauchte, auch wenn ich es verneinte.

Wir haben in der Zeit gelernt, dem anderen blind zu vertrauen, was meiner Meinung nach eine Freundschaft ausmacht. Wenn ich beispielsweise sage „Bitte sei um 12 Uhr da, weil ich dich brauche", dann weiß ich, dass sie alles stehen und liegen lassen würde und sich Zeit nimmt für mich. Genauso ist es auch anders herum.

Kapitel 3: Der mentale Wiederaufbau

Es ist jetzt ein halbes Jahr her, seitdem M die Beziehung beendet hat. Ich habe in der Zeit so Einiges gelernt.

Ich habe mich oft mit einem Obdachlosen in meiner Gegend zusammengesetzt und wir haben oft geredet. Er meinte, dass alles, was passiert sei und passieren werde, Gottes großer Plan sei, uns auf das Leben vorzubereiten. Es sei wie eine Prüfung, die wir meistern müssen. Er war immer sehr nett und zuvorkommend, wie meine beste Freundin J.

Es ist wichtig, nicht jedem sofort seine Probleme zu erzählen, da es viele nicht interessiert, und andere sind froh, dass du die Probleme hast, dennoch gibt es Menschen, die dir helfen und zu dir halten, egal, was auch passieren mag.

Ebenso habe ich wieder Kontakt zu meinem damaligen besten Freund. Ich nenne ihn D. Er kam auf mich zu und sagte, dass er die Beziehung beendet habe, da es ihn kaputt machte, mich so zu sehen und mit mir nichts zu machen. Er entschuldigte sich sehr oft und sagte, dass es die schlechteste Entscheidung war, die er je getroffen habe. Ich habe ihm verziehen, dennoch habe ich die Situation nicht vergessen.

Kapitel 4: Hoffnung

Eine sehr wichtige Sache, die ich in dieser Zeit lernen musste, war, dass man nie aufgeben darf. Man darf niemals, wenn man etwas tut, Selbstzweifel haben oder sich selbst niedermachen.

Ich stand kurz davor, mich wieder einweisen zu lassen, aber durch einige Personen habe ich gelernt, dass ich selbst auch sehr viel wert bin.

Ich habe einst ein Video gesehen, in dem es lediglich um eine Frage ging: „Wenn du heute sterben würdest, wenn sich herausstellen sollte, dass heute dein letzter Tag ist, wärst du dann glücklich mit dem was, du geleistet hast?" Diese Frage habe ich verinnerlicht und stelle sie mir jeden Abend.

Es ist ein gutes Gefühl zu sagen, ja, ich bin glücklich, ja, ich habe heute eine gute Tat vollbracht, ja, ich habe heute geholfen und eventuell Schlimmes verhindert.

Kapitel 5: Wahre Freundschaft

Ein anderes Video, das ich gesehen habe, behandelte das Thema „wahre Freundschaft". Es ging darum, dass ein wahrer Freund dich nicht so lange abfüllt, bis du nicht mehr stehen kannst, sondern auf dich achtet und schaut, dass es dir gut geht. Ein wahrer Freund verzichtet auf die Dinge die ihn glücklich machen, wenn er merkt, dass er dir damit schadet.

Das war auch der Grund, weshalb ich D verziehen habe. Er merkte, dass mir das sehr wehtat, und obwohl er glücklich mit M war, beendete er die Beziehung wegen unserer langjährigen Freundschaft, die daran zugrunde gegangen war.

Schlusswort

Zum Schluss möchte ich nur sagen, dass es viele Menschen auf der Welt gibt, die Hilfe benötigen, aber es nicht akzeptieren oder zugeben wollen. Helft diesen Menschen, egal wie. Sei es, dass ihr einem Obdachlosen etwas Geld gebt, damit er sich etwas zu essen kaufen kann, oder sei es, dass ihr einfach eine Person, die traurig ist und anfängt zu weinen, einfach mal in den Arm nehmt.

Es ist egal, ob ihr die Person kennt oder nicht. Es geht um das Zusammenleben jedes Einzelnen. Wenn ihr einer Person helft, dann helft ihr nicht nur der Person, die Hilfe benötigt. Ihr helft auch eurem inneren

Wohlbefinden. Bei mir ist es so, dass eine Umarmung mir mehr bedeutet als alles andere.

Ein Mann sagte einmal, er gebe uns einen Euro und für jede Sache, die wir uns kaufen gibt er uns eine Null dazu. Sei es ein Auto, dann haben wir zehn Euro, sei es ein Haus, dann haben wir hundert Euro. Irgendwann sind wir bei einer Milliarde Euro. Am Ende nimmt er uns die Eins vorne wieder weg, die Gesundheit, dann bringt einem der Reichtum, den man sich gekauft hat, nichts, da nichts davon die Gesundheit wieder herstellen kann.

Viele Verletzungen sehen wir nicht, da sie seelisch sind. Jedoch kann man mit ein wenig Menschlichkeit diese Verletzungen ein wenig lindern. Das ist meiner Meinung nach das Wichtigste für ein gutes Miteinander: Menschlichkeit.

Justus Preuß
Balthasar-Neumann-Berufbildungszentrum, Klasse Holz 10 C

MITEINANDER

M = mächtig
I = immer für einander da
T = treu
E = ehrlich
I = interessant
N = nicht ausnutzen
A = außergewöhnlich
N = nebeneinander
D = dabei sein
E = ehrenvoll
R = ruhig

Büsra Ertugrul
Agnes-Bernauer-Realschule, Klasse 7a

Miteinander beim Handballspiel

Letztes Jahr im März fand ein Handballturnier in der Turnhalle in Haunstetten statt. Unsere Klasse spielte gegen die Kinder der 2. Klassen der Bleriotschule, der Eichendorffschule und der Johann-Strauß-Schule. Ich wurde zusammen mit meinen Handballkameraden Annika, Elisa, Amjad, Arkan und Matteus auf das Spielfeld geschickt. Gegen jedes Schulteam mussten wir zwei Mal spielen. Wir spielten so gut zusammen, dass wir es mehrmals schafften, ein Tor zu werfen. Fünf Spiele hatten wir schon gewonnen. Jetzt kam das entscheidende Spiel. Unsere Klassenkameraden feuerten uns an. Nach kurzer Zeit hatten wir vier Tore Vorsprung. Unser Torwart war so gut, dass er alle Bälle aufhielt. Das letzte Spiel endete mit 9:1. „Juhu!", wir gewannen den Pokal für die Fröbelschule. Alle freuten sich mit uns. Wir waren stolz, dass wir das miteinander geschafft hatten.

Lina Kappeller
Fröbel-Grundschule, Klasse 3b

Niemals allein

An einem Tag hat sich eine Schülerin namens Lisa mit ihrem Freund Markus getroffen. Er hat jedoch seinen Kumpel mitgebracht und beide haben Lisa geärgert. Natürlich hat das Mädchen sich das nicht gefallen lassen und hat ihre Freundin Marie dazu geholt. Beide haben sich beschwert, doch die Jungen hörten nicht auf. Doch dann geschah etwas, womit niemand gerechnet hatte. Lisa brüllte lautstark durch die Gegend und schrie: „Ich dachte, wir haben ein Miteinander und kein Gegeneinander! Wir waren Freunde und jetzt gibt s nur noch Mädchen gegen Jungs! Wie ich das hasse!" Da hörten beide ruckartig auf zu lachen und entschuldigten sich. Am Schluss sagte Markus dann noch: „Du hast recht. Wir sollten füreinander und miteinander sein und nicht gegeneinander." Seitdem waren die Vier beste Freunde und hatten viel Spaß!

Emma Fiehl
Mädchenrealschule St. Ursula, Klasse 6b

Mörderisches Miteinander

Hi, ich bin Sarah und 11 Jahre alt. Ich lebe in Hamburg in einem Mehrfamilienhaus mit meinem Vater; er ist der Chef einer Polizeistation. Ich liebe es, mit meiner Freundin Marie coole Fälle aufzuklären. Aber bisher haben wir immer nur kleine Fälle aufgeklärt. Deshalb hat mein Vater mir versprochen, Marie und mich bei seinem nächsten Fall mitzunehmen. Und der Fall kam schneller als gedacht.

An einem Samstagmorgen weckte mich mein Vater hektisch auf und sagte: „Es gibt einen Fall! Kommst du?" Ich sprang aus dem Bett und rief sofort Marie an; nach fünf Minuten war sie da. Mein Vater hatte seine Polizeiausrüstung an und seine zwei Kollegen waren auch schon eingetroffen. Wir gingen ein Stockwerk hinunter: Ich wunderte mich, als mein Vater die Tür von unseren Nachbarn Sabine und Lutz Schmid aufsperrte. Mein Vater erklärte: „Heute Nacht sind Sabine und Lutz gestorben. Wir vermuten, dass sie sich gegenseitig umgebracht haben!" Ich blickte erschrocken zu Marie. Wir gingen in die Wohnung hinein und im Wohnzimmer lagen sie! Beide Leichen hatten einen Schuss mitten ins Herz. Ich schluckte. „Herr Schwarz", sagte der Polizist zu meinem Vater, „wir werden die Leichen mitnehmen und auf der Polizeistation untersuchen lassen." Mein Vater nickte nur und die beiden Polizisten verschwanden. Mein Vater schaute sich in der Wohnung um und Marie und ich stahlen uns ans Fenster und schauten hinaus. Marie flüsterte zu mir: „Da stimmt etwas nicht! Hätten sich Frau Schmid und Herr Schmid gegenseitig umgebracht, wäre der Schuss einmal auf der linken Seite und der andere hätte den Schuss auf der rechten Seite, aber der Schuss ist bei beiden genau in der Mitte!" Ich überlegte: „Das heißt, sie wurden durch das offene Fenster erschossen!" Wir suchten das Fenster nach Spuren ab und tatsächlich fand ich ein Stück pinkfarbenen Stoff. „Schau mal, Marie", sagte ich begeistert, „ich habe einen Fetzen Stoff gefunden!" Ich wollte ihn sofort Papa zeigen, doch er sagte mit ernster Miene: „Ich denke, der Fall ist etwas zu brutal für euch!" Er drückte uns 10 Euro in die Hand und fuhr fort: „Kauft euch ein Eis und entspannt euch!" Wir gingen mürrisch aus dem Haus. „Na toll!", stöhnte Marie, „Wir waren so nah dran!" - „Ja, aber wenigstens haben wir noch das Stück Stoff", antwortete ich. Wir gingen zur Eisdiele, wo wie immer die beiden Verkäufer standen. Marie bestellte zwei Kugeln Schokoladeneis und ich auch. Doch als mir der Mann mein Eis gab, sah ich einen roten Klecks auf seiner Jacke. Erst dachte ich, es sei Eis oder so, doch dann stieg mir ein seltsamer Geruch in die Nase und mir wurde klar, dass es Blut war. Ich nahm mein Eis, bedankte mich und setzte mich schnell mit Marie an einen Tisch. Ich erzählte ihr alles: „Marie, ich weiß jetzt, wer der Mörder ist! Es ist der Eisverkäufer: Er hat einen roten Fleck auf seiner Jacke und wenn man ihm näherkommt, riecht es nach Blut! Er muss Sabine und Lutz durch das offene Fenster erschossen haben. Das Einzige, was ich komisch finde, ist der pinke Stoffrest! Was ist mit dem?" - „Ja, da hast du Recht", überlegte Marie mit mir. Nach einer Weile leuchteten ihre Augen auf und sie sagte ganz aufgeregt: „Die Helferin der Eisdiele, sie muss dem Verkäufer geholfen haben! Guck dir mal ihren Schal an und dann unseren Stofffetzen! Ihr Schal ist an dem Fensterrahmen hängen geblieben!" - „Wow! Das ist grandios! Wir haben gemeinsam unseren ersten richtigen Fall gelöst.

Zusammen sind wir einfach unschlagbar! Das müssen wir meinem Vater erzählen - der wird staunen!", sagte ich begeistert. „Ja", erwiderte Marie glücklich, „aber erst essen wir unser Eis."

Samiha von Tiesenhausen
Jakob-Fugger-Gymnasium, Klasse 5b

Die ganze Welt (Illustration)

Lisa Seibert und David Griger
Grundschule Bärenkeller, Klasse 4d

Wie mein Kater anfing zu sprechen

Es war ein ganz normaler Montagmorgen. Wie jeden Montag verabschiedete ich mich von meiner Familie und von meinem Kater Oliver. Wenn ich in der Schule war, fragte ich mich immer, was Oliver wohl machen würde. Ich dachte immer, dass er spielte oder schlief. Das tat er auch, zumindest am Nachmittag, als ich wieder zu Hause war. Meine Eltern sagten mir immer, was mein Kater den ganzen Tag gemacht hatte. Sie sagten die Wahrheit, aber eine Sache sagten sie nicht. Oliver konnte reden. Wie ich das herausgefunden habe? Das war ein großer Zufall. Als ich in einer Nacht nicht schlafen konnte, kam Oliver in mein Zimmer und legte sich auf meine Beine. Eine nette Stimme mit spanischem Akzent sagte: „Gute Nacht!" Ich riss die Augen auf, setzte mich aufrecht hin und knipste meine Nachttischlampe an. Ich umarmte meine Decke und fragte mit zittriger Stimme: „Wer b-b-bist du?" Oliver sprang auf, setzte sich neben mich und sagte: „Hola, ich spreche." - „Aber du bist ein Kater, du kannst nicht reden!", entgegnete ich ihm. Ich legte mich wieder hin, mit meinem Rücken zu Oliver, und versuchte zu schlafen. Nach gefühlten Stunden schlief ich endlich ein. Am nächsten Morgen stürmte ich ins Wohnzimmer und war wirklich sauer, da meine Eltern mir nichts erzählt hatten. Ich fragte wütend: „Warum habt ihr mir nicht erzählt, dass Oliver sprechen kann?" Papa zuckte mit den Schultern und Mama suchte nach richtigen Worten. „Schätzchen, du bildest dir das nur ein!", sagte meine Mutter. „Hast du gut geschlafen?", fragte sie, um vom Thema abzulenken. Ich antwortete nicht und ging wieder in mein Zimmer, um mich umzuziehen. Als ich in meinem Zimmer ankam, sah ich, wie Oliver schlief. Ich ignorierte ihn, ging zum Kleiderschrank, zog eine graue Jogginghose und einen blauen Pullover heraus und zog mich um. Ich stand noch ungefähr fünf Minuten da und starrte Oliver an. Er bemerkte wohl, dass ich ihn anstarrte, und sprang auf. Langsam zweifelte ich doch daran, dass er redete, weil er wirklich normal war. Mein Kater sprang vom Bett und wartete darauf, dass ich in die Küche gehen würde. Langsam schlenderte ich in die Küche und Oliver hinterher. In der Küche machte ich mir Cornflakes, zuerst Cornflakes, dann Milch. Ich setzte mich an den Tisch und fing an zu essen. Oliver schaute mich an und eine Stimme wie in der Nacht fragte: „Wo ist denn mein Napf mit Futter?" Verwirrt sah ich mich um. „Hallo? Bekomme ich eine Antwort?" Es war Oliver. Ich dachte, ich würde verrückt werden. Ich ging zu Mama und fragte, ob sie das auch gehört hatte. „Ja", antwortete sie. „Ich bin nicht verrückt!", brüllte ich durch das ganze Haus. Ich vergaß die Zeit fast. Ich rannte zur Tür, zog Jacke und Schuhe an, nahm meinen Rucksack und rannte zur Bushaltestelle. Als ich an der letzten Haltestelle ausstieg, traf ich meine beste Freundin Lisa und musste ihr gleich alles erzählen. Wir kamen noch rechtzeitig an und es war noch Zeit zum Reden. Nach nur wenigen Minuten wusste unsere ganze Klasse, dass Oliver reden konnte. Meine Lehrerin bekam das auch mit und kam an meinen Tisch. „Wenn dein Kater wirklich reden kann, dann bring ihn doch mal mit." Ohne zu überlegen, sagte ich ja. Nach der Schule, als ich wieder zu Hause war, rannte ich zu Oliver und fragte, ob er mit in die Schule kommen könnte. „Nein, lieber nächstes Mal."

Tina Maria Moosreiner
Jakob-Fugger-Gymnasium, Klasse 5c

Der Wocheneinkauf mit zwei Euro

Da war dieser WOCHENEINKAUF! Wie jede Woche am Freitag erledigten ihn meine Eltern und ich. Schnell noch nach dem Online-Unterricht frühstücken und dann ging es schon los. Ein schönes Gefühl seit Langem, wieder draußen zu sein und in ein Geschäft zu gehen, was in letzter Zeit nicht üblich war. Meine Eltern haben mich und meine Geschwister ins Auto gepackt und sind losgefahren. Besonders mein kleiner Bruder freute sich auf seine Lieblingssüßigkeiten, denen er nicht widerstehen konnte. Sofort ist mein kleiner Bruder mit mir voller Vorfreude in den Supermarkt gerannt, um sich seine Süßigkeiten aus dem Regal zu holen. Er wusste genau, wo sie liegen, und kam auch gut ran. Schließlich kamen meine Eltern mit dem Einkaufswagen in den gut befüllten Supermarkt herein. Sie kauften die wichtigsten Sachen wie Gemüse, Brot, Mehl etc., was man sich halt in einem Einkaufsladen besorgt. Ich schlenderte nebenher und half meinen Eltern mit dem Einkauf. An der Kasse legten wir unsere Lebensmittel hin, um zu bezahlen. Doch davor stand ein alter Mann, der in seinem Portemonnaie herumgruschtelte und nach etwas suchte. Man sah ihm seine Scham im Gesicht an. Ein Herr hinter uns schien es sehr eilig zu haben und brüllte: „Warum dauert es denn so lange, ich habe noch einen Termin!" Der ältere Mann schaute jedoch ganz entsetzt in seinem leeren Geldbeutel weiter nach, ob er vielleicht, doch noch das Glück hat und etwas Geld findet. Ich bekam alles mit, wusste zuerst nicht, was ich machen sollte und ob das nicht befremdlich ist, einem fremden Menschen mein Geld anzubieten. Nervös kramte ich in meiner Jackentasche und tatsächlich fand ich noch etwas Geld darin, aber wie ich ihm das geben sollte, das war mir noch nicht ganz klar. Doch dann packte mich auf einmal mein Gewissen, sodass ich den Mut hatte und ihn gleich ansprach: „Entschuldigung, wie viel brauchen Sie denn noch?" - „Noch zwei Euro", schaute er mich erfreut an. Meine Eltern schauten mich ziemlich verwundert an, doch konnten mir wegen meines kleinen Bruders, der versuchte, die Lebensmittel vom Laufband zu nehmen, keine weitere Aufmerksamkeit schenken. Erfreut, aber auch mit einem komischen Gefühl, gab ich ihm die zwei Euro, ohne ein weiteres Wort zu sagen. Er schaute mich mit seinen leuchtenden Augen an. Man konnte ihm seine Dankbarkeit ansehen. Während ich darauf wartete, dass er mir dankt, erledigte er seinen Einkauf, sagte nichts und ging einfach davon. Ich wunderte mich, doch meine Eltern tippten mich an, dass wir jetzt mit dem Bezahlen dran sind. Später trugen wir die Einkaufstüten ins Auto. Als mich der Gedanke an den alten Mann nicht losließ, trat er plötzlich vor meinen Augen auf dem Parkplatz des Supermarkts auf und drückte mir mit einem Lächeln im Gesicht eine Schokoladentafel in die Hand. Er bedankte sich recht herzlich bei mir und sagte, dass es auf dieser Welt nicht viele gute Menschen wie mich gebe. Ich sah ihn sprachlos an und meine Eltern lächelten.

Erlinda Krasniqi
Mittelschule Friedberg, Klasse 10b

Miteinander Reden

Jim und Yam sind beste Freundinnen. Sie kennen sich seit ihrem fünften Lebensjahr. Von da an erzählten sie sich all ihre Geheimnisse sowie ihre Probleme. Sie gehen in die 8a des Hirten-Gymnasiums in Augsburg. Ihre Freundschaft ist perfekt, denn sie streiten sich nie. Außer in diesem Schuljahr…
Am Anfang der 8. Klasse kam eine neue Schülerin zu ihnen. Ihr Name war Lea. Sie war sehr schüchtern und konnte nicht so gut Deutsch. In der Pause gingen Jim und Yam zu ihr und sprachen sie an. Sie freundeten sich schnell mit ihr an. Die drei wurden unzertrennlich und das erste Halbjahr verging wie im Flug.
Jim lud Yam und Lea zu einer Pyjama-Party bei sich ein. Im laufe des Abends erzählte Yam, dass sie in Nico verliebt sei. Jim freute sich für ihre Freundin, doch Lea war irgendwie komisch. Während der Werbepause im Film „Katzen mit Tatzen" gingen Jim und Yam in die Küche, um Popcorn zu machen. In der Zeit nahm Lea Jims Handy und loggte sich in ihren Incrie-

Account ein (Social-Media-Platform). Sie postete „#Yam & Nico forever" und schrieb dazu: „Yam ist in Nico verliebt!", dann versteckte sie das Handy unter der Decke. Der restliche Abend verlief makellos.

Am nächsten Tag in der Schule lachten alle, als Yam durch die Aula lief. Schließlich lief sie auch an Nico vorbei. Dieser wurde augenblicklich rot und fragte sie: „Stimmt das?" Yam sah in verwundert an: „Stimmt was?" Nico erklärte ihr: „Das, was auf Jims Incrie-Account steht!" Sie schaute auf ihr Handy und suchte nach dem fraglichen Post. Sie rannte ohne ein Wort direkt zu Jim und fragte sie mit Tränen in den Augen: „Wie konntest du nur?" Sie wandte sich von ihr ab und lief davon. Jim rief verletzt: „Was habe ich getan?" Doch die Frage hörte sie nicht mehr. Lea kam an einer weinenden Jim vorbei und fragte, was passiert sei. Jim erzählte ihr alles und Lea sagte darauf: „Ich glaube, es geht um deinen Post auf Incrie." Verblüfft sagte Jim: „Ich habe doch schon seit zwei Wochen nichts mehr gepostet!" Lea tröstete sie: „Wenn sie dir nicht zuhört, dann solltest du sie einfach in Ruhe lassen." Jim fiel heulend in ihre Arme.

Über zwei Wochen kam Yam nicht in die Schule. Als Nico sie in der Paus sah, redeten sie lange miteinander und wurden ein Paar.

Auch das zweite Halbjahr war schnell vorbei. In der 9. Klasse kam wieder eine neue Schülerin zu ihnen. Sie hieß Lexi. Yam und Lexi freundeten sich schnell an. Im Gespräch fragte Lexi, ob sie eine beste Freundin habe. Yam sagte mit leiser Stimme: „Nein, nicht mehr." Lexi sah sie verwundert an. Yam erklärte ihr: „Wir hatten einen schlimmen Streit." Sie erzählte ihr alles, was zwischen ihr und Jim passiert war. Lexi sagte mit verunsicherter Stimme: „Ich finde, du solltest mit ihr reden, vielleicht war das alles nur ein Missverständnis." Yam dachte schweigend nach und wechselte schnell das Thema. Am nächsten Tag ging sie nach der Schule zu Jim, um mit ihr zu reden. Sie sprachen sich aus und schon bald merkte Yam, dass ihre Freundin den Post nicht hatte veröffentlichen können, da sie zu dem Zeitpunkt mit ihr in der Küche war. Sie kamen auf die Idee, dass eigentlich nur Lea den Post veröffentlicht haben konnte. Sofort schaute Jim auf ihr Handy und sah, dass Lea ihren Post immer noch nicht gesehen hatte, und sagte: „Also war sie es doch!" Sie beschlossen, mit Lea zu reden, und fuhren gleich zu ihr. Nach einem langen Gespräch entschuldigte sich Lea und erklärte, dass sie es sehr bereue. Die Mädchen versöhnten sich mit einer großen Umarmung. Jim, Yam, Lea und Lexi wurden unzertrennlich. Nach 20 Jahren, mit eigenen Familien, waren die vier Mädchen immer noch beste Freundinnen.

Daria Anadolu und Gioia D'Ángelo
Gymnasium bei St. Anna, Klasse 6b und Holbein-Gymnasium, Klasse 6c

Miteinander einsam sein

Hey, mein Schatz. Ich habe nachgedacht. Über dich, über uns und unser Miteinander-Sein.

Kennst du den Unterschied zwischen Alleinsein und Einsamsein? Nein. Wie könntest du auch, umgeben von Menschen, die dich lieben und dir zur Seite stehen! Tut mir leid, ich möchte nicht neidisch sein. Viel mehr möchte ich mich bei dir bedanken.

Ich habe früh gelernt, wie sich Alleinsein anfühlt, und mit der Zeit wurde aus Alleinsein Einsamsein. Doch dann kamst du. Du hast mich einfach umgerannt. Und mitten in meine Einsamkeit hast du hinein gegrinst. Unwillkürlich hast du auf meine Lippen auch ein Lächeln gezaubert, obwohl ich doch so überzeugt war, dass das unmöglich sei. Eigentlich hast du nicht sehr viel gemacht, aber es war perfekt – zumindest für eine gewisse Zeit. Du hast mit gezeigt, wie es ist, nicht allein zu sein, nicht einsam zu sein, und dafür bin ich dir dankbar. Doch das Grinsen, das ich so lieben gelernt hatte, verschwand von Tag zu Tag ein wenig mehr und ich war der Grund dafür. Ich weiß inzwischen, dass noch viel schlimmer als Einsamsein miteinander Einsamsein ist. Ich wünschte, ich könnte dir ein Lächeln ins Gesicht zaubern, so wie du mir damals, aber ich bin hilflos. Ich dachte, wenn jemand unglücklich ist und jemand anderer dafür die Ursache ist, dann würde jeder vernünftige Mensch doch diese Person verlassen. Inzwischen weiß ich es besser, daher sind das meine letzten Worte an dich. Ich will, dass du wieder lächeln kannst, auch wenn das ohne mich ist.

Mein Schatz, du bist zu viel für mich, als dass ich das Risiko eingehen würde, dich mit meiner Einsamkeit anzustecken.

Carmen Tetzner
Holbein-Gymnasium, Q12

Miteinander

Eines Tages, als ich gerade im Mathe-Online-Unterricht war und wir gerade etwas Neues besprachen, war mein Bildschirm plötzlich schwarz und auf dem Bildschirm erschien eine Nachricht, dass ich aus der Besprechung entfernt wurde. Als ich wieder in der Konferenz war, sagte ich sofort meinem Lehrer Bescheid. Der meinte, dass man es zurückverfolgen könne und sich der Verantwortliche bei ihm melden solle. Nach der Schule bekam ich eine Nachricht, in der stand: „Sorry, dass ich dich aus der Besprechung gekickt habe." Ich war froh, dass ich jetzt wusste, wer das war, dennoch fand ich es blöd, da wir ja eigentlich eine Klassengemeinschaft sind.

Ich finde, dass eine Gemeinschaft wie eine „Miteinander"-Gruppe ist. Eine Gemeinschaft kann nicht nur eine Klasse oder ein Sportverein sein, sondern auch Menschen, die jeden Tag unser Leben erleichtern oder retten, wie z. B. die Polizei, die Feuerwehr oder Ärzte. Man sollte vorsichtig bei Schuldzuweisungen, Neid oder Kritik sein. Damit das Zusammenleben klappt, sollte man sich gegenseitig akzeptieren und alle gleich behandeln, egal, ob man schmale oder breite Augen hat, welche Hautfarbe man hat. Man sollte alle nur so gut behandeln, wie man selber auch behandelt werden will.

Anastasia Stotcaia
Jakob-Fugger-Gymnasium, Klasse 6c

Miteinander

Himmel und Erde
Mond und Sterne
Blatt und Baum
Stengel und Blüte
Sommer und Sonne
Winter und Schnee
Sand und Strand
Regen und Matsche
Fisch und Wasser
Elefant und Rüssel
Schildkröte und Panzer
Giraffe und Hals
Haus und Dach
Tisch und Stuhl
Kekse und Zucker
Nudeln und Soße
Monster und Grusel
Bananenschale und Pech
Geschenke und Freude
Eis und Glück
Mama und Papa
Bruder und Schwester

Kinder und Freunde
Liebe und Herz
Füreinander und Miteinander
... das sind WIR!

Salve-Leon Kobor
Grundschule Vor dem Roten Tor, Klasse 2b

Zusammenhalt zu jeder Zeit

Pandemie - ein Thema, das jeden nun schon ein gutes Jahr lang beschäftigt. Beleuchten wir das Thema jedoch einmal aus einem anderen Licht. Immer geht es darum, wie viele infiziert sind, wer erkrankt oder gestorben ist, wann Schule wo stattfindet oder welche der vielen Regelungen nun gilt oder nicht. Hier aber soll es um das Thema Psyche zu solchen Zeiten gehen. Die Sicht derer, die psychisch belastet sind oder sich einsam fühlen.

Eine Pandemie ist kein einfaches Thema und viele leiden darunter, jedoch ist es umso schwerer, zu diesen Zeiten Hilfe zu bekommen. So manchem Betroffenen würde eine Therapie helfen, um mit allem umgehen zu können. Die meisten können dies jedoch nicht erhalten, da sie die Möglichkeit nicht haben und die Nachfrage sehr groß ist.

Junge als auch ältere Menschen fühlen sich oftmals einsam. Im Altenheim darf man keinen Besuch mehr von der Verwandtschaft bekommen, mit Freunden treffen kann man sich allerdings genauso wenig. Eine eher depressive Stimmung ist nicht selten. Ablenkung durch Alltagsaufgaben, Schule, Arbeit oder Mitmenschen fällt auch nicht jedem auf Dauer leicht. Man fragt sich, was der Sinn von allem ist, ob man das alles bewältigen kann, ob man nicht einfach aufgeben sollte ...

Diese Phase alleine zu bewältigen, fällt schwer, gemeinsam könnte man es aber schaffen. Eine Gemeinschaft zu bilden, anstatt einen fertig zu machen, auszugrenzen und schlecht zu reden, wäre ein großer Fortschritt. Jeder trägt seine eigene Last bereits mit sich herum, also ist unser Ziel, sie leichter zu machen, und nicht, sie zu erschweren.

Für Freunde da sein: sie anrufen, ihnen schreiben oder positives Feedback zu bekommen, genügt manchmal schon, um den Tag einer Person besser zu machen. Ins Seniorenheim mal eine Postkarte mit warmen Worten zu schicken, hat auch noch niemandem geschadet. Insofern es möglich ist, wäre auch hier ein Video-Chat die beste Alternative, da man sich sogar sehen könnte.

Um psychisch belastete Menschen zu unterstützen, kann man bei-spielsweise auch eine Gruppe auf einer Social Media-Plattform gründen und so viele Menschen zusammenbringen, die sich gegenseitig helfen können; so sind auch neue Kontakte geknüpft. Die Einsamkeit kann so schnell behoben werden.

Niemand ist wirklich alleine, auch wenn es im ersten Moment so wirkt. Gemeinsam jedoch kann man es schaffen, sich aufzuraffen und die schönen Seiten an allem zu sehen. Jeder kann es mit Hilfe schaffen oder zumindest besser machen. Gemeinsam kann man jede Zeit überstehen, egal, wie unmöglich es in manchen Situationen scheint.

Jacqueline Bader und Denise Stein
Städtische Fachakademie für Sozialpädagogik, Klasse FAKS 1

Ein Tag im Schnee

Nach langer Zeit hat es wieder geschneit. Meine Familie und ich sind gleich nach dem Frühstück in den Wald gefahren. Zuvor holten wir noch Papas Patenkind Sara ab. Antonia und ich saßen im Bob, Amelie und Sara auf dem Holzschlitten. Das hat echt Spaß gemacht! Auf einem freien Feld machten wir eine Schneeballschlacht. Zuerst versuchte ich allein, Papa abzuwerfen, das klappte aber nicht. Erst als wir zu viert ge-gen Papa waren, hatte er keine Chance! Zum Schluss war er voller Schnee - wie ein Schneemann.

Alleine hätte ich das nie geschafft! Es war cool!

Annika Brandmeier
Fröbel-Grundschule, Klasse 3c

Miteinander

Liegend im Schaum,
Es sticht, mein Herz.
Allein im Raum.
Ich fühl' zu wenig.
Blick auf die Uhr:
Die Zeiger langsam drehend,
Die Zeit gewiss verwehend.
Und nur ein Wunsch.
Gewickelt ins Tuch,
Es pocht mein Kopf.

Allein mit dem Buch.
Ich denk' zu viel.
Blick auf das Handy:
Die Nachrichten ständig kommend,
Die Inhalte sich wiederholend.
Und nur ein Wunsch.
Sitzend im Bett,
Es brennen meine Augen.
Nicht allein im Chat.
Wir reden nichts Wichtiges.
Blick auf die Gesichter:
Die Münder manchmal lachend,
Die Augen zu vielsagend.
Und nur ein Wunsch:
Miteinander sein.

Sophie Neuland
Gymnasium bei St. Anna, Q11

Auf Abstand zusammen

Manchmal, da fühlt es sich so an, als wäre man in einer Luftblase, ganz alleine. Und man denkt sich, das wird auch immer so bleiben. Denn niemand darf in deine Luftblase – dank Corona . . .

Doch man darf nie vergessen, dass es Menschen gibt, denen man etwas bedeutet und die trotz körperlichem Abstand immer ganz nah bei einem sind. Diese Menschen werden einen auch nie alleine lassen. Auch wenn hunderte Kilometer dazwischen liegen, weiß man, dass jemand ganz nah bei einem ist – man kann es spüren, im Herzen.

Allein das Gefühl macht einen gerade auch in dieser Zeit unglaublich stark und glücklich. Man weiß, dass man diese Menschen, die einem dieses Gefühl geben, bald wieder umarmen und mit ihnen wunderschöne Dinge erleben kann! Auch früher hat man das wertgeschätzt, doch erst jetzt merkt man, was für ein großes Geschenk es ist, Freunde und Familie zu haben, die einen lieben und immer für einen da sind.

Genau dieses Gefühl ist für mich Miteinander – dieses Gefühl wird, egal in welcher Situation, immer bei einem sein, bei mir, bei dir, bei jedem Einzelnen auf dieser Welt!

Jana Probst
Gymnasium bei St. Stephan, Klasse 8c

Alleine überlebt man nicht

Vergangenes Jahr startete eine Weltall-Expedition. Ich, Daniel Miller, bin der Pilot und mein Kollege Marcus Schmidt ist der Mechaniker. Aber es gab noch einen sehr guten Astronauten namens Luka Mayer, der auch Mechaniker war. Er wollte unbedingt mit, aber wir brauchten nur einen Mechaniker und nicht zwei. Außerdem reichte der Sauerstoff auch nicht für drei Menschen. Deswegen flogen wir zu zweit. Am letzten Tag wollte ich mich noch von Luka verabschieden, aber ich fand ihn nirgendwo. „Und . . . los geht's!", rief Marcus und die Rakete startete. Mich presste es in den Sitz. Und endlich waren wir im Weltall! Marcus funkte zur Erde: „Basis, Basis, wir sind im All! Basis, Basis, wir sind am Ziel." An dem Orbit des Mondes musste Marcus hinaus ins All, denn die Außentür war etwas verbrannt und er musste sie reparieren. Plötzlich knallte etwas an der Rakete. „Daniel! Daniel!", rief Marcus. „Meteorregen!" Ich sah aus dem Fenster. Unzählige Meteoriden kreisten um die Rakete. Ich rannte zur Luke, damit Marcus hereinkonnte. Doch ich konnte sie nicht öffnen. Die Tür klemmte! Ein riesiger Brocken flog direkt auf uns zu und . . . BÄM! Ich öffnete die Augen. Überall Rauch - und eine rote Sirene läutete. „Marcus!", dachte ich, rannte zur Luke und sah Marcus. Sein Glashelm war zerbrochen und er atmete nicht mehr. Mich zog es raus ins All, aber nein! Besser Marcus tot als wir beide. Die Expedition war unterbrochen, dachte ich. Ich muss allein auf die Erde zurück. Dann flog ich in der Schwerelosigkeit zum Steuer und drückte die Knöpfe und . . . nichts. Die Rakete hatte sich keinen Zentimeter bewegt. Endstation. Jetzt kann ich nicht mehr zur Erde zurück und sterbe genauso wie mein Kollege Marcus Schmidt. Bei diesem Gedanken fing ich an, schwer zu atmen. Ich schaute auf die O_2-Angabe. „Nur noch für eine Stunde", flüsterte ich nur. Plötzlich hörte ich eine mir bekannte Stimme. Na toll, jetzt auch noch Halluzinationen! Doch das war es nicht. Ich drehte mich in die Richtung um, woher die Stimme kam, und sah: „Luka!", rief ich, stürmte zu meinem Freund Luka Mayer und umarmte ihn. „Wie bist du hierhergekommen?", fragte ich ihn. „Äh . . . also . . . Daniel, sei nicht böse, aber an dem Tag, als die Expedition startete, hatte ich mich in der Rakete versteckt. Ich wusste, dass du Hilfe im All benötigen wirst", antwortete er. „Ach so, deswegen reichte der Sauerstoff nur für wenige Stunden aus", bemerkte ich, „aber wie kommen wir zurück auf die Erde, wenn der Sauerstoff nur für eine Stunde reicht?" „Dafür habe ich noch einen O_2-Ballon von der Erde mitgebracht. Das reicht für uns noch aus, um zur Erde zu fliegen." Ich war froh, dass ich nicht mehr allein war. Luka reparierte die Knöpfe und wir flogen zur Erde. Auf der Erde kam der Organisator Arnold Anderson zu uns und sah statt Marcus Luka. „Luka Mayer, Sie sollten auf der Erde bleiben! Und wo ist überhaupt Herr Schmidt?", brüllte der. Wir erzählten alles und Luka bekam einen Orden dafür, dass er mir das Leben gerettet hatte.

Anastasia Leipi
Jakob-Fugger-Gymnasium, Klasse 5c

Die Kämpfer des Zwielichts

„Hallo?", waren die ersten Worte, die ich in diesem Abenteuer hörte. Es war nicht einfach, die Muskeln anzuspannen, da ich anscheinend schwer verletzt war. „Hallo?! Bist du da?! Geht's dir gut?!", ertönte abermals diese irgendwie bekannte Stimme. Sie war sehr aufgeregt, aber trotzdem irgendwie nett zu mir . . . Ich lag in einem . . . Krankenbett! Ich war physisch sehr verletzt! Mir schmerzte der ganze Körper und mein Kopf dröhnte . . . Ich wollte antworten, aber es kam nur ein trockenes Husten aus meiner Kehle. Aber das reichte ihr vollkommen. Sie schrie: „Du lebst!" Ich war verwirrt: Hä? Ich versuchte meine Augen zu öffnen. Dieser Versuch ging definitiv daneben . . . Ich lag und lag, so vergingen Tage. Die Krankenpflegerin, wie ich hoffte, kam jeden Tag zu mir und gab mir etwas zu essen und zu trinken . . . Nach ein paar Tagen konnte ich wieder reden und die Pflegerin fragte mich: „Wie und wieso bist du vor einer Woche einfach so aufgetaucht?!"
Ich war wieder mal verwirrt: „Ich weiß es nicht . . . ", sagte ich halblaut; ich habe da ein komisches Gefühl gehabt und da sprach eine fremde Stimme: „ACHTUNG: Vertraue NIEMANDEN! Du musst mir helfen! DU musst meine Welt retten. BITTE! Der Schatten wird versuchen, dich umzubringen. Nimm dich vor der Infektion in Acht! Hier ist das Schwert des Zwielichts. Beschütze es gut!" Und da verschwand die Stimme auch wieder genau so schnell wie sie gekommen war . . .
Ich dachte, es sei bestimmt nur ein Traum gewesen, da ich im Bett lag. Doch dann ist mir eingefallen: Ich liege zur Zeit IMMER im Bett . . . Da bemerkte ich ein Licht . . . Ein Zwielicht! Das Schwert des Zwielichts – es war rot und schwarz und es war so, als ob es rief: „Beschütze mich, du wirst mich noch brauchen!"
Ein Schatten flitze da plötzlich an mir vorbei, doch dann war er, nein ES, schon weg. Ich konnte inzwischen schon laufen und sah mich hastig um: Da war ER! Es war mein anderer Krankenpfleger. Er hatte mir

etwas zu essen gegeben, das komisch roc . . . „NEIN, TU'S NICHT!", ertönte diese Stimme. „GIFT!" Ich stoppte sofort in meiner Bewegung. Der „Pfleger" fragte: „Hast du keinen Hunger?" Bevor ich nur irgendetwas tun konnte, schoss eine weitere Gestalt aus dem Schatten! „Mono! Pass auf!" Zum ersten Mal hörte ich jemanden, der mich mit meinem Namen ansprach. Ich hatte diese Stimme irgendwie schon mal gehört, aber wo . . . ?

Er sagte: „Ich bin Streither, ich komme aus einer anderen Dimension! Hier, nimm das!" Streither - oder wer das auch immer war - warf mir eine DVD-artige Scheibe zu und ich fing sie . . . NICHT! Sie schoss schnurstracks in meine Brust und dann in mein Herz!

Plötzlich schossen mir Erinnerungen in den Kopf und ich sah: MICH! Ich kämpfte anscheinend mit ein paar anderen Leuten gegen eine Art DÄMON! Der Dämon schoss unerbittlich auf meine Freunde . . . Irgendwann sagte er: „Hmm . . . Ihr seid stark, aber nicht stark genug! HAHAHAHA-HAHAHAHAHAHA!" Der Dämon schoss abermals einen rot-schwarzen Strahl auf meine Freunde. Ich hätte wahrscheinlich ausweichen können, aber ich war wie gelähmt.

Dann plötzlich sprang ich viel zu hoch und versuchte diesen Strahl mit einer Art Schild abzuwehren. Und . . . ES KLAPPTE! Ich konnte meine Freunde beschützen und den Strahl zurück zum Dämon leiten, doch dann lachte er nur: „Du wirst untergehen! Ich werde wieder geboren, aber du bist eine MENSCHLICHE MICKRIGE GESTALT!"

Dann verschwand diese DVD! Ich verstand alles: Diese Gestalt, die gerade mit einem Schild gegen den „Pfleger" kämpfte – das war ich! Plötzlich öffnete sich ein rechteckiges Portal mit lila Partikeln und daraus kamen die Leute, die ich in der DVD gesehen hatte! Viele kamen und schrien: „Mono! Geht's dir gut? Hilf Streither! Der Dämon ist zurück! DU hast das Schwert! Los!"

Der Pfleger, der mir vorhin noch so nett eine Suppe gebracht hatte, war nun komplett anders! Er bestand nur noch aus schwarzer Materie! Ich sprang auf, um meinen Freunden zu helfen! Zumindest sahen sie wie die Guten aus . . .

Es war etwas komisch, schon wieder kämpfen zu müssen, aber eigentlich hatte ich in dieser Welt noch gar nicht gekämpft . . . Ich zog mein Schwert und sprang auf den Dämon, der mich unauffällig vergiften wollte. Ich schlug ein, doch es passierte NICHTS! Der Dämon war einfach viel zu stark und ich musste aufpassen, dass dieses Virus mich nicht infizieren konnte! Ich fand später heraus, dass sich das Virus Corona nannte.

Meine Mitkämpfer riefen: „Hier, nimm meine Power und schlag zu! Nimm die Maske auch!" Alle Leute legten die Hand auf meine Schulter und ich spürte eine enorme Power durch mich strömen! Mein Schwert leuchtete stärker als je zuvor und ich rief: „Im Namen der Helden, im Namen des Lichtes, im Namen der Zwielichtkämpfer, im Namen der Grechtigkeit und Menschheit! LOS!"

Mein Schwert wurde immer schwärzer und stärker lila . . . Ich hatte die Macht, um den Dämon zu stürzen, und ich schlug direkt in seine Brust. Er blutete und er hatte es auch verdient! Ich wusste, was er getan hatte. Die DVD ging weiter. Ich wusste, er hatte meine Freunde umgebracht. Er war der Teufel HÖCHSTPERSÖNLICH! Ich erkannte meine Freunde und ich war auch froh, dass noch so viele lebten. Ich konzentrierte mich wieder auf die Gegenwart. Ich schaute dem VIRUS in die Augen: Sie waren blutrot. Der Dämon, besser gesagt CORONA, schrie nur noch: „Das werde ich dir heimzahlen!"

Doch dann verschwand er. Ich hatte gesiegt – mit meinen Freunden! Streither sagte: „Gut gemacht, du hast ihn besiegt!" Doch ich erwiderte: „Nein, WIR ALLE haben es gemeinsam geschafft!"

Rudi Ren, Alexander Fix und Michael Medvedev
Jakob-Fugger-Gymnasium, Klasse 5a

Charlottes Botschaft

Charlotte ging mit langsamen Schritten durch die enge Gasse, die zur Bäckerei Himmelglück führte, wo sie an jedem Samstag frisches Baguette für sich und ihren Vater holte. Nachdem sie mit einer knisternden Tüte in der Hand die Bäckerei verließ, ging sie durch die Straßen wieder zurück nach Hause zu ihrem Vater. Als sie durch die kleine belebte Straße trottete, fiel ihr ein Schild auf, das nicht zu übersehen war. Es war pink und in großer, fett gedruckter Schrift stand in Gelb geschrieben: Miteinander! Als sie zu Hause angekommen war und Frühstück gemacht hatte, setzte sie sich zu ihrem Vater an den Tisch. „Du, Papa", sagte sie und nippte an ihrer Tasse Kakao. „Ja?", fragte er und schaute sie erwartungsvoll durch seine runden Brillengläser an, legte dabei seine Zeitung auf den Tisch. „Was genau bedeutet Miteinander?", fragte sie ihren Vater interessiert. „Naja . . .es gibt viele Arten von Miteinander", erklärte ihr Vater ihr und lehnte sich zurück. „Zum Beispiel miteinander arbeiten, miteinander durch schwere Zeiten wie Corona gehen. Es bedeutet auch Zusammenhalt, Freundschaft und so … es gibt so viele Arten von Miteinander!", beendete er seine Erklärungen. „Aber ein Miteinander ist sehr wichtig!", fügte er hinzu. Danach nahm er wieder seine Zeitung in die Hand und begann weiterzulesen. Am nächsten Morgen ging Charlotte durch die Straßen und hängte selbst gebastelte Plakate auf. Auf ihnen stand die einfache Botschaft: Miteinander. Doch dieses einzige besondere Wort drückt so viel wie Hunderte andere Worte aus. Es kann die Welt verändern.

Lotta Breuer
Maria-Theresia-Gymnasium, Klasse 5c (Schreibwerkstatt)

Miteinander

Es gab einmal ein Mädchen namens Lea, das zog in ein Dorf, wo sie niemanden kannte.
Lea war damals sechs Jahre alt und kam in die 1. Klasse, wo sie alleine war und keine Freunde hatte. Sie hat in der Pause den anderen Kindern immer zugesehen, wie sie MITEINANDER gespielt haben, doch mit ihr wollte nie jemand spielen. Eines Tages wurde ein Mädchen namens Tamina auf sie aufmerksam und sie fragte Lea, ob sie MITEINANDER spielen wollten. Seit diesem Tag sind die zwei unzertrennlich. Sie haben vieles MITEINANDER erlebt sowie Höhen und Tiefen gehabt, bis zu dem einen Tag, an dem sie auf unterschiedliche Schulen gekommen sind. Die beiden waren wieder alleine und verloren nach und nach den Kontakt zueinander. Nach einem halben Jahr wechselte Lea die Schule und kam auf Taminas Schule und in ihre Klasse. Sie bauten ihren Kontakt wieder auf und alles wurde so wie früher. Ihr MITEINANDER wurde von Tag zu Tag besser, als sie in die 7. Klasse gekommen sind und viele neue Freunde fanden. Die Klasse war unzertrennlich und MITEINANDER haben sie viel erlebt und geschafft. MITEINANDER haben sie ihren Abschluss geschafft und heute geht jeder erfolgreich seinen Weg. Die Klasse blieb in Kontakt, sie treffen sich MITEI-NANDER und haben heute noch eine schöne Zeit zusammen.

Lena Konrad
Berufsfachschule für Sozialpflege, Klasse Soz10b

Miteinander

Für mich bedeutet Miteinander, dass man in allen Zeiten zusammensteht - in guten wie in schlechten.
Zusammen ist man stärker und vier Augen sehen mehr als zwei, vier Hände schaffen mehr als zwei Hände.

Miteinander heißt, dass man sich gegenseitig nicht egal ist und sich unterstützt. Zusammen lächeln und zusammen weinen.

Man muss sich gegenseitig vertrauen, wenn ich zum Beispiel jemandem nicht glaube, kann ich mich auch nicht auf ihn verlassen, da ich nicht weiß, ob er nur in guten Zeiten hinter mir steht oder auch in schlechten Zeiten.

Zedan Khalaf-Ali
Balthasar-Neumann-Berufsbildungszentrum, Klasse HOL10A

Miteinander

Miteinander bedeutet, mit anderen etwas zu unternehmen. Man hält zusammen und hilft sich gegenseitig. Es ist auch wichtig, dass man sich bespricht, das heißt, dass man miteinander sprechen kann.

Miteinander können viele sein: Freunde, Verwandte, Familie, Nachbarn, die Klassengemeinschaft . . .

In der neuen Schule habe ich in meiner Klasse ein neues „Miteinander" gefunden, eine neue Freundin. Anfangs sind wir im Klassenzimmer nebeneinander gesessen und haben uns noch nicht so gut gekannt. Sie hat mir erzählt, dass sie einen Hund zuhause habe, und da ich ein großer Hundefan bin, wollte ich ihn unbedingt sehen. Sie hat mich eingeladen, ich durfte zu ihr nach Hause fahren und habe die ganze Familie kennengelernt. Danach haben wir uns immer wieder getroffen und immer besser verstanden. Wir freuen uns jedes Mal, wenn wir uns wieder sehen. Doch als Corona kam, konnten wir uns nur noch übers Laptop sehen. Vor dem zweiten Lockdown vor Weihnachten durfte ich sie zum letzten Mal besuchen. Trotzdem ist unser Miteinander nicht auseinandergebrochen. Auch wenn der normale Unterricht wieder in der Schule stattfindet, können wir uns in unserem Klassenzimmer nicht sehen, da wir in getrennten Gruppen sind.

Trotz allem freue ich mich, wenn wir uns wiedersehen, vielleicht in den Ferien, und dann wieder miteinander sind . . .

Magdalena Speer
Mädchenrealschule St. Ursula, Klasse 6a

Anfangsbuchstabengedicht „Miteinander"

M iteinander macht alles viel mehr Spaß:

I n der Pause im Sandkasten Ritterburgen und Drachenfallen bauen.

T urnen und Tanzen im Sportunterricht.

E xperimentieren und Malen.

I m Sachunterricht gut rollende Fahrzeuge basteln.

N ur allein zu Hause sein, ist ganz blöd.

A ber wenn wir in der Schule zusammen sind, ist es cool.

N ie ist es langweilig.

D enn es sind meine Freunde da.

E s ist immer jemand da, der mit mir lernt, spielt und lacht.

R ichtig gut fühlt es sich an, wenn wir in der Schule zusammen sind.

Gemeinschaftsarbeit
Grundschule Centerville-Süd, Klasse 2a

Miteinander allein sein

Wir sind angekommen, in einer neuen Realität. Alleisein erscheint manchmal fremd. Doch gibt es uns die Zeit zu wachsen, über uns zu lernen und uns selbst wieder nahe zu kommen.

Unsere Realität ist langsamer geworden und doch dreht sich die Welt so viel schneller als sonst. Türen werden geschlossen von Menschen, die uns unnahbar sind. Kleine Universen drehen sich langsam und das große Ganze dreht sich wie ein Kreisel.

Du bist allein und ich bin allein. Gemeinsam sind wir allein. Reduziert auf vielleicht das, was eigentlich zählt, versucht ein jeder, sein Gleichgewicht zu finden. Gemeinsam geradestehen.

Unsere kleinen Universen sind langsam geworden. Vielleicht bewusster und simpler. Gemeinsam allein sein - gemeinsam lernen, was es bedeutet, Zeit nicht totzuschlagen, sondern die Zeit zu füllen mit Dingen, die uns sinnvoll erscheinen. Wir sind machtlos - vielleicht. Und doch hast du die Macht über deine Zeit. Dein Alleinsein. Deine Verbindung zu dem, was um dich ist, und zu den Menschen um dich herum. Vielleicht sind wir mehr gemeinsam allein, als wir es je waren?

Teresa Weilguni
Städtische Fachakademie für Sozialpädagogik, Klasse FAKS 1

Miteinander — Akrostichon

Mit dir zu sein, ist immer sehr schön.

In jedem Moment bist du für mich da.

Träumen zusammen, lachen zusammen – alles machen wir zusammen!

Es ist egal, wo du bist!

Ich liebe dich sehr - wie keine anderen auf dieser Welt!
Nein, ich werde dich niemals verlassen!
Auch nicht in den schwierigen Zeiten.
Nichts kann uns stoppen.
Du hast mir alles beigebracht.
Ein Kuss ist nicht genug,
Reicht aber, um sich zu bedanken.
Das ist für alle Mütter der Welt!

Eleni Tsikari
Grundschule Herrenbach, Klasse 4a

Miteinander

H AU
E F
G F F M F
E A N H E U R
M I T E I N A N D E R
E R O T L C T A U E
I N L T F H E N N S
N E E S T R K D P
S S R B S N B L E
C S A E A A I K
H N R M R C T
A T E H V
F I O
T T L
L

Sahin Aytemur
Maria-Ward-Realschule, Klasse 6b

Ein Gedicht MIT-„EINANDER"

Damit eine gute Gemeinschaft gelingen kann,
kommt es auf alle, auf jeden Einzelnen, an.
Man muss sich UMEINANDER kümmern,
in guten wie in schweren Zeiten,
seine eigenen Fehler einsehen, sich entschuldigen und aufhören zu
streiten.

Man steht nicht ÜBEREINANDER, nicht UNTEREINANDER,
egal, ob groß, ob klein, ob dünn, ob dick.
Nein, man steht NEBENEINANDER, Hand in Hand und gleichwertig.
Man sollte VONEINANDER lernen,
versuchen, die Welt durch andere Augen zu sehen,
FÜREINANDER stark sein und HINTEREINANDER stehen.
Doch was haben diese Wörtchen gleich?
Natürlich, sie enden auf „einander".
Doch die noch viel wichtigere Gemeinsamkeit:
Zusammen bedeuten sie MITEINANDER.

Emilia Lehle
Gymnasium bei St. Stephan, Klasse 7d

Miteinander zusammenhalten

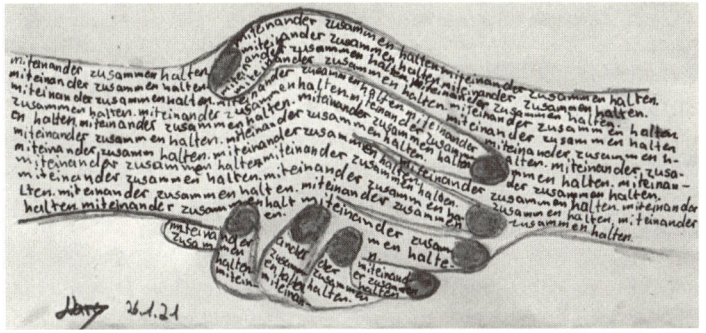

Naro Sulaiman
Löweneck-Mittelschule, Klasse 5

Das Märchen vom Bauern und seiner Gemeinschaft

Es war einmal in einem kleinen Dorf, das von der Außenwelt abgeschnitten war. In diesem Dorf lebten ein Schmied, ein Bäcker, ein Bauer und ein Metzger. Die Dorfbewohner bauten alles, was sie zum Leben brauchten, auf riesigen Feldern an. Eines Morgens, es war ein Donnerstag, war wieder Erntezeit.

Es war eine schwierige Zeit für den Bauern, denn die Felder waren groß und es gab keine modernen Maschinen wie heute. Der Bauer musste alles von Hand ernten. Deshalb fing er früh am Tag mit der Arbeit an.

Dieses Jahr fiel die Ernte sehr üppig aus und der Bauer hatte viel Arbeit. Er hatte schon hart gearbeitet, als die Sonne hoch am Himmel stand. Als er eine kleine Pause machte und über das Feld schaute, sah er, dass er erst einen kleinen Teil von dem riesigen Feld abgeerntet hatte. Der Bauer ging in das Dorf und fragte: „Wer will mir bei der Ernte helfen?"
Der Schmied antwortete: „Ich nicht. Ich muss mein Schwert zu Ende schmieden." Der Bäcker antwortete: „Ich auch nicht. Ich muss mein Brot fertig backen." Und der Metzger antwortete: „Ich auch nicht. Ich muss noch mein Schwein schlachten."
Also ging der Bauer zurück auf sein Feld. Inzwischen war es schon Nachmittag geworden. Er erntete weiter, bis es dunkel wurde. Er blickte abermals über das Feld und sah, dass er schon die Hälfte abgeerntet hatte. Der Bauer nahm sich vor, am nächsten Tag das restliche Feld abzuernten.
Als er am nächsten Morgen aufwachte und auf das Feld schaute, sah er, dass Wildschweine und Mäuse ganze Arbeit geleistet hatten. Das Korn war plattgetreten oder aufgefressen. Nichts hatten die nächtlichen Räuber ihm gelassen. Da er das geerntete Korn nicht allein verarbeiten konnte, blieb ihm nichts anderes übrig, als alles, was er abgeerntet hatte, dem Bäcker und dem Metzger zu bringen. Gesagt, getan.
Am nächsten Tag ging er erneut ins Dorf, um sich Brot, Wurst und ein Messer zu kaufen. Als er zum Bäcker kam, sagte er: „Ein Brot, bitte!" Der Bäcker antwortet: „Wir haben kein Brot. Alles, was ich gebacken habe, haben der Metzger, der Schmied und die Mäuse aufgegessen." Schlecht gelaunt ging er zum Metzger. Er sagte: „Eine Wurst, bitte." Der Metzger gab ihm eine Wurst. Der Bauer motzte: „Da ist ja fast kein Fleisch dran!" Der Metzger antwortete: „Ich weiß, ich hatte so wenig Getreide, dass meine Schweine kaum Futter bekommen haben." Noch schlechter gelaunt als zuvor ging er zum Schmied. Er dachte, er könne wenigstens hier ein Messer bekommen. Aber der Schmied sagte: „Ich habe seit gestern fast gar nichts gegessen. Deshalb habe ich keine Kraft, das Metall zu schlagen." Missmutig ging der Bauer zurück zu seiner Hütte.
Bis zur nächsten Ernte ernährte er sich hauptsächlich von Beeren und Nüssen sowie von Wurzeln. Die nächste Ernte fiel noch üppiger aus als die erste Ernte. Wieder schaffte er es, bis zum Mittag nur die Hälfte des Feldes abzuernten. Dann ging er erneut ins Dorf und fragte: „Wer will mir bei der Ernte helfen?" Der Metzger, der Schmied und der Bäcker riefen zur gleichen Zeit: „Ich helfe dir!" Also ernteten sie alle zusammen. Als es Abend wurde, hatten sie das ganze Feld abgeerntet. Sie stellten fest, dass sie nur miteinander das ganze Feld zügig abernten konnten.

So verrichteten sie jedes Jahr die Feldarbeit miteinander. Und es brach nie wieder eine Hungersnot über das Dorf hinein. Der Bäcker hatte nun genug Mehl, um Brot zu backen, der Metzger konnte seine Schweine füttern und der Schmied hatte genug Kraft, um das Metall zu schlagen. Und wenn sie nicht gestorben sind, dann leben sie noch heute.

Marc Löffler
Jakob-Fugger-Gymnasium, Klasse 5b

Miteinander

Lena war ein kleines Mädchen. Sie hatte eigentlich fast alles, was sie wollte. Sie hatte einen Hund, zwei Ponys und drei Katzen. Das Einzige, was sie nicht hatte, waren Freunde. In der Schule saß sie alleine und wenn die anderen draußen Fangus spielten, musste sie zuschauen. Der ganze Grund dafür war: Sie hatte ein Hinkebein. Dieses blöde Hinkebein war so nervig! Jeden Tag, wenn sie zur Schule ging, hatte sie Angst, dass sie ausgelacht wurde. Doch an diesem Tag war alles anders. Das ahnte Lena natürlich noch nicht, als sie zur Schule ging. In der Schule war nämlich eine Neue, sie hieß Ma-rie, und als sie dann Pause hatten, merkte Lena, dass Marie auch ein Hinkebein hatte. Als Erstes traute sich Lena nicht, zu ihr zu gehen, doch dann nahm sie ihren ganzen Mut zusammen und fragte Marie, ob sie zu zweit Verstecken spielen wollten. Zu Lenas Erstaunen antwortete Marie ihr ganz freundlich „Ja, gerne!" Die zwei spielten die ganze Pause und von nun an waren sie beide beste Freunde.

Paula Unger
Maria-Theresia-Gymnasium, Klasse 5b

Wir sind beieinander und für immer miteinander

miteinander
Wir sind auseinander
Doch für immer miteinander
Wir sind gegeneinander
Doch trotzdem füreinander
Wir sind aufeinander
Doch immer noch auseinander
Wir sind nebeneinander
Doch ewig durcheinander
Wir sind hintereinander

Doch weit übereinander
Wir sind untereinander
Doch trotzdem nacheinander
Wir sind aber nie gegeneinander, nein, immer miteinander

Arna Sivro
Mittelschule Friedberg, Klasse 7a

Miteinander ... Zeit verbringen

Ich habe das Glück, bei meiner Mutter in der Arbeit immer wieder mal zusammen mit einer Arbeitskollegin von ihr die Senioren im Betreuten Wohnen zu besuchen. Dadurch habe ich schon die verschiedensten Persönlichkeiten kennengelernt. Ich möchte gerne von einer bestimmten Person erzählen, mit der es immer Spaß macht, Zeit zu verbringen. Sein Name ist Armin.

„Jedes Mal, wenn ich Armins Wohnung betrete, kommen mir weiche Klänge entgegen. In dem Moment sitzt er normalerweise im Wohnzimmer und hört seine klassische Musik. Es herrscht eine angenehme Atmosphäre, wenn ich mich ihm nähere und es breitet sich ein schönes Lächeln auf meinem Gesicht aus. Nach der Begrüßung beginnen wir damit, sein Fotoalbum durchzu- stöbern. In jungen Jahren hat er zusammen mit seiner Frau sehr viele Standardtänze getanzt. Ich deute auf das ein oder andere Foto und er erzählt mir darüber sehr viel. Über die bunten Kostüme, die eleganten Bewegungen, die spezifischen Blicke und über die Leidenschaft, die hinter jeder Tanzfigur steht. Danach sucht er seinen dicken schwarzen Ordner heraus, in dem er seine selbst verfasste Biographie aufbewahrt. Es ist eine überaus interessante, aber auch sehr spannende Biographie. Ich lese ihm daraus vor und er erzählt aus einer Zeitspanne seines Lebens. An der einer oder anderen Stelle finde ich Wörter, die mir fremd sind. Ich frage ihn, ob er mir ihren Sinn erklären würde. Dadurch vertieft sich unsere Unterhaltung und manche Stellen der Biographie dichte ich auch noch um. Armin äußert, dass er das amüsant findet!

Das Beeindruckendste an den Besuchen bei Armin ist nicht das Fotoalbum oder die Biographie, sondern Armin selbst!

Wenn ich ihm in die Augen blicke, habe ich das Gefühl, dass ihm meine Besuche sehr viel Spaß und Freude bereiten. Das macht mich glücklich. Es ist schön, mit anderen Menschen Zeit zu verbringen, eben miteinander etwas zu gestalten.

Bei einem schönen Nachmittag vergeht die Zeit wie im Flug und wir haben ausgemacht, dass ich ihn in vier Wochen wieder besuche. Ich freue mich schon darauf!

Jessica Winter
Gymnasium bei St. Stephan, Klasse 7a

Miteinander

Das Miteinander verbindet uns. Man selbst nimmt es meistens nicht wahr, obwohl es uns jeden Tag begegnet, z. B. in der Schule, wenn wir mit unseren Freunden Spaß haben oder eine Gruppenarbeit machen müssen. Das Miteinander schenkt uns Liebe, Respekt und Kraft. In einer Zeit wie dieser wird es auf die Probe gestellt. Diese Herausforderung meistern wir nur, wenn wir MITEINANDER ZUSAMMENHALTEN und uns gegenseitig UNTERSTÜTZEN.
Mit positivem, vertrauensvollem Denken und Handeln schaffen wir das. Zusammen!
Miteinander schaffen wir das!

Lena Hoffmann
Mädchenrealschule St. Ursula, Klasse 6a

Miteinander Freunde

Weißt du noch - damals im Kindergarten? Du kamst neu in die Gruppe und ich habe dich sofort in die Malecke geschleppt. Du mit den langen Zöpfen und den großen Rehaugen! Du warst so schüchtern und hast oft mit niemandem oder nur mit mir gesprochen. Trotzdem waren wir bald beste Freundinnen. Wir haben alles, wirklich alles zusammen gemacht. Bald schon haben wir angefangen, uns jeden Dienstag zu treffen. Immer von drei bis sechs Uhr. Ich war das totale Gegenteil von dir, immer aufgedreht, und du der Ruhepol. Daran hat sich auch nicht so viel geändert, als wir in die Grundschule gekommen sind. Das war der schwerste Schritt. Wir haben uns fast jeden Tag gesehen und dann auf einmal haben sich unsere Wege getrennt und wir sind aus einem gemeinsamen Kindergarten auf verschiedene Schulen gegangen. Ich kann gar nicht sagen, wie dankbar ich unseren Eltern bin, dass sie dafür gesorgt haben, dass wir uns weiterhin treffen. Zwischendurch ist aus dem Dienstag ein Mittwoch geworden, aber es blieb immer unser Ritual. Natürlich gab es ab und zu mal Lücken oder man hatte etwas anderes vor, aber trotzdem haben wir die vier Jahre zusammen gemeistert. Dann kam das Gymnasium. Wir haben so lange geplant, auf eine Schule und in die gleiche Klasse zu gehen. Also haben wir uns beide an derselben Schule beworben. Du wurdest genommen, ich nicht. Ich weiß noch, wie du am Telefon geweint hast, als ich es dir erzählt habe. Diese Zeit war echt schlimm, aber wir sind älter geworden und bis heute ist der Dienstagnachmittag besetzt. Trotzdem freue ich mich, dass wir auch an den anderen Tagen morgens zusammen mit dem Zug nach Augsburg fahren oder am Wochenende übernachten. DU bist immer noch die Ruhigere von uns zwei, obwohl du dich auch ziemlich aufregen kannst und ich auch mal leise sein kann. Es gibt echt viele Punkte, in denen wir, schon immer, total unterschiedlich sind, aber diese Sachen und auch unsere Gemeinsamkeiten machen uns zu denen, die wir sind. Ich bin dir so dankbar, dass du wirklich jede Phase mit mir durchmachst. Von der täglich wechselnden Lieblingsfarbe im Kindergarten über Lego Friends in der Grundschule bis zu einer gewissen Boy Band heute. Du kennst mich in so vielen Punkten besser als alle anderen und manchmal auch als ich mich selbst. Danke, dass du immer für mich da bist und auch dass du da bist, wenn du die Einzige bist, mit der ich über manche Dinge reden kann. Danke, dass wir die letzten elf Jahre gemeinsam gemeistert haben. Zusammen und miteinander. Danke, dass du noch mit mir befreundest bist, trotz meiner Vorliebe für seltsame, aber schöne Spitznamen, Tinchen. Auf die nächsten elf Jahre! Deine „zuverlässige Insiderquelle"

Kirsi Müller
Maria-Theresia-Gymnasium, Klasse 9b (Schreibwerkstatt)

Miteinander

Freude schenken,
zusammen ausdenken,
wie wir miteinander gehen
und uns die Wolken ansehen,
wie wir miteinander lachen
und verrückte Sachen machen.
Das geht am besten zu zweit.
Du wohnst auch nicht weit.
Miteinander geht grad nur im Kopf und digital,
doch bald ist uns das alles wieder egal

Carl Neumann
Maria-Theresia-Gymnasium, Klasse 5b

Der Auserwählte

Es war einmal ein König, der hatte eine Tochter, die sehr krank war. Der König sprach: „Wer meine Tochter heilen kann, der darf sie heiraten." Er verbreitete die Botschaft im ganzen Land. Viele Ritter versagten an dieser Aufgabe. Ein Ritter kam zum Schloss und fragte, was es für Aufträge gebe. Der König antwortete darauf: „Falls du es schaffen solltest, meine Tochter zu heilen, wirst du die Prinzessin heiraten." Der Ritter machte sich gleich auf den Weg. Bloß das einzige Problem war, dass er nicht wusste, wie er die Königstochter heilen sollte. Doch dann fiel ihm etwas ein. Es gab da einmal auf der anderen Seite des Zauberlandes ein Reich voller Zwerge. Der Ritter ritt auf seinem Pferd zum Zwergenreich. Als er ankam, schaute ihn ein Zwerg sehr böse an: „Hey, du, was willst du hier?!" Der Ritter erklärte dem Zwerg: „Ich suche jemanden, der mich auf eine Reise begleiten soll, damit ich die Königstochter heilen kann." Der Zwerg schrie ihn empört an: „Wieso sollten wir Zwerge dir helfen?!?" Der Ritter flüsterte: „Ich wurde vom König geschickt, damit ich seine Tochter heile. Wenn ihr mir helft, werdet ihr reich belohnt!" Der Zwerg senkte seine Stimme und rief: „Was wäre unser Anteil, den wir bekommen würden?" - „Ihr bekommt 1500 Goldtaler von uns!" Überwiegend begeistert stimmten die Zwerge ab. Die meisten waren dafür, dass sie ihm helfen würden. Glücklich rannten sie zum Ritter und stellten sich vor. Der eine Zwerg fragte, wohin es gehe. Daraufhin erwiderte der Auserwählte: „Wir gehen in den Zauberwald." Die Zwerge waren einverstanden. Sie liefen gemeinsam in den Zauberwald. Dort trafen sie eine nette Fee. Sie fragte: „Was wollt ihr?" Die Zwerge und der Ritter erklärten: „Wir brauchen ein Schwert, um den Riesen zu besiegen, der die Zauberbeeren der Heilung bewacht." Daraufhin stellte die Fee klar: „Ich habe für euch ein goldenes, verzaubertes Schwert, das alles und jeden mit nur einem Schlag umbringt." Sie fragten, was sie dafür wolle. Die Zauberfee erwiderte: „Ihr sollt mir eine Zauberbeere abgeben!" Alle waren einverstanden. Sie nahmen das Schwert und ritten los. Als sie den Riesen fanden, stiegen sie leise vom Pferd ab. Sie versteckten sich hinter einem Busch, wo sie ihn beobachten konnten. Als der Riese eine Zwergenmütze sah, rannte er sofort los. Aber es war kein Zwerg zu sehen. Es war nämlich nur ein Ablenkungsmanöver. Der Ritter flitzte auf ihn zu und berührte ihn mit seinem Schwert, worauf der Riese einfach umfiel. Sie nahmen die Zauberbeeren und ritten sofort zur Fee, die ihre Belohnung bekam. Die Fee bedankte sich und sie marschierten zurück zum Schloss. Der König freute sich, dass endlich seine Tochter geheilt werden konnte. Die Zwerge bekamen ihre Belohnung vom Ritter und der König hielt sein Versprechen. Zwei Wochen später heiratete der Auserwählte die Prinzessin. Glücklich und zufrieden lebten alle bis an ihr Lebensende.

Maxim Ioschpa und Tim Joel Kobinger
Jakob-Fugger-Gymnasium, Klasse 5c

Miteinander in die Zukunft schauen

Es war Abend. Die Corona-Pandemie war vorbei und ich war heute zum ersten Mal wieder in der Schule gewesen. Ich lag in meinem Bett und wollte eigentlich schlafen, um fit für den nächsten Schultag zu sein, doch mir ging noch so viel durch den Kopf und ich konnte einfach nicht einschlafen. Ich hörte ein seltsames Geräusch, aber ich sah nichts. Ich schloss die Augen, doch da war es schon wieder. Plötzlich fiel mein Blick auf das Fensterbrett. Dort entdeckte ich staunend einen kleinen Roboter. Er stellte sich vor: „Hallo, ich bin das kleine Miteinander und komme aus der Zukunft!" Ich antwortete mit zittriger Stimme: „Hi, ich bin Emilia." - „Darf ich dir eine Geschichte erzählen?", fragte mich das kleine Miteinander. Ich antwortete: „Ja, gerne." Also fing es an zu erzählen: „Corona ist längst vorbei, doch die Menschen laufen immer noch mit Masken herum. Diesmal aber freiwillig, denn die Luft ist so schlecht, der Himmel nur noch grau und von der Sonne ist nichts zu sehen. Von den Regenwäldern - auch die Lunge der Erde genannt - ist nicht mehr viel übrig. Und so gibt es zu wenig Natur, die die Luft reinigen kann. Wo einst Schmetterlinge herumflogen und gewaltige Bäume in den Himmel ragten, stehen jetzt nur noch Sojapflanzen. Sie dienen als Futter für die Tiere und werden in die ganze Welt transportiert. Mit Soja können einzelne Menschen reich werden, mit sauberer Luft leider nicht. Die Gier nach Geld führte dazu, dass die Natur zerstört wurde. Den Tieren wurde ihr Lebensraum und die Luft zum Atmen genommen. Viele Tierarten sind schon ausgestorben. Ein paar wenige Ureinwohner und Menschen auf der ganzen Welt haben versucht, die Umwelt zu retten, doch es waren zu wenige. Sie hatten keine Chance."

Plötzlich schreckte ich hoch. Ich sah mich um und stellte fest, dass ich dem Roboter nur im Traum begegnet war. Jedoch wurde mir klar, dass es – wenn wir so weitermachen – wirklich so kommen könnte, wie es das kleine Miteinander erzählt hatte. Und ich beschloss, dass ich das alles in der Zukunft nicht erleben möchte und wir daher gemeinsam etwas

unternehmen müssen. Ein paar wenige Menschen haben es nicht geschafft, den Regenwald vor der Zerstörung zu beschützen. Doch wenn
wir alle miteinander etwas unternehmen, können wir es schaffen!

Emilia Frey
Jakob-Fugger-Gymnasium, Klasse 5b

Das Zusammen

An einem sonnigen Mittwochnachmittag lief ich glücklich die Haupt-
straße entlang. Heute war ich mit meiner Schwester alleine zu Hause,
weil unsere Eltern auf einer Dienstreise in Kanada waren. Sie hatten
jedem von uns erlaubt, eine Party zu feiern, und für diese haben sie
massenhaft Süßigkeiten da gelassen. Aber ich wollte niemanden einladen, weil meine Freunde mir eh nur alles wegessen würden. Zum Beispiel hatte ich an meinem eigenen Geburtstag nur ein Stück von der
Torte gehabt, während die anderen alle zwei oder drei Stücke hatten.
(Lina hatte sogar vier gegessen!) Ich war ganz in Gedanken versunken,
als mich Bello anbellte. Er war der süße Dackel von nebenan. Bello
schaute mich mit Glubschaugen an. „Ich habe leider nichts", sagte ich
und zeigte ihm meine leeren Jackentaschen zum Beweis. Nachdem Bello
traurig weggerannt war, schloss ich die Tür zu unserem alten, aber schönen Haus auf. Es war groß und gelb mit grauen Fensterläden. Wegen des
gepflegten Vorgartens mit einer Vielzahl von Blumen sah das Haus sehr
einladend aus. Schon im Flur hörte ich meine Schwester und ihre Freunde in ihrem Zimmer feiern. Um sie nicht zu stören, schaute ich nur durch
das Schlüsselloch: Sie spielte hier mit Amelie, Linus, Thure und Franziska
„Activity". Die fünf Freunde lachten die ganze Zeit und hatten anscheinend echt viel Spaß. Da ich hungrig war, lief ich schnell in mein Zimmer
und schaute in meinem Kleiderschrank nach. Dort sollten die Süßigkeiten irgendwo versteckt sein. (Meine Mutter liebte es, Sachen zu verstecken.) Ich sah sie aber sofort: Sie lagen ganz oben und ich kam leider
nicht ran. Ich versuchte, den Stuhl zu holen und drauf- zusteigen, aber
ich war noch immer viel zu klein. Ich brauchte Hilfe, aber meine Freunde
anrufen? Das war keine so gute Idee, denn ich hatte sie ja nicht eingeladen. Oder sollte ich zu meiner Schwester gehen? Aber die hatte gerade
voll viel Spaß! Außerdem hat sie auch vorgeschlagen, mit mir zu feiern,
aber ich hatte gesagt, dass ich keine Party veranstalten will. Traurig legte
ich mich aufs Bett. Das Lachen aus dem Zimmer meiner Schwester war
jetzt noch lauter und mir kam es so vor, dass es auch ein bisschen spöt-

tisch klang. Warum passiert immer mir sowas? Doch plötzlich hörte ich eine Stimme: „Ruf deine Freunde an! Alleine erreicht man nichts im Leben. Das hast du doch gerade gemerkt. Zusammen geht alles viel leichter, viel besser." Und dann war die seltsame Stimme verschwunden. Ich schluchzte: „Wirklich?" Doch als keine Antwort kam, lief ich eilig zum Telefon und rief alle meine Freunde an und am Ende feierten wir die allerbeste Party der Welt: mit Freude, Lachen und ganz viel Spaß. Seitdem weiß ich, wie wichtig das Zusammen ist.

Alexandra Wachtel
Gymnasium bei St. Anna, Klasse 6a

MITEINANDER- Akrostichon

Mei, habe ich viele Freunde!
Ich will die Zeit mit euch nicht versäumen.
Texte schreibe ich gern,
Einmal sehe ich den Stern.
Ich muss nach draußen
Nochmal umher sausen.
Auf einmal kommt Corona,
Nein, ich darf nicht zur Oma.
Dein Freund ist traurig wie ich.
Ein guter Kumpel lässt niemanden im Stich.
Reim ein bisschen und sprich!

Marc Poljazki
Gymnasium bei St. Anna, Klasse 6a

Camera Obscura

Lass uns über die Schlösser reden, die sie für dich gebaut hat. Sie konnten träumen und lachen und sie verschwinden im Nebel und sie erinnern mich an dich. Freiheit, mit der du nicht leben konntest, verriegelte Schlösser, die dir gefehlt haben, Schlüssel, die du vergessen wolltest, und der Boden, der ihr nie ein Zuhause war. Dass die Balkone eurer Schlösser nur Hotelzimmer mit Bilderrahmen waren und dass ihr keine Bilder hattet, um sie zu füllen. Warum du Angst vor Filmrollen hattest. Warum du vergessen werden wolltest.

Einmal hast du nervös gefragt, ob jemand mitkomme, weil du nie glauben wolltest, wie unwichtig Luftsprünge sein können. Und das Zucken deiner Mundwinkel und dein Blick Richtung Boden waren filmreif und ehrlich. Aber du hattest Angst vor den Sternschnuppen in deinen Augen und es wurden nur Erinnerungen in ihrem Kopf. Und sie konnte niemandem dein Lächeln zeigen.

Lass uns über den Herbst '98 reden. Von dem Regen, von dem du ihr nie erzählt hast. Aber sie hat diese Erinnerungen in deinen Schritten gelesen und sie hat sie fröhlich gemacht. Du hättest deine Vorhänge nicht gebraucht. Lass uns über die Schlösser reden, die träumen und lachen dürfen. Die du nicht suchen wirst und in denen sie Türen offenstehen lassen kann. Zimmer, die nur ihr gehören, Fenster, deren Blick sie dir zeigen würde. Schlösser, die nie verschwunden sind, wenn du den Mut hast, sie zu finden. Lass uns über eure Sternschnuppenwünsche reden. Lass uns über morgen reden. Unser Morgen.

Neele Walter
Maria-Theresia-Gymnasium, Q11 (Schreibwerkstatt)

Miteinander …

Was genau ist Miteinander? Miteinander bedeutet für mich, mit einer Person oder auch mehreren zusammen zu sein und einen Moment oder ein Gefühl zu teilen. Für mich bekam dieses Wort „Miteinander" eine ganz besondere Bedeutung …

Ich habe meinen Freund 2016 kennen gelernt und wir haben eine richtig tolle Beziehung geführt - bis Mitte Juli 2017, dort bin ich zum ersten Mal ins Krankenhaus gekommen. Da war es das erste Mal so weit, eine schlimme Situation miteinander durchzustehen. Dort hat mir mein Freund gesagt: Wir schaffen das zusammen.

Es ist ein Jahr vergangen und dann kam der nächste Stein, der uns in den Weg gelegt wurde. Ich habe die Diagnose Krebs bekommen und dann fing alles an, richtig kompliziert zu werden. Mein Freund hat aber auch da gesagt: Egal, was passiert, wir schaffen das gemeinsam, miteinander. Das hat sich dann gezogen bis zum Jahr 2019. In der Zeit bin ich weitere zweimal an Krebs erkrankt. Nun war es so weit: Ich musste eine Chemotherapie machen! Die Worte meiner Familie, meinem Freund und meinen Freunden waren: Wir schaffen das miteinander!

Somit haben wir also auch in der Zeit der Chemotherapie alle zusammengehalten. Das hat mir besser denn je gezeigt, wie es ist, wenn man etwas zusammen macht, also gemeinsam für einander da zu sein, auch wenn es nicht selbstverständlich ist.

Aus meiner Erfahrung heraus gibt es immer wieder Situationen im Leben, die man nur gemeinsam bewältigen kann, denn man kann nicht immer alles alleine schaffen.

Ich wünsche jedem Menschen eine Person, die mit einem etwas gemeinsam macht, egal, ob in schweren Zeiten oder auch in sehr schönen Momenten.

Paulina Schnetzer
Städtische Fachakademie für Sozialpädagogik, Klasse FAKS 1

Mit, Ein, Ander

Vor langer Zeit lebte einst ein König. Dieser langweilte sich schrecklich und er ließ sich zusammen mit seinen drei Ministern, Fürst Jeder, Baron Für und Graf Sich vom Hofnarr unterhalten. Der Narr jonglierte mit drei Bällen, wodurch der König sich zu einem Wettkampf inspirieren ließ. „Wer die meisten Bälle halten kann, ohne dass sie die Erde berühren, dem will ich einen Wunsch erfüllen. Jeder in diesem Raum sei aufgerufen, sich hier zu versuchen."

Der König ließ einen großen runden Tisch mit Hundert Bällen auf einem seidenen Tuch bereitstellen.

Fürst Jeder hatte Vertrauen in sein Geschick. Er jonglierte mit gar vier Bällen, doch beim fünften fiel einer zu Boden.

Baron Für war der Zweite. Trotz seiner riesigen Hände, groß wie die Pranken eines Bären, konnte er nur insgesamt fünf Bälle halten. Der sechste Ball entglitt ihm und fiel ebenso zu Boden.

Graf Sich versuchte eine List und stopfte Bälle in seine Kleidung; drei in seine Beinkleider, drei unter sein Wams und zwei nahm er in seine Hände. Gerade in diesem Moment purzelte ein Ball aus seiner Hose und fiel auch zu Boden.

Die drei Diener der Herren, der erste mit Namen Mit, der zweite namens Ein und der dritte, genannt Ander, lächelten sich gegenseitig an. Sie kannten sich seit Längerem gut.

Zusammen stellten sie sich in Form eines Dreiecks an den runden Tisch. Jeder von ihnen ergriff eine Seite des Tuches. Dann hoben sie es zeitgleich mit allen Bällen darauf vorsichtig an. In der Mitte des Tuches bildete sich eine Mulde, kein Ball fiel zu Boden.

Erstaunt und amüsiert erhob sich der König und sprach voller Begeisterung: „Brilliant! Das konntet nur ihr zusammen lösen: Mit, Ein, Ander. Nun sprecht, was ist euer Wunsch?"

„Eure Hoheit, wir wünschen uns ein Festmahl, an dem alle mitein-ander feiern."
Der König lächelte und ließ ein Fest ausrichten, welches noch Generationen in Erinnerung blieb.

Simon Bader
Berufsschule IV, Klasse BM-10B

Miteinander in der Corona-Zeit

Für mich hat Corona gute und schlechte Zeiten.
Zuerst erzähle ich euch über meine guten Zeiten in der CoronaZeit. Ich habe Glück, dass ich beim Homeschooling nie alleine zuhause bin. Meine beiden großen Brüder und meine Mama sind immer für mich da. Es ist schön, jeden Tag meine Klasse und meine Lehrer über Teams zu sehen. Durch Corona ist mein Papa öfter zuhause und deswegen hat er mehr Zeit, mit mir zu spielen. Seit Weihnachten spielen meine Brüder und ich jeden Tag miteinander Dart. Jetzt essen wir dreimal täglich zusammen und vorher war es nur zweimal täglich. Ich finde es gut, dass wir jetzt öfters gemeinsam essen und Zeit miteinander verbringen.
Als Nächstes erzähle ich euch über meine schlechten Zeiten. Ich finde es traurig, dass man zu allen Menschen Abstand halten muss. Es ist nicht angenehm, überall Mundschutz zu tragen. Durch Corona konnte ich nicht in den Urlaub fahren, nicht in den Freizeitpark gehen und mich nicht mit Freunden und Verwandten treffen. Ich vermisse das alles sehr. Wegen Corona darf ich nicht mehr in die Schule gehen und verpasse dadurch viele schöne Sachen (Ausflüge, LPTs, Wochenabschlüsse und die gesunde Pause).
Miteinander schaffen wir es, Corona zu bekämpfen, um bald wieder gemeinsam, etwas SCHÖNES zu erleben.

Simon Wagner
Lichtenstein-Rother-Grundschule, Klasse 3

Miteinander

Plitsch, platsch! Regentropfen klatschen gegen die vergitterte Fensterscheibe. Luke sitzt in seiner kleinen, ungemütlichen Zelle. Er ist in Untersuchungshaft. Das kam so:
Luke saß auf einer Parkbank und wartete auf Jo. Plötzlich tippte ihm jemand von hinten auf die Schulter. Luke zuckte zusammen. „Ha, du hast dich aber

ganz schön erschreckt!" Es war Jo. „Jo! Na endlich!", rief Luke. „In der Innenstadt ist heute viel los. Perfekt für uns!", flüsterte Jo. Zuerst schlenderten sie
unauffällig durch die Straßen zur Fußgängerzone. Dort trennten sie sich und
Jo rempelte absichtlich einen Herren im feinen Anzug an. „He, passen sie
doch auf!", rief er empört. Während Jo sich ausdrücklich entschuldigte,
machte Luke sich an den Anzugtaschen zu schaffen - und wirklich: Der
Mann hatte ein prall gefülltes Portemonnaie bei sich. Luke nahm schnell die
Geldscheine heraus und stopfte den Geldbeutel zurück. Dann nickte er Jo
unauffällig zu und tauchte in der Menge unter. Ein wenig später kam Jo ihm
dann nach. „Und - hat es geklappt?", wollte Jo wissen. „Das war ein voller
Erfolg, mindestens 200 Euro hatte der dabei!", freute sich Luke. Eine Weile
liefen die beiden nebeneinander her und hielten nach neuen Opfern Ausschau. „Die Dame dort mit dem riesigen Hut, die nehmen wir!", sagte Luke.
„Alles klar!" Jo ging auf sie zu und fragte: „Hallo, wissen sie vielleicht, wo der
nächste Supermarkt ist?" Die Frau schaute auf. Luke konnte Jos Entsetzten
sehen. Sie machte ihr geheimes Abbruch-Zeichen. Doch das sah Luke nicht
mehr, er war zu sehr damit beschäftigt, unauffällig in ihrer Handtasche nach
Geld zu suchen. „Ah, Jo Nitt, Sie sind das! Ich habe hier auch noch was für Sie
in meiner Handtasche!", sagte die Frau erfreut. „Aber sagen Sie mal, Sie
kennen sich hier doch aus. Wieso fragen Sie mich dann nach dem Weg zum
nächsten Supermarkt?" Luke wich erschrocken zurück, doch dabei stieß er
gegen eine Mülltonne. Polternd fiel sie um und ihr ganzer Inhalt verteilte
sich auf dem Boden. Blitzartig drehte sich die Frau um. „Halt! Waren Sie
gerade an meiner Tasche?", schrie sie. Sie suchte in ihrer Tasche nach dem
Geld. Doch es war weg! „Taschendiebe! Der Mann dort ist ein Dieb! Polizei!
HILFE!!!" Sofort hielt ein Mann Luke fest. Ein anderer rief die Polizei. Im Ge-
tümmel sah Luke Jo, die sich heimlich aus dem Staub machte. Die Polizei war
sofort da und nahm Luke mit.

Nun sitzt Luke in seiner Zelle. Er hätte sich so etwas nie träumen lassen.
Jo und er waren die besten Taschendiebe überhaupt (in seinen Augen).
Doch ganz verloren war er noch nicht. Da gab es ja noch Jo!

Johanna Paul
Gymnasium bei St. Anna, Klasse 5c

Rettung durch ‚Miteinander'

Hallo, ich bin Felix, ein neugieriges und schlaues Kind. Ich weiß sehr viel,
aber eine Sache bereitete mir schon immer Kopfzerbrechen: das Miteinander. Andauernd sagten die Erwachsenen, ich solle es mit Miteinander

versuchen, aber was ist Miteinander? Wenn ich die Erwachsenen fragte, sagten die nur: „Finde es selbst heraus!"

Ich habe mich wirklich bemüht, es herauszufinden, aber ich habe es nie geschafft. Wisst ihr es? Was sagt ihr? Nein? Könnt ihr mir vielleicht dabei helfen? Ja? Super, fangen wir gleich damit an!

Ach, Mist, ich muss zur Schule! Kommt ihr mit? Na dann! In der Schule ist es immer langweilig. Ich habe einen Einzelplatz und sitze in der ersten Reihe! Aber heute war es toll, wir hatten Sport.

„Schneller!", schrie die Sportlehrerin. „Haltet zusammen! Ihr seid ein Team!" Da hatte ich eine Idee, was das Miteinander bedeuten könnte. Wir waren miteinander zusammen, wir waren ein Team!

Als Nächstes spielten wir Tauziehen. Da bemerkte ich, dass einer allein es niemals schaffen würde zu gewinnen und wenn einer nicht richtig mitmachte, funktionierte es auch nicht gut und zusammen machte es einfach mehr Spaß.

Vielleicht war das ja auch das Miteinander. Oder beides. Als ich nach Hause ging, sah ich die Leute, die miteinander den Müll aufsammelten. Ich fragte: „Wieso lacht ihr? Müll aufsammeln macht doch keinen Spaß!"

„Doch, wenn wir es miteinander tun, macht es viel mehr Spaß und es geht schneller", sagte ein Mädchen.

„Toll!", sagte ich und meinte es auch so. Ich half ein bisschen mit, bis ich nach Hause musste. Am nächsten Tag war Wochenende! Yeah! Ich liebe Wochenenden! Da gibt es keine Schule, die mich unfassbar nervt, und ich kann machen, was ich will.

Ich wollte zum Fluss gehen, um dort ein bisschen zu spielen. Plötzlich sah ich einen kleinen Jungen im Wasser: Er hielt sich verzweifelt an einem Ast fest und konnte noch nicht schwimmen!

Ich versuchte ihn hochzuziehen, doch alleine schaffte ich es einfach nicht. Meine Arme waren zu kurz und ich hatte nicht genug Kraft. Mich überkam große Panik, mein Herz schlug mir bis zum Hals! Ich war einfach nicht stark genug! Da rutschte das Kind vom Ast ab und tauchte unter. Mir stockte der Atem. Aber da brach der Kopf des Kleinen wieder an die Oberfläche und er verhedderte sich mit dem T-Shirt an einer Wurzel.

„Ich muss Hilfe holen!", dachte ich laut. „Halt durch!", schrie ich dem verzweifelten, strampelnden Kind zu. Ich rannte so schnell ich konnte zum Spielplatz, denn dort sind immer viele Kinder.

Zusammen rasten wir zum Fluss und bildeten eine lange Kette. Wir holten miteinander den Kleinen aus dem Fluss heraus. Es war ein tolles Gefühl, als wir ihn zusammen retteten.

War das das Miteinander? Da ging mir ein Licht auf: Miteinander bedeutet, ein Team zu sein und etwas zusammen zu schaffen.

Anna-Laura Watson, Lilli Engelmaier und Jule Korber
Montessorischule Augsburg, Klasse 4 und 5

Die Beschützer des Lichtes

Die Geschichte handelt von zwei Geschwistern, die die Welt des Lichts retten, in der Magie und Fabelwesen existieren. Die zwei sind aber nur Menschen - wie sollen sie das machen? Oder ist da doch etwas Besonders an ihnen, von dem sie nichts ahnen? Schaffen sie es zusammen, die Welt zu retten, oder zerbrechen sie an der Last, die auf ihren Schultern liegt?

Kapitel 1: Der Neue

„Alles Gute zum 25. Geburtstag, Scorpia", sagt Mirabella, die ein Jahr älter ist, in einem freundlichen Ton. „Wie hast du geschlafen?" Scorpia gähnt verschlafen. „Ja, Morgen, ich habe super geschlafen . . . Oh, ist das Bananenkuchen?", stellt Scorpia glücklich fest. „Ja ist es, ich weiß ja, dass du ihn magst, und jetzt komm schon, puste die Kerzen aus und dann wird Kuchen gegessen!", sagt Mirabella in einem glücklichen Ton. „Ich mach ja schon!" Scorpia pustet die Kerzen aus und dann genießen die zwei zusammen den Kuchen! „Oh, so ein Mist, ich muss los, sonst komme ich zu spät zur Arbeit!", stellt Scorpia entsetzt fest. „Ja, ich muss auch gleich los, also bis heute Abend, Scorpia, pass gut auf dich auf!" – „ Ja, mache ich!" Und schon ist Scorpia aus der Tür und Mirabella schaut ihr noch eine Weile hinterher. ‚Sie muss immer in letzer Minute los - ob sie das irgendwann noch lernt? Deshalb wird sie noch irgendwann mal rausgeschmissen, wenn sie jeden Tag fast zu spät kommt', überlegt Mirabella besorgt.

Unterwegs denkt Scorpia: ‚Ich sollte endlich lernen, pünklich von zuhause weg zu gehen, irgendwann komme ich nicht mehr gerade so pünklich zur Arbeit und dann gibt es sicher eine Abmahnung.'

Später bei der Arbeit: ‚Mist, jetzt bin ich fünf Minuten zu spät', denkt Scorpia. ‚Heute wird mein Chef mich schon nicht bestrafen, das hoffe ich zumindest - ich habe ja heute Geburtstag.'

„Ah, Scorpia, da sind Sie ja endlich!" - ‚Oh, Mist, das ist der Boss!!!' - „Ähm, guten Morgen, Chef, was brauchen Sie denn?", fragt Scorpia in so einem so freudlichen Ton wie möglich.

„Haben Sie es vergessen? Heute kommt der Neue und Sie sollen sich um ihn kümmern!" - „Was, ich? Und wieso ich genau, wenn ich fragen darf?" – „Weil Sie eine der Besten in diesem Job sind, obwohl sie fast immer zu spät sind", sagt der Chef in strengem Ton. ‚Na super, jetzt muss ich mich mit dem Neuen auch noch rumschlagen und das an meinem Geburtstag - einfach toll!', denkt Scorpia frustriert. „Hallo, Scorpia, haben Sie mich verstanden?" – „Was, äh, ja hab ich, keine Sorge, ich kümmere mich um den Neuen!", versprach Scorpia und hastete auch gleich los. „Hey, warten Sie, er wartet im Pausenraum." – „Oh, danke, ich gehe sofort da hin. Bis dann!" – „Ja, gut, bis dann!" Ihr Chef schaut ihr schmunzelnd hinterher. ‚Ach, Scorpia ist immer gestresst und hat keine Ahnung, dass das ihre Bestrafung fürs Zuspätkommen ist', denkt ihr Chef amüsiert. Scorpia ist eine Erfinderin, wodurch sie viele Projekte hat und deswegen viele Überstunden macht. Die Tür öffnet sich und Scorpia eilt in den Pausenraum hinein. „Sorry wegen der Verspätung!", sagt Scorpia, „ich, äh . . ." Scorpia hält inne und sieht dem Neuen in die Augen. ‚Er dürfte in meinem Alter sein und er sieht ja richtig gut aus', denkt Scorpia für sich. „Hallo, Frau Star, geht es Ihnen gut? Sie wirken so abgelenkt", fragt der gutaussehende Femde. „Äh, ja, mir geht es gut, sorry, war kurz in Gedanken versunken. Ach, du kannst mich Scorpia nennen, wir sind ja, glaube ich, im gleichen Alter, sonst fühle ich mich so alt." – „Ok, Scorpia, mein Name ist Sebastian Hunter. Freut mich, dich kennenzulernen."

„Äh, ja, auf gute Zusammenarbeit!" Scorpia hält ihm die Hand hin. Als er sie ergreift, sagt er auf einmal ganz leise, dass sie es fast nicht verstanden hat: „Ich habe sie endlich gefunden." – „Was hast du gesagt?", fragt Scorpia nach. „Ach, nix, ich hab nur laut gedacht", sagt er. „Okay, komm, ich zeige dir jetzt, wo du ab jetzt arbeitest und wie alles funktioniert", sagt Scorpia freundlich, obwohl sie darüber nachdenkt, warum er so etwas gesagt hat: Was hat er gefunden?

Kapitel 2: Der Fremde

Am Abend. „Puh, bin ich fertig!", sagt Scorpia mit einem langen Seufzer. „Danke, dass du mir alles gezeigt hast, wo was ist, wie alles funktioniert und an was sie zur Zeit arbeiten", sagt Sebastian in einem freundlichen Ton. „Ok, also ab morgen musst du alleine zurechtkommen!" Scorpia schaut auf die Uhr: „Oh, Mist, heute wollte ich doch das Abendessen machen, Mist, ich muss los, also dann bis morgen!" – „Okay, bis morgen, Frau . . . äh Scorpia, hat mich gefreut, dich kennenzulernen." – „Ja, bis morgen, Sebastian!", lacht Scorpia und schon ist sie aus der Tür gegangen. ‚Nun hab ich es endlich gefunden, das Licht, das unsere Welt retten kann . . .'

Scorpia eilt nach Hause. ‚Puh, bin ich fertig! Noch fünf Minuten, bis ich zu Hause bin . . . Ich habe irgendwie ein ungutes Gefühl, als würde mich jemand verfolgen, aber wer? Ich sehe niemanden, ich habe es mir wahrscheinlich nur eingebildet, oder?' Scorpia schaut sich um, aber endeckt nichts. ‚Mann, ich sollte aufhören, Horrorgeschichten anzuhören; das macht mich ja noch ängstlicher, da ich eh schon Angst vor der Dunkelheit habe. Ich sollte mich beeilen.' Zu Hause angekommen, richtet sie das Essen her. Eine Stunde später kommt Mirabella nach Hause. „Ich bin wieder zu Hause, Scorpia!", sagt Mirabella. „Hi, Mirabella, wie war's bei der Arbeit? Ist heute alles so gelaufen, wie du es wolltest?" – „Ja, und bei dir?" - „Na, was soll ich sagen? Wir haben heute einen neuen Kollegen bekommen . . .", sagt Scorpia nachdenklich. „Und wie ist er so?", fragt Mirabella neugierig. „Hm . . . weiß nicht." - „Ach, komm schon, ist es ein Junge oder ein Mädchen? Und wie alt und wie groß und . . .?" – „STOP!", stoppt Scorpia ihre Schwester. „Es ist ein Er und ungefähr in unserem Alter und er ist ein bisschen größer als ich." – „Und wie sieht er denn aus?", fragt Mirabella. „Äh, nein, er . . . na gut, er sieht gut aus und nein, ich weiß nicht, ob er Single ist." – „Oh, schade!", sagt Mirabella enttäuscht. „Komm, mach jetzt nicht so ein Gesicht, lass uns jetzt essen, bevor es kalt wird!" Plötzlich klingelt es an der Tür. „Wer kommt denn zu so später Stunde noch zu Besuch?", fragt Scorpia ein wenig änstlich. „Ach, komm, Angsthase, finden wir es raus!", sagt Mirabella. „Ok, aber du gehst vor!" Mirabella geht an die Tür und macht sie auf. „Ja, wie kann ich Ihnen weiter helfen?", fragt Mirabella den Fremden. „Ähm, sind Sie Familie Star?" – „Ja, was wollen Sie?" – „Können wir das drinnen besprechen?", fragt der Fremde, während er sich immer wieder umschaut, als hatte er Angst, verfolgt zu werden. Mirabella schaut zu Scorpia, die den Kopf schüttelt. Sie hat Angst, dass er nichts Gutes will. „Nein, Sie können es hier sagen", sagt Mirabella in einem ernsten Ton. „Ok, Sie wollten es ja nicht anders!", sagt der Fremde und packt Mirabella am Arm. „Sie kommen mit mir mit, und zwar alle beide!", sagt er, während er eine Waffe aus der Tasche holt und den beiden zeigt.

Kapitel 3: Die Rettung

„Bitte lassen Sie uns in Ruhe, wir haben nichts gemacht und haben auch nichts Wertvolles, was Sie interessieren könnte!", sagt Mirabella. Der Fremde lacht nur. „Von wegen, ihr habt sehr wohl etwas, was wir brauchen!" Die beiden Geschwister nehmen sich in den Arm. „Keine Angst, wir bleiben zusammmen, egal, was passiert!", sagt Mirabella in einem ängstlichen Ton. „Lass sie los, Jack!", ruft ein Fremder, der im Schatten seht. Scorpia kommt die Stimme bekannt vor und sie fragt sich deshalb: ‚Woher kennt sie nur den Fremden, der anscheinend ihren Entführer kennt?' – „Du lässt dich immer in den ungünstigsten Momenten blicken, weiß du das, Sebastian?" Sebastian, der Neue - was hat er hier zu suchen und warum kennt er ihn? „Ja, ich weiß, das mache ich auch mit Absicht und jetzt lass sie gehen, du weißt, dass du keine Chance hast, bis jetzt hast du jedes Mal verloren!" Sebastian sagt das, während er aus dem Schatten tritt. „Das werden wir noch sehen! Ich habe meine Magie verstärken lassen", sagt Jack, während er einen Edelstein aus seiner Tasche holt. „Und jetzt stirb, Sebastian!" Plötzlich kommt aus dem Edelstein ein leuchtender Strahl, der auf Sebastian gerichtet ist und ihn trifft . . . „Sebastian! NEIN!!! Sie Monster, wieso musste er sterben?", fragt Scorpia voller Wut. Obwohl sie ihn nicht lange kannte, hat er so einen Tod nicht verdient, obwohl sie keine Ahnung hat, was gerade passiert ist. Und durch den ganzen Rauch kann man Sebastian auch nicht mehr sehen. „Oh, Jack, hast du vergessen, dass das bei mir nicht funktioniert?" Der Rauch lichtet sich - und da steht Sebastian ohne auch nur einen sichtbaren Kratzer. „Und jetzt bin ich dran!" Sebastian hebt seine Hand und fängt an, grün zu leuchten. Ja richtig gehört, er leuchtet und zwar grün, aber wie, warum . . .? Und dann fing die Erde an zu beben und Pflanzen kamen aus dem Boden und fesselten unseren Entführer. „Ach, nö, das hätte ich echt kommen sehen müssen, das machst du jedes Mal, wird es dir nicht irgendwann zu langweilig?", sagt Jack genervt. „Nö, wird es nicht, da du immer darauf rein fällst", sagt Sebastian, während er Jack auslacht. Und mit einer weiteren Bewegung von Sebastian ist Jack verschwunden. „Sebastian, was war das eben? Warum wollte er uns entführen und warum hast du grün geleuchtet?", fragt Scorpia verwirrt. „Ganz ruhig, Scorpia, ich werde euch beiden alles später erklären, aber zuerst müssen wir hier weg. Gebt mir bitte eure Hände!" Scorpia und Mirabella sehen sich an und beide nicken sich zu: Sie geben Sebastian die Hände und verschwinden. Ein Nachbar kommt heraus - was war das für ein Krach? - und schaut sich um. Hier ist ja nichts. Die Straße, die durch die Pflanzen zerstört wurde, ist wieder ganz. Als wäre hier nichts passiert. Scorpia öffnet ihre Augen und sieht ein fliegendes Schloss am Himmel.

Kapitel 4: Das Königreich des Lichts
„Wo sind wir hier?", fragt Scorpia, während sie sich umschaut. „Wir sind im Königreich des Lichtes, wo es Magie wirklich gibt und wir sie benutzen können." – „WAS? MAGIE!?", sagt Mirabella. „Ja, das, was ich in eurer

Welt gemacht habe, war Magie", sagt Sebastian freundlich. „WOW, wie cool, aber warte mal, warum sind wir überhaupt hier?", fragt Scorpia vewundert nach. Ich sage es jetzt einfach gerade heraus: Laut einer Prophezeiung soll uns ein Geschwisterpaar vor der Finsternis retten, die uns vernichten will, und ihr seid die Auserwählten. Werdet ihr uns helfen?", fragt Sebastian in einem ernsten Ton. „Ja, klar helfen wir euch, aber du weißt schon, dass wir nur zwei normale Menschen sind. Wir können nichts gegen die Mächte der Finsternis tun oder wie ihr es auch nennt, tut mir leid, aber wir können euch nicht helfen", sagt Mirabella mit ernster Stimme. „Aber Schwester . . .", will Scorpia gerade sagen, jedoch Mirabella unterbricht sie. „Du weißt dass es simmt, wir sind nur Menschen. Was sollen wir schon ausrichten?" - „Ich weiß, du hast recht, aber irgendeinen Grund muss es doch geben, das sie uns angegriffen haben!", sagt Scorpia nachdenklich. „Ich weiß, es ist viel, was ihr verstehen müsst, aber ihr müsst euch zuerst anhören, was unsere Königin euch zu sagen hat, und dann könnt ihr ja immer noch in eure Welt zurückgehen." – „Einverstanden! Wir hören uns an, was die Königin zu sagen hat!", sagt Scorpia. „Aber Scorpia . . ." – „Mirabella, lass uns doch anhören, was sie sagen will! Ein paar Minuten länger hier sind doch nicht schlimm, oder?" – „Nein, du hast ja recht, wir kommen mit." – „Ok, dann folgt mir! Ich bringe euch zur Königin." Eine Weile später, nachdem sie das Schloss betreten hatten, stehen sie der Königin gegenüber. „Schön, Sie endlich persönlich zu treffen! Mein Name ist Stella, Königin des Lichtreiches", sagt die Königin. „Die Freude ist ganz meinerseits. Ich bin Scorpia und das ist meine ältere Schwester Mirabella", erwidert Scorpia. „Sebastian hat uns gesagt, dass Sie unsere Fragen beantworten können."

Als Scorpia fertig ist, steht die Königin auf und bittet die zwei, dass sie ihr folgen sollen in einen Raum, wo sie ungestört reden können. Als sie in den Raum getreten sind und Platz genommen haben, serviert ein Diener den Tee. Als der Diener den Raum verlassen hat, schaut die Königin die zwei Gäste erwatungsvoll an und fragt sie höflich: „Was für Fragen habt ihr denn jetzt?" – „Wir haben eigentlich nur zwei Fragen: Warum sind wir hier und was wollen die Mächte der Finsternis von uns?", sagt Miranbella genervt. „Und was sollen wir gegen die Mächte der Finsternis ausrichten - wir sind doch nur ganz normale Menschen, die nichts mit Magie zu tun haben", fügt Scorpia hinzu. Die Königin hört aufmerksam zu und als sie aus dem Fenster schaut, fällt ihr auf, dass es schon sehr spät ist. Ich beantworte euch die vielen Fragen morgen, da es jetzt schon so spät ist und ihr warscheinlich von der ganzen Aufregung und den heutigen

Ereignissen ziemlich müde seid. Deshalb ist es am besten, ihr ruht euch erst einmal aus, damit ich euch morgen alles genau erklären kann", fährt die Königin fort. Die Königin ruft einen Diener zu sich, der die zwei Geschwister in ihre Schlafgemache bringt. Dort finden die beiden ein schönes großes Bett vor, auf dem für jeden ein Nachtgewand hergerichtet ist, das sie sich sofort anziehen. Als sie ins Bett gehen, merken sie erst jetzt, wie müde sie doch sind, und schlafen sofort ein.

Kapitel 5: Die Prophezeiung
Am nächsten Morgen ruft die Königen die zwei Geschwister zu sich. „Guten Morgen, Scorpia und Mirabella, ich hoffe, ihr hattet eine angenehme Nacht hier bei uns?", fragt die Königin in einem höflichen Ton. „Ja, danke, Eure Hoheit, wir haben gut geschlafen", sagt Scorpia. „Stella - nennt mich ruhig Stella", sagt die Königin freundlich. „Also werden Sie uns jetzt die Fragen beantworten?", fragt Mirabella. „Ja, das werde ich, ich überlege nur, wie ich es am besten sagen soll. Ich fange am besten ganz am Anfang an, damit ihr es verstehen könnt: Es begann mit einem Jungen, der die Kraft des Lichtes nicht benutzen konnte, deshalb wurde er gemobbt. Aber er fand es nicht so schlimm, da seine Freundin für ihn da war und in liebte, so wie er war. Aber seine Freundin konnte dagegen die Kraft am besten kontrollieren, sie war eine der mächtigsten Zauberinnen, die es gab, und so gab sie ihm ein Versprechen, dass sie ihn beschützen würde. Aber eines Tages hielt der Junge es nicht mehr aus, dass er der Einzige war, der die Kraft nicht besaß, und brach so das schlimmste Verbot, das es gab, und ging zu der Höhle der Finsternis, in der die Finsternis vor vielen Jahren eingesperrt wurde. Er hat die Höhle betreten und so das Siegel gebrochen und einen Vertrag mit der Finsternis geschlossen. Dieser Junge ist jetzt der König der Finsternis, König Sky, und mein ehemaliger Geliebter und Sebastians Vater", erzählt die Königin niedergeschlagen. „Wartet, habe ich das jetzt richtig verstanden? Sie waren seine Geliebte und er ist der Vater von Sebastian? Heißt das etwa, dass Sebastian Ihr Sohn ist?", stellt Scorpia schockiert fest. „Ja, er ist mein Sohn. Hat er das nicht erwähnt?", fragt die Königin verwundert. „Äh, nein!", sagt Mirabella. „Aber was haben wir jetzt damit zu tun?", fragt Scorpia. „Nachdem das alles passiert ist, haben wir das Orakel befragt: Es hat uns prophezeit, dass zwei Schwestern die Kraft besitzen, um die Finsternis zu besiegen und so die Welt des Lichtes zu retten", sagt die Königin. „Und wie kommt Ihr jetzt darauf, dass wir es sind, die ihr braucht?", fragt Mirabella nach. „Die Prophezeiung sagt: Wenn die

jüngere Schwester 25 Jahre alt wird, kann man sie an ihrer Seele erkennen", sagt die Königin. „Wie - unsere Seelen? Wie sollen sie sich bitte von den Seelen der anderen Menschen unterscheiden?", fragt Scorpia nachdenklich. „Die Seelen eines jeden Lebewesens unterscheidet sich von der des anderen und eure Seelen sind ganz besondere." – „Was soll das bedeuten? Was ist anders an unseren Seelen?", fragt Mirabella. „Wie soll ich es euch am besten sagen? Ihr seid die Wiedergeburten von den ersten Beschützern des Lichtes, die vor langer Zeit gelebt haben. Sie waren wie ihr zwei Schwestern. Sie haben aber ihr Leben geopfert, um die Finsternis zu besiegen", erzählt die Königin. „Heißt das, wir müssen sterben, um eure Welt zu retten?", stellt Mirabella entsetzt fest.

Kapitel 6: Die Entscheidung

„Nein, ihr müsst nicht sterben, ihr seid stärker als eure früheren Ichs. Ihr habt all die Jahre eure Kräfte gesammelt, um die Finsternis zu vernichten. Ihr muss nur an euch glauben", sagt die Königin. „Wie sollen wir an uns glauben, wenn unser ganzes Leben eine Lüge ist? Wir haben schon mal gelebt und sind wieder geboren worden und sollen die Finsternis besiegen, aber wie? Wir wissen nichts mehr von einem vorherigen Leben oder wie wir unsere Kraft einsetzen können, wir wissen nicht einmal, wer wir sind!", sagt Mirabella verzweifelt. „Nein, das ist nicht wahr! Ihr seid immer noch die zwei Geschwister Mirabella und Scorpia", sagt Sebastian, der grade herein kommt. „Ihr kennt uns gar nicht und ihr wisst nicht, wie sich das anfühlt. Ich möchte einfach wieder in meine Welt und das Leben führen, das ich hatte, bevor ihr in unserem Leben aufgetaucht seid, und all das hier vergessen!", sagt Mirabella verzweifelt. „Ich kann das verstehen, aber ihr seid unsere letzte Hoffnung! Wenn ihr jetzt geht, ist alles verloren!", sagt die Königin traurig. „Es ist nicht unser Problem! Bitte bringen Sie uns einfach nach Hause!", sagt Mirabella. „Ok, ich kann euch ja nicht zwingen, uns zu helfen. Sebastian bringt euch nach Hause", sagt die Königin niedergeschlagen. „Aber meine Königin . . .", fängt Sebastian an. „Sebastian, bitte mach einfach, worum ich dich gebeten habe!", sagt die Königin. „Jawohl, wie Sie befehlen! Kommt, folgt mir, ich bringe euch in eure Welt." – „Sebastian, es tut mir so leid, dass wir euch nicht helfen können", sagt Scorpia traurig. „Ist schon gut, irgendwie kann ich das ja auch nachvollziehen", sagt Sebastian. Plötzlich hören die drei einen lauten Knall und dann fängt auch die Erde an zu beben, als ob es grade eine Explosion gegeben habe. Als sie sich umdrehen, sehen sie, wie das ganze Dorf in Flammen steht und wie das ganze Volk vor Angst und Verzweiflung panisch versucht, den Flammen zu entkommen. „Was war das?", fragt Scorpia erschrocken. „Das ist die Finsternis. Sie geifen jetzt an. Ich muss das Volk in Sicherheit bringen!", sagt Sebastian. „Wir helfen dir. Wir können vielleicht nicht zaubern, aber wir können dir helfen, die Leute in Sicherheit zu bringen", sagt Scorpia entschlossen. „Aber Scorpia!", will Mirabella gerade anfangen, aber Scorpia unterbricht sie: „Nein, Mirabella, ich weiß, du bist immer die Vernünftige von uns beiden, aber wir müssen ihnen helfen, sie haben an uns gelaubt und wir rennen jetzt nicht davon. Wir sind vielleicht die letzte Hoffnung, die sie haben!", sagt Scorpia mit voller Überzeugung. „Die Einstellung gefällt mir!", sagt Sebastian, während die drei zu den Bewohnern rennen, um diese in Sicherheit zu bringen.

„Mein König, Sebastian und die zwei Schwesten helfen, das Volk zu evakuieren", berichtet Jack. „Gut, sie haben Angst und verstecken sich. Was ist mit ihrer Königin?", fragt König Sky. „Sie ist immer noch im Schloss und bereitet sich auf den Angriff vor", sagt Jack. „Du kannst nun gehen, Jack, bereite alles vor, wie ich es dir erklärt habe." Jack verbeugt sich und geht. „Keine Angst, Stella, bald werden wir wieder eine Familie sein!", sagt König Sky leise.

„Meine Königin, wir müssen Euch in Sicherheit bringen!", sagt Sebastian. „Sebastian, du sollst doch die zwei Schwestern in ihre Welt bringen!", sagt die Königin. „Ja, aber wir können euch nicht im Stich lassen; vielleicht sind wir nicht die, für die ihr uns haltet, aber wir können helfen", sagt Scorpia. „Ich gebe da meiner Schwester recht, es tut mir leid, dass ich vorhin so gemein war. Ich hatte Angst um eine Schwester und wusste nicht, nachdem ich das alles erfahren habe, was ich tun soll, aber meine Schwester hat mir die Augen geöffnet. Wir können nicht tatenlos zuschauen, wie ihr alle vernichtet werdet, ohne ein schlechtes Gewissen zu haben. Darum lasst uns euch helfen", sagt Mirabella. „Ich danke euch, dass ihr uns helfen wollt, obwohl ihr Angst habt, aber ich glaube an euch. Nein, wir alle glauben an euch und stehen hinter euch!", sagt die Königin voller Hoffnung. Plötzlich geht die Tür auf und eine Wache eilt außer Atmen in den Thronsaal. „Meine Königin, der König der Finsternis versucht in diesem Moment, in das Schloss einzudringen. Was sollen wir tun?", fragt die Wache panisch. „Meine Ritter, hört mir zu! Es könnte unsere letzte Schlacht zusammen sein, aber ich bin voller Hoffnung, dass wir diese Schlacht gewinnen, denn wir haben starke Verbündete, die uns helfen, den König der Finsternis zu besiegen, um ein für allemal den Kampf mit der Finsternis zu beenden", sagt die Königin. „Eure Majestät, wir haben nie an Ihnen gezweifelt und bleiben bis zum Tod an Ihrer Seite und beschützen Sie!", sagt der oberste Ritter des Lichts. „Ich danke euch, mein treuer Freund", sagt die Königin.

Die große Tür wird aus ihren Angeln gerissen. „Sella, ich bin wieder zu Hause, hast du mich vermisst? Ich habe dich nämlich vermisst", sagt der König der Finsternis. „Halte dich von unserer Königin fern!", sagen die Ritter. „Oh, ihr denkt, ihr habt eine Chance gegen mich - dass ich nicht lache!", sagt der König der Finsternis lachend. „Nein, sie nicht, aber ich!", sagt Sebastian, der sich vor die Ritter stellt. „Oh, denkst du, du kannst mich besiegen?", lacht der König. „Nein, ich muss dich nur lange genug aufhalten", sagt Sebastian. „Na, dann versuch es doch!", sagt der König, während er sein Schwert zieht. Sebastian greift den König der Finsternis an. „Er kann ihn nicht lange aufhalten; wir müssen uns einen Plan ausdenken, wie wir ihn besiegen können", sagt die Königin. „Mirabella, was sollen wir jetzt machen? Was können wir schon ausrichten? Es war ein Fehler zu denken, dass wir etwas ausrichten könnten, es tut mir leid", sagt Scorpia mit Verzweiflung in der Stimme. „Nein, Scorpia, du hattest recht, wir müssen helfen, dieses Land zu retten. Ich glaube an uns, Schwester, aber bitte verliere nicht die Hoffnung, sondern hilf mir, dieses Land zu retten! Ich weiß, ich hab dir nicht geglaubt, dass wir es schaffen, aber du hast nicht aufgehört, daran zu glauben, also bitte, Schwester, glaub jetzt an mich, denn ich glaube immer noch an dich!", sagt Mirabella voller Überzeugung. Scorpia lächelt. „Das hat aber lange gedauert, Schwester! Ich habe immer an uns geglaubt, ich wollte nur, dass du es auch endlich siehst, dass wir mehr können, als nur zuzuschauen. Wenn wir zusammenhalten, können wir alles schaffen", sagt Scorpia und hält ihre Hand zu ihrer Schwester hin. „Du hast mich getäuscht, um zu erreichen, dass ich anfange, an uns zu glauben. Das war hinterlistig von dir, Scorpia, aber du hast recht - zusammen schaffen wir alles!", sagt Mirabella und nimmt Scorpias Hand. Und plötzlich fangen sie an zu leuchten. Schwester, spürst du das?", fragt Scorpia. „Ja, Schwester, ich spüre es, aber was ist das?", fragt Mirabella. „Das ist die Macht des Lichts! Ihr habt es geschafft, eure alte Macht zurück zu erlangen, weil ihr zusammen gehalten habt. Ich bin stolz auf euch!", sagt die Königin voller Hoffnung. „Nein, zwar habt ihr es geschafft, die Macht zurück zu bekommen, aber das wird euch nicht viel bringen!", sagt der König der Finsternis und rammt sein Schwert in Sebastians Brust. „Nein, Sebastian!!!", schreit die Königin. „Sebastian!!!", schreit Scorpia voller Entsetzen. „Sky, wie konntest du nur deinen eigenen Sohn töten!", schreit die Königin vor Wut. Im Gesicht des Königs spiegelt sich weder Reue noch Trauer.

„Schwester, ich weiß, es tut weh, aber wir müssen für Sebastian weiter kämpfen und zwar zusammen, wie er es wollte." – „Ja, du hast recht, für Sebastian!", sagt Scorpia. Die beiden Geschwister heben gleichzeitig die Hand und sagen zusammen: „Mächte des Lichts, die uns erhören, helft uns, den Feind zu besiegen, um die Welt vor der Finsternis zu retten!" Nachdem sie das gesagt haben, fangen sie noch stärker an zu leuchten, sogar heller als jeder Stern. Der König der Finsternis schreit vor Schmerz auf und weicht ein paar Schritte zurück. „Nein, so darf es nicht enden! Wenn ich schon sterben muss, nehme ich euch mit, Königin Stella!" Der König der Finsternis rennt auf die Königin zu, aber die zwei Schwestern halten ihn auf. „Nein, du wirst niemanden mitnehmen, wenn wir es verhindern können! Jetzt, Schwester!!!", ruft Scorpia. Und beide schießen eine gewaltige Energie auf den König. Der ganze Raum wird durch ein immer heller werdendes Licht erhellt und die ganze Finsternis wird durch das Licht vernichtet. Sie haben es geschafft, die Finsternis zu vernichten, aber um welchen Preis? Sie haben Sebastian verloren. Er hat sein Leben für sein Land gegeben. Nachdem das Licht verschwunden ist, fragt Mirabella: „Ist es vorbei?" – „Ja, es ist vorbei!", sagt die Königin voller Schmerz. „Sebastian!", ruft Scorpia, die zu ihm rennt. „Nein, du darfst nicht sterben!", sagt Scorpia halb weinend. „Scorpia, danke, dass du mein Volk gerettet hast, ich konnte es leider nicht", sagt Sebastian mit letzter Kraft und streicht Scorpia eine Träne von der Wange. „Bitte weine nicht, ich möchte dich lieber lachen sehen, denn dadurch bist du viel schöner. Dann fällt Sebastians Hand zu Boden. „Er ist tot", sagt Scorpia traurig. Und plötzlich wird der Raum erhellt und aus dem Licht kommt eine Person. „Sky, du lebst - aber wie? Sie haben dich doch vernichtet", sagt die Königin schockiert, während sie zur ihrem Mann schaut. „Ja, es stimmt, sie haben den König der Finsternis besiegt, aber ich war nicht böse, sondern nur verzweifelt darüber, die Anforderungen eines König nicht zu erbringen, so dass ich mir Hilfe von der Finsternis holen wollte. Sie hat mich aber nur übernommen. Ich war all die Jahre nur eine Marionette für sie und ihr habt mich gerettet. Ich danke euch!", sagt Sky. „Scorpia, wenn wir den König der Finsternis retten konnten, können wir vielleicht Sebastian auch retten", sagt Mirabella, als sie auf Scorpia zugeht. „Du hast recht, zusammen schaffen wir alles, also dann versuchen wir es!", sagt Scorpia voller Hoffnung. Sie legen die Hände auf Sebastian und sprechen ganz leise Wörter aus, so dass man sie nicht verstehen kann. Auf einmal fängt Sebastian an zu leuchten. Nachdem das Leuchten aufgehört hat, halten alle inne. „Hat es funktioniert?", fragt die Königin nach. Auf einmal fängt Sebastian an zu husten. „Sebastian, du lebst!", sagt Scorpia und nimmt den verwirrend dreinblickenden Sebastian in den Arm. „Wie es aussieht, lebe ich noch, aber wie habt ihr das hinbekommen?", fragt Sebastian verwirrt. „Betriebsgeheimnis!", sagt Mirabella frech. „Ok, wir wissen es auch nicht, aber das ist doch egal; die Hauptsache ist, dass du noch lebst, Sebastian!", sagt Scorpia glücklich. „Ja, du hast recht! Ich danke dir, Scorpia, dass du mich gerettet hast", sagt Sebastian. „Hey, ich hab auch mitgeholfen!", sagt Mirabella beleidigt. „Ja, auch dir danke ich für deine Hilfe", sagt Sebastian. „Geht doch!", sagt Mirabella. „Sebastian, du lebst!", sagt die Königin überglücklich und nimmt den gerade aufgestandenen Sohn in dem Arm. „Ich bin so froh, dass du noch lebst, Sebastian!", sagt Sky. „Was, er lebt noch? Was genau habe ich in den paar Sekunden, in denen ich tot war, verpasst?", fragt Sebastian verwirrt. Nachdem sie Sebastian alles erklärt haben, nimmt sein Vater ihn in den Arm.

Am nächsten Tag, als gerade die Sonne aufgeht, stehen Sebastian und Scorpia an einer Klippe. „Und nochmals vielen Dank, dass du mein Land gerettet hast und mein Leben", sagt Sebastian. „Kein Problem, aber ich danke dir, dass du an uns geglaubt hast", sagt Scorpia. „Scorpia, ich wollte dich etwas fragen: Möchtest du nicht bei mir bleiben?", fragt Sebastian leicht verlegen. „Liebend gern, aber ich kann meine Schwester nicht alleine lassen", sagt Scorpia. „Das musst du nicht, ich bleibe auch hier", sagt Mirabella und kommt aus ihrem Versteck heraus. „Ich will euch Turteltauben ja nicht trennen! Aber eins noch, Sebastian: Wenn du sie unglücklich machst, mach ich dich kalt, verstanden?", sagt Mirabella mit ernster Stimme. „Das werde ich nicht, das verspreche ich dir!", sagt Sebastian. „Dann ist es ja gut!", sagt Mirabella mit einem Lachen auf dem Gesicht. „Was auch passiert, Schwester, wir bleiben zusammen, denn zusammen schaffen wir alles!", sagt Scorpia, während sie die beiden in den Arm nimmt. Und so sehen sich die drei zusammen den Sonnenaufgang an und erleben, wie der neue Tag beginnt.

Saskia Niederhofer
Balthasar-Neumann-Berufsbildungszentrum, Klasse Holz 10 C

Der Dachs und der Igel — eine kleine Reimgeschichte

Abends schlief der Wald in Ruhe.
Innen im Baumloch die Eule und die Schlange in der Truhe.
Nur Dachs und Igel, so ein Graus, rissen sich nachts die Haare aus.
Doch Igel fasste Mut.
Er fühlte sich stark.

Er fühlte sich gut!
„Jetzt ist mal Schluss mit dem ewigen Gestreit!
Viel besser wären wir doch zu zweit!"
sagte Igel und gab einer Nuss
einen Kuss.
Dachs sagte: „Einsam bin ich auch nicht gern"
und malte ein Bild in die Stern.
Igel fand das nett
und sang mit Dachs ein Duett.
Sie sangen immer wieder drein:
„Und anders sollte es nie mehr sein."
Die Treue verband sie von nun an zu zweit
und sie waren für immer miteinander vereint.

Amelie Haugwitz
Fröbel-Grundschule, Klasse 3b

miteinander ohne einander

Erinnerungen
schöne, unschöne
verbinden, verblassen, verdrängen
erinnern an alte Zeiten
Schmerz

Konstanze Ratchev
Holbein-Gymnasium, Q12

Miteinander

Miteinander. Miteinander lachen, tanzen, Freude haben. Abenteuer erleben und Prüfungen bestehen. Ich will alles mit dir erleben und dir zur Seite stehen.
Wissen, Erfahrenes und Familiengeschichten geb ich an dich weiter mit bestem Gewissen. Bitte lass uns immer miteinander reden und versuchen uns zu verstehen. Sei mutig, hab Ausdauer und schau nach vorn! Wir sind alle für dich da und drücken die Daumen, ist ja klar.
Ich hoffe, ich darf dich lang begleiten und dir meine Liebe zeigen. Du bist alles und noch mehr. Meine Tochter, ich liebe dich sehr.

Vered Peschke
Berufsschule IV, Klasse BM 12 b

MITEINANDER

Es ist toll zu wissen, dass jemand für dich da ist, wenn du Hilfe brauchst oder nicht arbeiten kannst. Dann hilft dir jemand. Miteinander bedeutet, dass wir zusammenhalten. Wir lassen zum Beispiel keinen im Stich. Jemand im Stich zu lassen, wäre sehr gemein. Außerdem wäre das kein Miteinander. Wir müssen auch in diesen Corona-Zeiten zusammenhalten und uns gegenseitig helfen, wenn etwas passiert ist. In meiner Klasse ist das WIR immer wichtig, an allen Orten und zu dieser Zeit. Das ist auch sehr schön. Es gibt einen tollen Spruch: UNSER WIR GELINGT NUR MIT DIR UND MIR! Wir bedeutet auch Miteinander. Wir sind miteinander ins Schullandheim gefahren. Das war genau vor einem Jahr. Die ganze Klasse war da. Meine Klasse und ich haben uns so gefreut, dass wir zusammen da waren. Wir waren wie eine Familie. Jeder hat dem anderen geholfen und war für ihn da. Das alles bedeutet MITEINANDER und ich hoffe, es wird immer so bleiben.

Cassandra Tudorache
Friedrich-Ebert-Grundschule, Klasse 4bgt

Was steckt hinter dem Wort „Miteinander"?

Das Wort „Miteinander" bringt mich erst einmal zum Nachdenken, denn es gibt auf der Welt viele positive, aber auch negative Bedeutungen, Aussagen, Beispiele und Vorstellungen dazu. Einige grandiose Aussagen sind zum Beispiel: Sich miteinander unterhalten, etwas miteinander erleben, miteinander befreundet sein usw. Es gibt traurigerweise auch schmerzhafte Aussagen, zum Beispiel: miteinander streiten, miteinander nicht auf einen Nenner kommen. Zur Zeit gibt es wegen der Corona-Pandemie ein riesiges Risiko, sich mit dem Virus anzustecken, wenn man sich ungeschützt mit Freundinnen trifft. Eine wichtige Sache darf man trotzdem nicht vergessen, und zwar, dass unsere Vorfahren nach dem Krieg miteinander hart gearbeitet haben, um alles wieder aufzubauen, was damals zerstört wurde, und deswegen sehen die Länder mittlerweile so ordentlich und wohnlich aus. Wenn wir jetzt zusammenstehen und alle vernünftig sind, werden wir es hoffentlich miteinander schaffen, Covid-19 zu besiegen, und nächstes Jahr wieder in die Schule gehen. Ich freue mich darauf!

Bianca Pavel
Mädchenrealschule St. Ursula, Klasse 6a

Miteinander

Gemeinsam gegen Krebs
Gemeinsam gegen Corona
Gemeinsam gegen Krankheiten
Gemeinsam gegen Menschenhandel
Gemeinsam gegen Krieg
Gemeinsam gegen Hungersnot
Gemeinsam gegen Mobbing
Gemeinsam gegen Menschenrechtsverletzung
Gemeinsam gegen häusliche Gewalt
Gemeinsam gegen Ungerechtigkeit
Miteinander gegen all diese Dinge, denn nichts hiervon ist gut! Tun wir also unser Bestes, um - so gut es geht - Menschen in schweren Situationen zu helfen oder einfach zu unterstützen! Keiner sucht es sich aus, in besagten Situationen zu sein.

Julia Walburger
Berufsfachschule für Sozialpflege, Klasse Soz11a

Miteinander ist alles einfach

„Durch den Online-Unterricht ist es schwieriger. Wir müssen zusammenhalten", sagte die Lehrerin.
Am Nachmittag, als ich meine Hausaufgaben fertig hatte, klingelte plötzlich das Telefon. Es war mein Freund.
Er fragte, wie er die Aufgaben im Piri-Buch machen müsse. Er war sehr aufgeregt und traurig. Ich beruhigte ihn und half ihm, so gut ich konnte. Er freute sich sehr, als ich es ihm erklärte. Er bedankte sich mehrmals.
Als er aufgelegt hatte, schrieb ich fröhlich in mein Tagebuch: „Gut dass ich meinem Freund helfen konnte. Es machte auch Spaß. Wir müssen eben zusammenhalten."

Ömer Yaman
Fröbel-Grundschule, Klasse 3a

Liebes Tagebuch,

Liebes Tagebuch,
heute war der vierte Tag im Schullandheim. Es fühlt sich einfach toll an, jeden Tag mit der ganzen Klasse zu verbringen und jeden so immer

besser kennenzulernen. Da ich ja ganz neu bin in der Klasse, bin ich noch eher schüchtern, doch meine Klassenkameraden machen mir es leicht, Anschluss zu finden. Als wir am ersten Tag zum Beispiel die Zimmeraufteilung ausgemacht haben, wurde ich gleich von zwei Mädchen angesprochen, ob ich mit ihnen in ein Zimmer gehen will. Mein Herz hatte vor Freude einen Hüpfer gemacht und jetzt bin ich mit ihnen in einem Zimmer und jeden Abend spielen wir zusammen ein Spiel. Die beiden haben nämlich eine ganze Spielesammlung dabei. Und so lernen wir uns alle viel besser kennen, denn langsam kommen immer mehr Mitschüler und wollen mitspielen. Wir sind alle ziemlich verschieden, trotzdem harmonieren wir gut miteinander und können über unsere Probleme reden. Mein derzeitiges Problem ist das Heimweh. Immer wenn ich länger von zu Hause weg bin, vermisse ich meine Familie. Als ich dann gestern Abend auch ewig nicht einschlafen konnte, kamen mir auch schon die Tränen. Die beiden Mädchen aus meinem Zimmer waren sofort wach und trösteten mich. Wir haben lange darüber gesprochen, bis mein Heimweh ganz weg war. Es war toll zu wissen, dass ich mit diesem Gefühl nicht allein bin.

Doch jetzt zum heutigen Tag. Wir standen schon sehr früh auf, denn den heutigen Tag wollten wir an einem Fluss verbringen und verschiedene Dinge mit Naturmaterialien bauen, wie zum Beispiel Steinmanderl, einen Staudamm oder ein ganz anderes Kunstwerk. Wir gingen den Wanderweg entlang und sangen „Ein Hut, ein Stock, ein Regenschirm und vorwärts, rückwärts, seitwärts, ran, Hacke, Spitze, hoch das Bein." Als wir schließlich am Fluss ankamen, lachten wir fast Tränen, so lustig war es, denn immer ist irgendjemand aus meiner Klasse drausgekommen und kam dann nicht mehr rein. Wir blieben den ganzen Tag an diesem Fluss und bauten und bauten. Am Schluss stellten wir uns gegenseitig die Kunstwerke vor und lernten, so finde ich, auch noch die künstlerischen Ansichten der anderen kennen. Als wir gerade zurücklaufen wollten, hörten wir plötzlich einen ängstlichen Schrei. Sonja, ein kleines zierliches Mädchen, war ins Wasser gefallen und paddelte nun hilflos mit den Armen. Vor lauter Schreck hatte sie einen Krampf in der Wade bekommen und schrie nun, so laut sie konnte. Wir mussten schnell handeln. Da die Strömung so stark war, hielten wir uns gegenseitig an den Armen fest, sodass unsere Lehrkraft sie herausholen konnte. Sie fror am ganzen Körper, doch sonst fehlte ihr nichts. Wir durchsuchten unsere Rucksäcke, um ihr etwas Trockenes zum Anziehen zu geben, und konnten dann schließlich alle trocken zurückwandern.

Wenn ich jetzt im Nachhinein darüber nachdenke, hatten wir alle ein großes Glück, dass nichts Schlimmeres passiert ist. Doch eines ist mir bewusst geworden: Wir sind immer füreinander da, wir helfen uns, wenn wir Hilfe brauchen, wir trösten uns, wenn wir traurig sind, wir hören einander zu, wenn uns jemand sein Herz ausschüttet, wir sind für uns gegenseitig wie ein Tank, an dem wir unsere Kraft auftanken können, wir akzeptieren uns, vertrauen uns und wir halten immer zusammen, wenn es brenzlig wird. Wir sind eine Gemeinschaft, wir ergänzen uns, wir sind ein Team und zusammen sind wir stärker als alles andere.

Lea Kroner
Mädchenrealschule St. Ursula, Klasse 8c

Miteinander Fußball spielen

An einem Samstag hatten wir ein Fußballturnier in der Halle gegen unterschiedliche Mannschaften. Ich bin mit meinem besten Freund Willi mit dem Fahrrad dorthin gefahren. Er spielt im Sturm und ich bin Torwart. Bei unserem ersten Spiel hatten wir nicht so viel abgepasst, deswegen haben uns die Gegner den Ball weggeschnappt. Sie trieben den Ball immer weiter vor zum Tor und schossen. Ich hatte den Ball aber gehalten. Dann legte ich den Ball vor meinen Fuß und schoss ihn zu Lennart. Er spielt mit Lukas und Max im Mittelfeld. Lennart passte nicht zu Willi, sondern schoss den Ball alleine vor. Aber er traf nicht. Der gegnerische Torwart schnappte sich den Ball und schoss zu seinem Mittelfeldspieler. Der Schiedsrichter pfiff, das Spiel ist 0:0 ausgegangen. In der Pause hatten wir ein Gespräch mit unseren Trainern. Chris sagte: „Ihr müsst mehr miteinander spielen." Julian meinte: „Mehr abpassen an eure Mitspieler." Jetzt ging es weiter zum nächsten Spiel. Diesmal passten wir mehr ab - und gewannen schließlich die Spiele des gesamten Turniers. Alle Mannschaften haben einen Pokal bekommen und haben sich sehr darüber gefreut.

Elias Hauber
Westpark-Grundschule, Klasse 2c

Aufregende Rettung in den Bergen

„Oh, ich freue mich schon so!", rief ich meiner Freundin Sarah zu. „Oh ja, ich mich auch!", meinte sie. Heute wird ein ganz toller Tag, denn Sarah und ich dürfen zum ersten Mal alleine in die Berge! Natürlich nur mit

Handy und auch nur zwei Stunden, aber immerhin! Wir packten schnell unsere Rucksäcke und waren nach kurzer Zeit startklar. „Aber wenn was passiert, ruft ihr uns sofort an, ja?", mahnte Mama besorgt. „Na klar!", riefen wir im Chor. Und so ging es los! Nach einer halben Stunde machten wir Rast auf einer kleinen Bank. Ich schmatzte: „Mmm, so lecker! Danke, Mama!" Nach dieser kurzen Stärkung ging es weiter, bis Sarah plötzlich stehen blieb und „Oh, schau mal!" flüsterte. Sie zeigte auf ein kleines, hellbraunes Tier, was in einer Felsspalte hockte. „Sieht aus wie ein Murmeltier", sagte ich leise. „Oh nein! Es scheint festzustecken!" Ich ging so leise und vorsichtig, wie ich nur konnte, in die Richtung des kleinen Tiers. Ich war fast da, als ich auf einen Ast trat und es unter mir laut knackte. Das Tier versuchte panisch zu fliehen, doch auch jetzt klappte es nicht. Als ich bei ihm angekommen war, sprach ich leise: „Alles gut, wir wollen dir nur helfen!" Auf einmal kam mir eine Idee. Ich sagte: „Sarah, bitte versuche mal den Stein, der das Tier einsperrt, hochzuheben!" Doch auch das brachte nicht den nötigen Erfolg. Nach weiterem Nachdenken kam mir eine neue Idee: „Erinnerst du dich noch daran, als unsere Lehrerin uns einmal sagte ‚zusammen sind wir stärker'?", fragte ich. Auch Sarah erinnerte sich daran und so beschlossen wir, den Stein zusammen hochzuheben. Ich griff den Stein an der einen Seite und Sarah an der anderen und dann zogen wir so fest, wie wir nur konnten - und siehe da: Das Tier war frei. Es guckte uns noch einmal kurz dankbar an und verschwand dann in seinen Bau. Zufrieden wanderten wir weiter und ich dachte mir: Zusammen geht eben alles.

Katharina Wiater
Jakob-Fugger-Gymnasium, Klasse 5b

Mit...ander

Denkt mal:
Das Thema heut ist ‚miteinander'
und das kommt nicht von ungefähr:
Sonst wär es vielleicht ‚ohneeinander'
- puh, das wäre schwer!
Oder sogar ‚mitkeinander'.
Ich stelle mir vor, wie das wohl wär:
‚mitkeinander', ‚ohneeinander'
- unser Leben wäre leer.
Dabei heißt es ‚mitEINander',

wenn man nur zu zweit da ist,
also heißt es ‚mitZWEInander',
wenn man den Dritten nicht vergisst.
Dann bedeutet ‚mitdreiander',
wenn man mit DREI AND'REN ist.
So geht das bis ‚mitZWÖLFander'.
Das danach ist großer Mist.
Stattdessen sagt man ‚mitVIELnander'
zu vielen Leuten beisammen
und am besten ‚mitALLander',
wenn alle Menschen sich versammeln.

Magali Schlosser
Gymnasium bei St. Stephan, Klasse 6d

Zusammenhalt

M it Teamarbeit lassen sich Aufgaben einwandfrei lösen!

I n der Familie ist Zusammenhalt ALLES!

T exte lassen sich zu zweit einfach besser verfassen!

E iner ist keiner!

I st der Freundeskreis klein, ist er meistens auch sehr fein!

N iemand wird unter wahren Freunden im Stich gelassen!

A bseits von allem halten wir zusammen!

N iemand muss alleine gehen, wenn Zusammenhalt demjenigen etwas bedeutet!

D u bist allein, also gehst du ein!

E s mach mehr Spaß, Erlebnisse mit Freunden zu teilen und zu
erleben.

R atschläge unter Freunden austauschen!

Tim Pekar und Paul Schneider
Balthasar-Neumann-Berufsbildungszentrum, Klasse HOL10B

Gemeinsam stark

Als das Wiesel am Morgen schon früh auf den Beinen war und die herrliche Morgensonne genoss, entdeckte es auf der Lichtung vor ihm ein leckeres, saftiges Kaninchen. Es schlich auf das nichts ahnende Tier zu. Mit einem großen Sprung schnappte es sich den Leckerbissen und vergrub seine Zähne in dessen Hals. Nachdem es das Kaninchen getötet hatte, wollte es jenes in Windeseile verspeisen, aber plötzlich tauchte der Luchs auf und rief: „Hallo, kleiner Freund, du hast aber etwas Schönes für mich gefangen! Darf ich?" Ohne auf eine Antwort zu warten, machte er sich über das Kaninchen her. Das Wiesel traute ihm nicht zu widersprechen, weil es fürchtete, dass der Luchs es sonst angreifen würde. Als dieser gegangen war, ging das Wiesel zu seinem Freund, dem Marder. Es fragte ihn: „Hat der Luchs dir in letzter Zeit auch öfters dein Fressen geklaut?" Dieser antwortete: „Ja. Ich halte es nicht mehr aus. Warum muss er denn so groß und stark sein, sonst könnten wir uns wehren." Dies hörte der Fuchs auch und kam zu ihnen herüber: „Ich weiß, was ihr meint. Mir hat er auch schon meine Beute gestohlen." Die drei überlegten eine Weile, wie sie den Luchs stoppen könnten. Schließlich hatte der Marder eine Idee: „Tun wir uns doch zusammen!" Der Fuchs und das Wiesel fanden diesen Vorschlag sehr gut. Am nächsten Tag jagten sie alle zusammen einen Hasen. Dann wartete das Wiesel auf den Luchs, während sich Fuchs und Marder hinter einem Felsen versteckten. Schon nach kurzer Zeit ließ sich der Luchs blicken, doch als er auf das Wiesel zuging, sprangen der Fuchs und der Marder aus ihrem Versteck hervor. Gemeinsam fauchten sie den Luchs laut an, so dass dieser sofort das Weite suchte. „Gemeinsam sind wir stark!", sagte das Wiesel. „Genau!", antwortete der Marder. „Alle für einen, einer für alle!", rief der Fuchs so laut, dass der ganze Wald es hörte.

Paul Vellinger
Gymnasium bei St. Stephan, Klasse 6d

Ein unsichtbares Band

Schon wieder fährt der Computer hoch. Dank des neuen Gerätes, dass wir uns während des ersten Lockdowns geleistet haben, geht das zum Glück recht schnell. Auf dem Bildschirm lächelt unsere Familie im Urlaub vor zwei Jahren in die Kamera. Im Hintergrund die Berge, darüber der blaue Himmel. Das waren noch Zeiten! Da konnten wir miteinander überall etwas erleben. Jetzt sitzt hier jeder zuhause und die Stimmung wird immer schlechter. Obwohl: Neuerdings baut mein Vater endlich mit mir die Eisenbahnanlage und mit meinem Bruder hat er das Projekt Werkstatt in Angriff genommen. Das war schon ewig geplant, aber niemand hatte Zeit. Miteinander beraten wir, was zu kaufen ist, was zu tun ist und noch besser: Wir kaufen und wir tun endlich miteinander! Da ist es, das unsichtbare Band, das uns verbindet und mich glücklich macht.

Das erste Online-Meeting. Ich mag den Lehrer eigentlich gut leiden, aber schaffen wir es, das unsichtbare Band zu spannen? Meint er mich oder nur „den Schüler"? Nein, tatsächlich, jeder ist gefragt, das Projekt ist interessant und alle fühlen sich verbunden.

Nächste Stunde: einseitiges Erklären. Es langweilt mich, ich schaue aus dem Fenster . . . da lauert unser Kater einem Vogel auf. Alle Muskeln sind gespannt, gleich wird er springen, doch da flattert der Vogel weg. Das Band der Hoffnung zerreißt . . . aber schon hat er ein im Wind tanzendes Blatt entdeckt und jagt hinter ihm her, neue Hoffnung schöpfend.

Der Lehrer redet und redet. Meine Gedanken schweifen ab. Nun kommt mir der letzte Ausflug mit der Klasse in den Sinn. Das war schön: Wir haben gemeinsam gelacht und gesungen. Auch deswegen kenne ich meine Mitschüler genau. Wir haben miteinander geredet und Spaß dabei gehabt, die Jugendherberge unsicher zu machen. Ja, die Beziehungen untereinander sind die Bänder des Lebens!

Der Lehrer redet immer noch, inzwischen ist mein Band zu ihm abgerissen und ich schaue durch den Computer in die Zukunft. Wir stehen wieder auf dem Pausenhof und albern herum, ein Tennisball kreist von Fuß zu Fuß. Das wird schon wieder, sagt meine Mutter, es geht immer weiter. All die schönen Bänder werden wir wieder in die Hand nehmen und neue knüpfen. Endlich ist das Meeting zu Ende.

Ich rufe meine Oma an, auch die kann inzwischen mit dem Handy einen Videoanruf machen. Wir plaudern miteinander und da ist es wieder, das Gefühl, nicht allein zu sein. Jetzt werde ich in den Keller gehen, wo mein Bruder sägt, wo die Eisenbahn ihre Runden dreht und das unsichtbare Band hinter sich herzieht.

Johannes Oberroither
Gymnasium bei St. Stephan, Klasse 8

Träume der Nächte

Miteinander
Innig
Tanzen wir geschwind
In der Nacht der Stille
Wie der leichte Wind
Hand in Hand
Drehen wir uns im Kreis
Ohne Zeit und Limit

Leben wir befreit
Die Sorgen verblassen
Schwinden und sind fort
So leben wir zu zweit
An unserem magischen
Ort

Carolyn Ho
Berufsschule IV, Klasse BM10c

Miteinander

Egal, ob Familie, Freunde oder Bekannte. Wir brauchen sie alle. Die Freundschaft ist wichtig, denn man braucht immer jemanden zum Spielen und zum Vertrauen. Die Familie ist sehr wichtig. Unseren Eltern kann man alles erzählen, sie versorgen uns und passen auf uns auf, dass uns nichts passiert. Mit unseren Mitschülern können wir lernen und uns in der Schule gegenseitig helfen. Wir müssen als Team immer zusammenhalten. Das ist sehr wichtig!
Manchmal denkt man: Endlich bin ich alleine! Aber das ist falsch! Es ist immer gut, jemanden an seiner Seite zu haben. Zusammen können wir alles schaffen!
Bestimmt hast du dich schon mal gestritten! Streit ist normal, wichtig ist es, sich zu versöhnen. Sei immer ehrlich, hilfsbereit und höflich zu deinen Mitmenschen.
Wenn einer deiner Mitmenschen allein ist, frag ihn, ob er mit dir etwas unternehmen will.
Und wenn wir alle mitmachen, dann macht das Miteinander noch mehr Spaß.

Amina Förg und Helena Benkel
Franz-von Assisi-Schule, Klasse 3 grün

Ich erzähle über meine Klasse

Seit der dritten Klasse bin ich in der Ganztagsklasse. So ist es uns mit dem Miteinander gelungen: Wir waren in der dritten Klasse im Schullandheim Violau. Nur drei Kinder aus der Klasse durften nicht mit. Der Rest der Kinder blieb fünf Tage im Schullandheim ohne Eltern! Dort haben wir miteinander Türschilder gestaltet und sind zusammen in die Disko gegangen. Wir haben viel gemeinsam unternommen. In der Schule in der dritten und vierten Klasse haben wir den Herzchenclub gemacht. Beim Herzchenclub gibt es drei verschiedene Karten. Die erste Karte ist grün und bedeutet „Danke!" Zum Beispiel: „Danke dafür, dass wir zusammen spielen" oder „Danke dafür, dass wir Freunde sind". Man könnte auch der ganzen Klasse „Danke!" sagen. Jeder kann bis zu fünf Karten nehmen. Die zweite Karte ist gelb und ist eine „Nichtvergessenskarte". Zum Beispiel: „Vergiss bitte deinen Kleber nicht!" oder „Vergiss bitte nicht, mit mir zu spielen!" Man könnte auch der ganzen Klasse eine „Nichtvergessenskarte" geben. Jeder darf bis zu drei Karten nehmen. Die dritte Karte ist rot und bedeutet „Entschuldigung!" Zum Beispiel: „Entschuldigung, dass ich bei dir abgeschrieben habe" oder „Entschuldigung für den Streit". Jeder darf bis zu vier Karten nehmen. Der Herzchenclub hilft uns allen, besser zu werden und besser aufeinander zu achten. Pausenengel wären auch toll, um auch anderen Klassen zu helfen und auf sie zu achten. Leider ist es wegen Corona nicht möglich.

Anastassija Hecht
Friedrich-Ebert-Grundschule, Klasse 4bgt

Miteinander-ABC

A lle
B ilder malen
C omputer spielen
D raußen treffen
E lefanten malen
F reundschaft
G ut gemeinsam essen
H ilfsbereit
I mmer da sein
J ojo spielen
K eine Geheimnisse
L ustige Spiele
M ultikulti
N icht lügen
O ffenheit
P izza
Q uatsch machen
R affiniert spielen
S chneemänner bauen

T apferkeit
U nterhaltung
V iel Spaß haben
W iesen teilen
X ylophon spielen
Y aks fangen
Z usammenhalten

Isabel Hiller
Maria-Ward-Realschule, Klasse 5d

Freundschaft mitten im Abenteuer

Als ich am letzten Schultag vor den Sommerferien freudig nach Hause kam, erwartete mich meine Mutter mit einer tollen Nachricht: „Mia, stell dir vor, du darfst mit deinen neuen Freundinnen Leni und Sally zu deiner Oma in den Schwarzwald fahren und dort deine Ferien verbringen!" Eine Woche später saß ich neben Leni im Bus, gegenüber von mir saß Sally. Ich war total aufgeregt und freute mich auf viele lustige und spannende Abenteuer.

Als wir alle zusammen zu Abend aßen, hatte Oma Mona schon ein paar Ideen, wie wir unsere Freizeit verbringen könnten: „Wie wär's mit einem Abenteuerspaziergang entlang an kleinen Bächen durch den Wald?" - „Au, ja, das ist eine wunderbare Idee!" Sally klatschte in die Hände. Leni sprang aufgeregt auf: „Ich habe das Boot dabei, das wir in Kunst gebaut haben!" Und damit war es entschieden. Am nächsten Morgen spazierten wir gut gelaunt durch den sonnigen Wald und pfiffen abwechselnd ein paar Lieder. Plötzlich entdeckte ich einen wunderschönen Bach: „Schaut euch mal diesen malerisch schönen Bach an! Er ist perfekt, um dein neues Boot fahren zu lassen" - „Meinst du nicht, die Strömung ist zu stark? Könnte das nicht gefährlich sein?" - „Och, Sally, mache dir keine Sorgen!", stöhnte Leni. Neugierig und gespannt setzten wir das Boot ins Wasser; blitzschnell wurde es von der Strömung mitgerissen. „Oje, was machen wir denn jetzt?" Sofort rannten wir dem Boot hinterher. Abrupt blieb es an einer seichteren Stelle stecken. Hysterisch schrie Leni: „Oh, nein, mein schönes Boot ist für immer verloren!" Mutig und entschlossen stieg ich das glitschige Bachufer hinunter. „Pass auf!", hörte ich Sally rufen. Um ans Boot zu gelangen, musste ich einen Schritt ins Wasser wagen. Auf einmal spürte ich einen stechenden, heftigen Schmerz. Ich merkte, wie etwas Spitzes in meine Haut eindrang. Es fühlte sich an wie tausend Messerspitzen. Ich stieß einen hohen, schrillen Laut aus, danach wurde mir schwarz vor Augen und ich fiel ins Gras. Meine Freundinnen waren gleich bei mir. „Oh, Gott, Mia was ist passiert?" Sally zeigte auf meinen Fuß. Dort steckte eine riesige Glasscherbe. Ich hatte solche Angst, dass ich gar nicht hinsehen konnte. Leni sprang auf: „Bleib du bei Mia,", beschloss Leni, „ich hole Hilfe. Keine Sorge, alles wird gut!" Da war ich mir nicht so sicher, aber ich versuchte meinen Freundinnen zu vertrauen. Jedoch war ich sehr verzweifelt und aus meinen Augen schossen Tränen. Liebevoll drückte Sally meine Hand, doch das beruhigte mich nur ein bisschen. „Alles wird gut. Bald bist du wieder die freche, lustige Mia." Eine gefühlte Ewigkeit später hörte ich die Sirene des Krankenwagens, der uns wenig später erreichte. Erleichtert und erschöpft wurde mir nun klar, dass alles wieder in Ordnung kommt.

Am nächsten Morgen besuchten mich meine Freundinnen, Oma und Opa und sogar Mama! Erleichtert fielen wir uns in die Arme. Da hatten wir aber Glück im Unglück! Darüber waren wir uns alle einig und aßen ein Stück Kuchen auf unser Miteinander. „Eines ist Tatsache", erwiderte Leni, „Freundschaft heißt Freundschaft, weil man mit Freunden alles schafft!"

Frida Krist
Maria-Theresia-Gymnasium, Klasse 5b

WIR schaffen das

Manche Menschen denken, dass man die Pandemie alleine schafft. Aber das ist nicht so! Nur wenn alle die Regeln einhalten, wie z. B. Abstand halten und Masken richtig tragen, dann schaffen wir es, die Corona-Fälle zu verringern. Und wenn man sagt, dass alle das schaffen, dann meint man auch ALLE! Denn gemeinsam ist man unschlagbar. Gemeinsam schaffen wir es. Eine Person alleine ist nicht stark genug und alleine schafft es diese einzelne Person nicht, Corona zu besiegen. Um Corona zu besiegen, müssen wir alle mitmachen. Dann können wir wieder das „normale Leben" begrüßen. Dann können Kinder ab drei Jahren wieder in den Kindergarten und Schüler wieder in die Schule gehen. Dann gibt es Homeschooling und Homeoffice nicht mehr. All das, was Corona verändert hat, ist dann vorbei. Dann können wir, wie in den Zeiten vor Corona, machen, was wir wollen: in den Urlaub fahren, Ausflüge machen, in den Verein gehen, Veranstaltungen besuchen, Freunde treffen … Das ist doch von allen Menschen der größte Wunsch! Und damit dieser Wunsch in Erfüllung geht, muss jeder Einzelne mitmachen. Zusammen sind wir unschlagbar!

Christina Rosenkranz
Förderzentrum Hören Augsburg, Klasse 6/7sg

Miteinander heißt . . .

Miteinander sind wir stärker und miteinander setzen wir ein Zeichen gegen Intoleranz.

Miteinander ist das Träumen von der Zukunft so viel schöner, denn das Miteinandersein macht das Leben einfacher, bunter und für manch einen gar erträglicher.

Miteinander sind die meisten Sorgen irrelevant, denn geteiltes Leid ist halbes Leid.

Nur miteinander können wir für die Natur einstehen, denn sie ist unser aller Lebensquelle.

Miteinander sind wir für Akzeptanz und Andersartigkeit, denn davon braucht die Welt mehr.

Miteinander sollten wir nachsichtig umgehen, denn nachsichtige Menschen sind einsichtige Menschen.

Miteinander können wir uns gegen Diskriminierung aussprechen, denn kein Mensch verdient kategorische Benachteiligung.

Miteinander blicken wir entschlossen nach vorn und nur miteinander können wir gegen Rassismus ankämpfen,

denn das Miteinander ist das, was uns einigt, was UNS zum WIR macht, und nur miteinander sind wir stark genug,

um in dieser Welt dauerhaft etwas zu bewirken, zu verändern und zu verbessern.

So lasst uns alle für diese Welt, für unsere Welt und für eine friedvollere Welt miteinander sein.

Azime Karahan
Berufsfachschule für Kinderpflege, Klasse Ki 10C

Schafi in der Schule

Eines Abends lag ich mit meinem Stofftier im Arm in meinem Bett. Ich schlief ein und träumte, ich ginge zur Schule - und meine Stofftiere auch. Kaum war ich weg, rief die Eule den Delfin, Schafi, Raupe, Wolke und Hase ins Klassenzimmer.

In der ersten Stunde hatten sie Deutsch und lernten Wörter mit -ie. Dann war endlich große Pause und weil draußen Schnee lag, rannten alle schnell raus. Schafi wollte ein Schneeschaf bauen, aber Raupe wollte sie ärgern und warf ihr einen Schneeball an den Kopf. Da wollte Schafi die Raupe auch abwerfen, stattdessen traf sie aber den Delfin. Der Delfin wollte zurückwerfen, traf aber die Wolke. Die Wolke wollte zurückwerfen, traf aber Hase. Der Hase wollte zurückwerfen - er machte einen Schneeball, zielte auf die Wolke und warf. Die Wolke duckte sich aber und der Schneeball traf den Lehrer mitten ins Gesicht. Alle schauten erschrocken zum Lehrer. Die Eule wurde wütend und rief alle zum Klassenrat. Alle gingen hinein und im Klassenzimmer stotterte der Hase: „Äh, . . . ich . . . also . . . ich . . . das . . . das war aus Versehen! Eigentlich wollte ich die Wolke treffen, die hat mich zuerst abgeworfen!" Da sagte die Wolke: „Das war aus Versehen! Eigentlich wollte ich den Delfin treffen, der hat mich zuerst abgeworfen!" Da rief der Delfin: „Aber das war aus Versehen! Eigentlich wollte ich Schafi treffen, die hat mich zuerst abgeworfen!" Und als Schafi gerade etwas sagen wollte, rief die Eule: „Ruhe! Wer HAT denn jetzt angefangen?" Da schauten sich alle kurz an und riefen dann: „WIR ALLE MITEINANDER!"

Und als der Lehrer darauf etwas sagen wollte, piepste es auf einmal laut - das war mein Wecker! Ich bin aufgestanden und ging zur Schule. In der Pause machte ich an diesem Tag mit meinen Freunden eine große Schneeballschlacht.

Jana Eickerling
Fröbel-Grundschule, Klasse 3c

Miteinander

Gerade ist Veronika bei mir angekommen. „Willst du etwas zu trinken oder zu essen?", frage ich sie. Sie verneint. Also setzen wir uns vor den Computer und überlegen, was wir schreiben sollen. „In der Familie gibt es ein Miteinander! Und in der Schule und beim Bus fahren! Darüber würde ich gerne schreiben!", sagt Vroni. Aber ich will lieber über Sport schreiben.

In der Familie streitet, aber liebt man sich auch. In der Schule hat man Freunde und man kann spielen. Aber gibt es eigentlich auch etwas anderes als Miteinander und Frieden? Ich glaube, viele wissen gar nicht, dass es so schlimm ist, keine Freunde zu haben, weil sehr viele Leute Freunde haben und man vielleicht nur wegen seines Aussehens oder Dialekts nicht gemocht wird. Wir hatten jemanden in der Klasse, der wegen seiner Herkunft nicht gemocht wurde und die Schule gewechselt hat! Und Esther hat mir erzählt, sie hatte in der Grundschule einen Jungen, der einmal rosa Socken anhatte und deshalb von manchen ausgelacht wurde. Das hat er dann nie mehr gemacht. Könntet ihr euch das vorstellen?

‚Im Fußball muss das Team zusammenhalten, sonst verliert es. Und beim Eishockey und anderen Team-Sportarten ist es genauso!', denke ich. Aber ich weiß, dass Vroni davon nichts hält. Ich halte, ehrlich gesagt, auch nichts von ihrer Idee.

Es gibt verschiedene Arten von Miteinander, z. B. Familie, Freunde, Gemeinde . . . UND SPORT!

Esther! Nun sind wir während unseres Schreibens auf die Idee gekommen, über das Miteinander zu schreiben. Esther lacht . . . ich lache auch … und das ist Miteinander, man fühlt sich wohl und mehr muss man dazu gar nicht sagen.

ENDLICH HABEN WIR ETWAS GEFUNDEN, WORÜBER WIR SCHREIBEN!

P.S.: ENDE!

Stopp! Die Geschichte ist noch nicht zu Ende! Miteinander ist etwas Schönes, es ist . . .

HÖR AUF!

Warte . . .

ENDE!

Esther Carlotta Amann und Veronika Papp
Gymnasium bei St. Stephan, Klasse 5b

Miteinander können wir es schaffen

Zuerst war unsere Klasse ein „Ich". Bis unsere neue Lehrerin uns gesagt hat: Miteinander schaffen wir alles. Wir sollten also auch alle zusammenhalten, vor allem in dieser schwierigen Zeit. Wir müssen uns gegenseitig schützen und das heißt: Zusammen können wir die Corona-Krise schaffen. Denn einer allein hat gegen Corona keine Chance, aber wir alle zusammen können das Virus vertreiben. Zumindest sollen wir uns an alle Regeln halten, bis wir geimpft sind. Manche halten sich nicht an die Regeln, weil sie vielleicht denken: Wir schaffen es nicht mehr oder sie feiern Partys, weil sie sich nicht an die Regeln halten wollen. Manche geben sogar auf. Aber ich weiß, dass wir miteinander alles schaffen. Wir müssen nur zusammenhalten. Wir müssen durch diese Krise durch. Deshalb glaube ich an alle, die mithelfen.

Leonie Hartberger
Friedrich-Ebert-Grundschule, Klasse 4bgt

Gedicht

Miteinander in dieser Zeit?
Das wäre, was mich richtig freut.
Doch leider - dank Corona - sitzen wir zu Hause
und machen eine Pause.
Wir sitzen da und regen uns auf,
doch müssen wir vorsichtig sein, sonst nimmt es seinen Lauf!

Julia Maurer
Maria-Ward-Realschule, Klasse 6d

Miteinander in der Schule — allein zu Hause

Ich habe in der Schule eine schöne Zeit mit anderen verbracht.
Am liebsten habe ich dort mit anderen gespielt. Das war schön.
Wir haben in der Schule miteinander Autos, Engel und Schmetterlinge
gebastelt.
Zu Hause habe ich Plätzchen gebacken oder gebastelt.
Mit meinem Papa habe ich immer Fußball gespielt.
Mal hat er gewonnen, mal habe ich gewonnen.
Zu Hause ist es schön, aber mit anderen Kindern in der Schule macht es
mehr Spaß.

Emre Atasoy
Grundschule Centerville-Süd, Klasse 2a

Freundschaft

Bin ich mal schlecht drauf,
munterst du mich auf.
Weiß ich weder ein noch aus,
hilfst du mir meist heraus.
Du gibst mir immer neuen Mut,
das finde ich an dir so gut.
Schaff ich es nicht, mich zu überwinden,
versuchst du eine Lösung zu finden.
Wenn ich mal was habe,
fragst du solange, bis ich es dir sage.
Auch wenn ich sage, dass es mir gut geht,
merkst du, dass das nicht stimmt.

Etwas müssen wir bekennen,
UNS KANN NICHTS TRENNEN!
Du & ich gehören zusammen!

Leti Puzsoma
Schiller-Mittelschule, Klasse 6b

Unser Miteinander

Freunde, Kakao trinken, Essen, Disco, Musik - spielen.
Tiere, Gassi gehen, aufpassen, Hausaufgaben - spielen.
Oma und Opa, malen, kochen, basteln - spielen.
Eltern, saubermachen, einkaufen, fernsehen, malen, kochen - spielen.
Familie - spielen.
Miteinander ist alles viel schöner!

Simay Uludag
Grundschule Centerville-Süd, Klasse 2a

Liebes Tagesbuch,

Heute ist Dienstag, 22:43 Uhr. Ich sitze mal wieder alleine an meinem Schreibtisch. Meine Freunde habe ich seit Monaten nicht gesehen. Zuhause fällt mir so langsam die Decke auf den Kopf. Meistens bin ich gestresst und genervt von allem und jedem. Um einen klaren Kopf zu bekommen, hilft es mir, all die Gedanken auf dem Papier auszulassen.

Im Moment geht mir dieses eine Wort nicht aus dem Kopf: „Miteinander". Wahrscheinlich habe ich es in einem motivierenden Radiospot gehört. Den ganzen Tag denke ich schon darüber nach. Miteinander . . . Mit-ein-ander, mit einem Anderen, gemeinsam, gemeinschaftlich, Verbundenheit . . . Ach, mehr fällt mir dazu auch nicht ein. Die Bedeutung ist mir schon klar, aber so richtig greifen kann ich es nicht.

Wo ist denn überhaupt dieses Miteinander?

Ich sehe nur Leute, die Abstand halten. Nicht nur physisch, sondern auch emotional. Jeder lebt in seiner eigenen Welt und hält sein Unglück für das schlimmste. Keine Frage . . . den einen trifft die Situation härter als den anderen. Aber eigentlich sitzen wir doch alle im selben Boot!?

Ich lese von Zeitungsberichten, in denen steht, dass schon wieder eine Zusammenkunft von mehreren Personen von der Polizei aufgelöst wurde. War das etwa dieses Miteinander? Ist es verboten? Vielleicht gibt es ja aktuell kein Miteinander.

Nein. Das kann doch nicht die Antwort sein.

Ich überlege weiter . . .

Miteinander zusammen sein ist doch einfach nicht möglich.

Jeder ist allein und einsam. Isoliert im Home-Office. Ohne Arbeitskollegen. Alleine am Schreibtisch sitzend und auf einen Bildschirm starrend. Distanz-Unterricht. War Schule nicht früher das mit den gemeinsamen Zugfahrten? Die Pausen miteinander verbringen? Sich unterhalten? Alle sitzen im Unterricht als Klassen-Gemeinschaft.

Online sind wir schon auch gemeinsam irgendwie. Trotzdem ist alles anders. Mir fehlen die sozialen Kontakte. Man entfernt sich immer weiter . . . ob bewusst oder unbewusst. Es ist einfach weniger „Miteinander" geworden.

Manchmal, wenn ich auf Social Media bin, habe ich fast das Gefühl, es herrscht ein Gegeneinander statt ein Miteinander. Über jede neue Corona-Maßnahme wird diskutiert. Es wird sich lustig gemacht über diejenigen, denen es nicht sicher genug sein kann, weil sie sich zuhause verbarrikadieren. Es wird gegen Personen gehetzt, sobald man meint, dass sie die Regeln nicht einhalten. Man wird sofort neidisch, wenn Urlaubsbilder gepostet werden. Ständig wird über irgendjemanden hergezogen, weil etwas nicht passt, was er tut oder was er nicht tut. So war es doch schon immer, dass die Menschen tun und lassen, was sie wollen.

Aber gerade jetzt ist doch ein Miteinander gefragt.

Am selben Strang ziehen. Aufeinander Rücksicht nehmen und die Zeit durchstehen.

Braucht es für ein Miteinander überhaupt die Nähe, den täglichen Kontakt oder all die Dinge, die sonst als normal galten?

Reicht es aus, „miteinander" die Situation zu akzeptieren? Man kann ja eh nichts ändern. Oder doch?

Miteinander ist ein Gefühl des Zusammenhalts. Es bringt mehr Freude, als sich über alles nur aufzuregen. Ein Miteinander umgibt uns. Man muss nur genauer hinsehen.

Du kannst es überall finden. Beim Einkaufen, wenn dich jemand an der Kasse vorlässt.

Oder wenn dich beim Spazieren unbekannte Leute freundlich grüßen. Wenn dein Kollege dir etwas Arbeit abnimmt, weil er weiß, dass du gerade viel zu tun hast. Wenn du deiner Oma den Einkauf vor die Türe stellst und sie dankbar aus dem Fenster winkt. Wenn mal jemand anderes die Spülmaschine für dich ausräumt. Wenn deine Freunde dich anschreiben und fragen, wie es dir geht.

Es sind schwierige Zeiten… aber selbst unter einer Maske wirkt noch ein Lächeln. Egal, was „miteinander" für dich persönlich bedeutet und wo du es findest - es ist etwas Positives. Jeder kann sich für ein besseres Miteinander einsetzen. Miteinander gegen eine Sache oder noch besser: miteinander für eine Sache sein.

Miteinander geht alles leichter.

Auch das.

Veronika Meier
Berufsschule II, Klasse DMG10C

Boarisches Gedicht „Miteinanda"

Deine Leit san deine Freind.
Ohne deine Leit, host koa Freid.
Selbst die großen Krisen
kenna eich eigentlich die Stimmung net vermiesen.
Ois macht`s a zam,
egal, wie unterschiedlich alle san.
Ihr hebt`s des Glas
und habt`s den greaschten Spaß,
denn Akzeptanz und Toleranz
gibt eierer Freindschaft bsondren Glanz.
Doch dann kemma Zweifel auf
und dei Freindschaftskreisel geht drauf.
Du glaubst, es sieht aussichtslos aus.
Schuld san net deine Freind,
sondern du bist dei eigner Feind.
Du fangst an, di zu vergleichen,
doch dass des die Freindschaft zerfleischen
ko,
da denkst du gar net dro.
Aba irgendwann merkt ma dann,
dass ma ohne seine Leit net leben konn.
Jedes oanzelne Leid,
das a miteinand teilt`s,
erinnert eich dran,
wer eire echten Freind san.

Maria Funk
Mittelschule Friedberg, Klasse 10aM

Vermissen

Es war mir nicht klar, dass ich meine Freunde so vermisse. Dieses Virus löst Sorgen und Einsamkeit aus. Traurig ist, dass wir in dieser Krisensituation aufwachsen. Jetzt wurde mir erst klar, dass mir meine Freunde sehr fehlen. Was ich daraus gelernt habe, ist, miteinander Spaß zu haben, und dass es ohne Freunde einfach nicht geht.

Carolina Sesik
Bischof-Ulrich-Realschule, Klasse 5a

Miteinander – nicht allein

Miteinander, nicht allein, so kann vieles leichter sein.
Fußballspielen und Verstecken macht mehr Spaß,
kann man sich necken.
Monopoly und Vier gewinnt sind Spiele,
die zusammen schöner sind.
Miteinander, nicht allein, so kann vieles leichter sein.
Mit der Familie beim Abendessen
kann man Sorgen schnell vergessen.
Alle haben immer ein offenes Ohr und
schlagen gute Lösungen vor.
Auch wenn meine Schwester und ich uns oft streiten,
halten wir zusammen in schlechten Zeiten.
Miteinander, nicht allein, so kann vieles leichter sein.
Corona hat mir deutlich gezeigt, was alles fehlt,
wenn man zuhause bleibt.
Ich freue mich schon, Lehrer und Mitschüler zu sehen,
wenn wir wieder gemeinsam in die Schule gehen.
Miteinander lernen und Neues erfahren
kann uns viel Langeweile ersparen.
Miteinander, nicht allein, so kann vieles leichter sein.
Im Orchester können wir zusammen musizieren
Und auch neue Stücke ausprobieren.
Spielen viele zusammen, kann man nicht jeden Fehler hören
und die Zuschauer wird es dann nicht stören.
Miteinander, nicht allein, so kann vieles leichter sein.
Ich bin Mitglied im Schach-Verein,
zusammen zu spielen ist besser als allein.

Zwar ist der Computer ein würdiger Gegner,
doch mit einem Partner sind die Gespräche angeregter.
Miteinander, nicht allein, so kann vieles leichter sein.

Jonas Leitner
Gymnasium bei St. Stephan, Klasse 5c

Miteinander gegen die Ängste kämpfen

Der Hahn und der Fuchs waren sehr gute Freunde. Sie haben alles zusammen gemacht, sie gingen auch zusammen auf das Feld.

Die Geschichte erzählt uns, ob es sein könnte, dass der Hahn und der Fuchs an demselben Tag geboren wurden.

Trotzdem wurde die Glaubwürdigkeit dieser Freundschaft vom Hahn bis zu dem Punkt in Frage gestellt, an dem er sich so sehr wunderte.

Eines Morgens ging der Hahn zum Fuchs und fragte ihn, ob sie wirklich Freunde seien, weil er den Eindruck habe, er renne vor ihm weg. Jedes Mal, wenn er sich dem Fuchs nähere, trete dieser zwei Schritte zurück, und er bezweifle wirklich, dass sie Freunde sein könnten, denn sonst würde der Fuchs nicht vor ihm davonlaufen.

Danach sagte ihm der Hahn, Freunde würden zusammen laufen und gemeinsame Sachen machen. Der Fuchs sagte ihm, ja, es sei wahr, dass er vor ihm weglaufe, weil er ein Feuer auf dem Kopf habe. Der Hahn fragte den Fuchs, ob er Angst habe, sich zu verbrennen. Dieser bejahte.

Der Hahn war ziemlich überrascht, lächelte und sagte ihm dies: Was er auf seinem Kopf sehe, sei kein Feuer, sondern ein Stück rotes Fleisch.

Nach den Worten des Hahns an den Fuchs kam er ihm näher und sagte ihm, dass ihre Freundschaft stärker sei als Angst und Misstrauen.

Der Fuchs hatte seit diesem Tag keine Angst mehr vor ihm.

Agathe Aimée Yango Zonnang
Berufsfachschule für Sozialpflege, Klasse Soz10b

Fußballturnier mit Schmerzen

Am 6.7.2019 haben wir in Mittelneufnach ein Turnier gespielt. Wir hatten bereits drei Spiele gewonnen und sollten noch ein Spiel spielen. Doch dann ist es passiert. Der Ball wurde vom Gegner nach hinten in Richtung unseres Tores geschossen. Ich ging dazwischen und wollte den Ball wegschießen, aber der gegnerische Spieler ging mit dem gestreckten Bein in die Situation. Dadurch sind unsere Füße aufeinandergeprallt. Ich verspürte einen heftigen Schmerz. Aus meinem rechten Fuß schaute ein Knochen heraus. Meine Mannschaftskameraden sind sofort zu mir gelaufen und haben den Trainer zu Hilfe geholt. Ich wurde dann von meinem Vater und meinem Trainer vom Platz getragen. Meine Eltern haben mich sofort ins Krankenhaus gefahren. Dort habe ich einen Gips und Krücken bekommen. Nach drei Wochen war dann alles wieder gut. In diesen drei Wochen haben mir meine Freunde aus der Mannschaft oft geschrieben und gefragt, ob es mir wieder gut gehe. Es war toll, dass sie mich nicht vergessen haben. Wir sind halt ein Team - egal, ob es gut oder schlecht läuft! Ich durfte erleben, dass man zusammen gut durch schwierige Zeiten kommt. In unserer Mannschaft ist Freundlichkeit wichtig und dass man keinen ausgrenzt. Alle sollen gut miteinander auskommen und auf den anderen aufpassen. Als Team haben wir viel Spaß.

Simon Rohrbacher
Förderzentrum Hören Augsburg, Klasse 6/7sg

Miteinander durch schwere Zeiten

Wie hat alles begonnen?
Eine Frage, die ich mir im Laufe dieser Beziehung wohl noch häufiger stellen sollte. Es begann eines schönen Sommertages im Juni 2018. Ich war wieder einmal über Instagram auf seinen Account gestoßen, über den ich schon seit Jahren immer wieder stolpere. Meine beste Freundin Lucretia und ich wollten an den Lech fahren, um dort an diesem heißen Tag das kalte Wasser zu genießen. Wir wollten auf der Kiesbank dösen und über wunderschöne Männer und Liebschaften tuscheln und uns darüber austauschen, wie unsere Traummänner aussahen, worüber sie sich Gedanken machten und was sie mit uns anstellen würden. Ganz normale Themen eben!
Ich allerdings stieß, wie gesagt, wieder über sein Profil auf Social Media. Wir hatten schon vor zwei Jahren einmal auf Facebook miteinander kommuniziert und likten seither fast alle unserer Bilder. Hin und wieder war ich sogar mutig genug, um einen Kommentar als Gruß darunter zu hinterlassen. Ich fasste den Entschluss, ihn auf die Kiesbank einzuladen, um gemeinsam die Zeit, die Sonne und das kalte Wasser auszukosten.
Dann ging alles ganz schnell. Ein paar verstohlene Blicke hier, ein paar liebevoll verpackte Grüße dort und letztendlich feurige Küsse überall. Wir waren verliebt. Auf Wolke 7. Zusammen waren wir ein wunderschönes und anscheinend auf andere einladend wirkendes Pärchen. Überall,

wo wir waren, sprachen uns Leute an und redeten und lachten mit uns. ‚Was für eine schöne Bestätigung, als Paar wahrgenommen zu werden', dachte ich. Wir waren eine Einheit. Nichts konnte sich zwischen uns drängen. Glaubte ich. Doch da war etwas, das scheinbar anziehender auf ihn wirkte, als ich es tat.

Anfangs bemerkte ich es nicht, denn so wie alle jungen Leute genossen auch Nikolai und ich an Wochenenden die belustigte Partygesellschaft in der Maxstraße, Kantine und Co. Wir tummelten uns unter das Volk und tanzten zu wilder Musik, tranken hier und da ein Bier, ja vielleicht sogar einen Schnaps. Es kam immer häufiger vor, dass Nikolai zu tief ins Glas schaute und deshalb nicht mehr Herr seiner Worte und Taten war. Wenn ich müde war und nach Hause wollte, war er dagegen. Er wehrte sich und hielt mich an den Armen oder am Nacken fest, um mich am Gehen zu hindern. Anfangs gehorchte ich. Allerdings geschah das ab diesem Zeitpunkt jedes Wochenende. Er trank zu viel und wurde zu einem anderen Menschen. Eines Nachts, ich wollte nach Hause, ließ er mich nicht gehen. Wieder wurde ich an meinem Nacken festgehalten. Also befreite ich mich aus seinem Griff und lief davon. Natürlich rannte er mir nach und als er mich einholte, er war größer und schneller als ich, schubste er mich gegen eine Wand und presste seine Hand an meinen Hals, um mich so an der Wand zu fixieren. Ich schaute ihm direkt in die Augen. Sie waren voller Wut und ich konnte seine vom Alkohol betäubten Blicke nicht deuten. Ich hatte Angst. Was würde passieren? Was würde mein Nikolai mir antun wollen? Wie betrunken war er? Der Alkohol verwandelte ihn in ein Ungeheuer.

Er spuckte mir ins Gesicht. Fassungslos entriss ich mich seinem gewaltvollen Griff. Ich lief davon, stieg in ein Taxi und weinte die ganze Heimfahrt. Was war da gerade geschehen? Wieso war er so?

Ich konnte ja nicht ahnen, was in dieser Nacht noch passieren sollte.

Als ich zu Hause war, stellte ich mich sofort in die Dusche, um mich von diesem ekelhaften unterdrückenden Gefühl reinzuwaschen. Wer war er geworden? War er schon immer so? Zum ersten Mal stellte ich mir die Frage: ‚Wie hat das alles begonnen?'

Ich legte mich auf die Couch, um dort auf sein Heimkommen zu warten. 30 Minuten später öffnete sich die Tür und er trat herein. Er sah durcheinander aus. Er stürmte auf mich zu, riss mich an meinen Haaren hoch und schlug mir ins Gesicht. Ich wurde stocksteif vor Schock. Ich konnte nicht glauben, was gerade passierte. Ich versuchte, an mein Handy zu kommen, um Lucretia anzurufen. Er schlug es mir aus der Hand und anschließend wieder in mein Gesicht. Das ging zwei Stunden so weiter. Immer wieder versuchte ich, ihn zu übermannen, ihn festzuhalten und ihn zu beruhigen. Ich fragte mich, wieso die Nachbarn nicht die Polizei riefen. Diese Hilfe wäre mir zugute gekommen. Wir waren so laut. Ich weinte und schrie, er schlug um sich und alles um uns herum ging kaputt. Irgendwann schliefen wir auf dem Boden ein.

Am nächsten Tag entschuldigte er sich abertausende Male bei mir. Es tue im Leid, er sei offensichtlich viel zu betrunken gewesen. Ich versuchte, meine blauen Flecken zu verdecken. Wem konnte ich erzählen, dass mein geliebter Freund zu so etwas im Stande wäre? Ich hatte keine Antwort.

Aber was hat das mit dem Miteinander zu tun?

Ich habe lange Zeit gelitten. Niemandem konnte ich erzählen, was tatsächlich in der Beziehung mit Nikolai los war. Ich liebte ihn doch so sehr. Lange Zeit habe ich ihm verziehen, was immer wieder und immer häufiger passierte. Mit niemandem konnte oder wollte ich über meine blauen Flecken reden und musste mir sogar eine Ausrede für meinen gebrochenen Finger überlegen. Ich konnte nicht mehr. Wie abhängig konnte ich von so einem Menschen bitte sein?

Ich öffnete mich meiner besten Freundin Lucretia und daraufhin auch meiner Familie: meiner Schwester Verona, meinem Bruder Samuel, meinem Vater und meiner Mutter. So schaffte ich es, mich im Sommer 2020 von Nikolai zu trennen.

Meine beste Freundin, meine Familie und ich haben zusammen geweint. Sie um mich und ich weinte wegen allem. Wegen ihrer Trauer, wegen meiner Trauer, wegen Nikolais Unfähigkeit, eine Beziehung zu führen, wegen meiner langen Verschwiegenheit. Wir weinten alle zusammen aus Erleichterung. Sie waren für mich da, bildeten einen Felsen für mich, an dem ich mich festhalten konnte, egal, wie schwer mich mein Schicksal nach unten zog. Meine Hände konnten immer eine Stufe in dieser Felsenwand finden, um sich dort einzukeilen.

Dieses Miteinander hat mir so viel Kraft gegeben. Ich fühlte mich nicht mehr machtlos, sondern geborgen. Sie halfen mir aus der Trauer und standen mir immer bei – egal, bei welchem Anliegen.

Und somit machte ich zum ersten Mal in meinem Leben bewusst die Erfahrung, wie gut es ist, wenn man etwas nicht allein durchstehen muss. Geteiltes Leid ist halbes Leid. Ich danke meiner Familie und Lucretia für ihre Unterstützung. Das Miteinander half mir durch eine schwere Zeit.

Theresa Schmidt
Berufsschule IV, Klasse BM 10 B

Wenn die Optik plötzlich keine Rolle mehr spielt – ein Miteinander gegen Mobbing

Eine Gruppe Jungvögel, Weißstörche, machte sich auf die große Reise in den Süden Afrikas. Dort überbrücken sie die kalten Wintermonate in Europa.

Bei ihrer Ankunft trafen sie auf einen einsamen Papagei. Noch nie zuvor hatten sie einen Vogel gesehen, der so bunt war. Die Jungvögel machten sich über den Papagei lustig und lachten ihn wegen seines bunten auffälligen Federkleids aus. Der Papagei war darüber sehr verwundert und traurig. Er wurde noch nie wegen seines Aussehens ausgelacht. Traurig flog er davon. Einige Tage später, als sich der Papagei auf den Weg machte, sich etwas zu essen zu holen, sah er die Störche einsam und nicht mehr so vorlaut. Er fragte sie: „Was ist mit euch?" Sie antworteten: „Wir haben uns verirrt und finden nun den Weg nicht mehr zurück. Wir haben Hunger, Durst und uns ist so warm." Sie hatten keinen schattigen Ort gefunden. Ohne groß nachzudenken, sagte der Papagei: „Ich helfe euch." Er flog voran und die Jungvögel ihm hinterher. Sie kamen gemeinsam an einem Ort an, wo es genügend für alle zu essen, trinken und Ruhemöglichkeiten im Schatten für alle gab. Sie entschuldigten sich bei dem Papagei und waren ihm sehr dankbar, dass er ihnen trotz des anfänglichen Mobbings geholfen hat.

Von da an waren sie sehr gute Freunde. Das Aussehen spielte keine Rolle mehr und sie trafen sich jedes Jahr in Afrika wieder.

Omar Daffeh
Berufsfachschule für Sozialpflege, Klasse Soz10b

Das Löwenrudel

Ein Löwe ging einen Fluss entlang. Ihm war langweilig, denn er hatte sein Rudel verlassen, weil er Teilen noch nie gemocht hatte. Da erblickte er einen Vogel. Er sang ein schönes Lied. Da kam dem Löwen eine Idee: Er hatte Vögel noch nie gemocht, weil sie immer so fröhlich waren und immer alles teilten. Deshalb beschloss er, den Vogel zu jagen. Er sprang an dem Baum hoch, auf dem der Vogel saß, und versuchte ihn zu schnappen. Der Vogel bemerkte den Löwen und entwich ganz knapp seinen Krallen. Der Löwe ärgerte sich und rief dem Vogel hinterher: „Das nächste Mal kriege ich dich!" Doch wenn der Löwe dachte, dass der Vogel für immer abgehauen war, so irrte er sich. Schon kurze Zeit später kam der Vogel zurück. Dieses Mal jedoch nicht allein, sondern in einem Schwarm. Sie sangen und zwitscherten noch schöner miteinander. Der Löwe war jedoch gar nicht froh, denn je öfter er versuchte, einen Vogel zu fangen, desto mehr Kratzer bekam er ab.

Beschämt zog er sich in seine Höhle zurück. Er war wütend und überlegte sich eine List. Er wollte den Vögeln eine Falle stellen, deshalb schlich er sich zu ihrem Baum und schnitt ihren Lieblingsast an. Als die Vögel sich am nächsten Morgen auf ihren Ast setzen wollten, brach er ab und zahlreiche Vögel stürzten in die Tiefe. Ein Vogel allein wäre schwach, aber miteinander waren sie stark. Die anderen Tiere packten die fallenden Vögel und zogen sie auf den Baum zurück. Der Löwe ärgerte sich darüber, dass sie nicht auf seinen Streich hereingefallen waren.

Er kehrte in die Höhle zurück und überlegte. Und während er überlegte, hörte er etwas rascheln. Vor der Höhle saß ein kleines Kaninchen. Wenigstens das wollte er fangen. Er legte sich auf die Lauer und stürzte sich darauf. Aber auch dieses Mal verfehlte er das Tier knapp. Zum ersten Mal vermisste er sein Rudel ein wenig. „Alles klar mit dir?", zwitscherte ein Stimmlein über ihm. Er blickte nach oben. Es war ein kleines Vöglein, das schnell mit den Flügelchen flatterte. „Lass mich in Ruhe!", fauchte der Löwe und schüttelte seine Mähne aus. Da drehte sich das Vöglein um und flog davon. Der Löwe rannte hinterher und versuchte, es zu fangen. Dabei fiel er in einen Teich. Er schwamm schnell zum Ufer und schüttelte sich das Fell aus. Noch nie war er so niedergeschlagen gewesen. Er beschloss, zu seinem Rudel zurückzukehren. Nie wieder würde er alleine jagen. Sein Rudel war froh, ihn wiederzusehen, und sie verziehen ihm, dass er sie verlassen hatte. Sie jagten zusammen und teilten ihre Beute gerecht. Der Löwe war nicht der Anführer des Rudels, sondern sie trafen gemeinsame Entscheidungen. Der Löwe war glücklich, denn miteinander macht alles viel mehr Spaß und sie hatten mehr Erfolg bei der Jagd.

Sarah Quehl
Jakob-Fugger-Gymnasium, Klasse 5b

Eine Freundschaft unter Seemännern?

Die Wellen schwappten sacht gegen das Containerschiff, das an diesem Morgen über den Ozean schipperte. Man konnte nichts als Wasser erspähen und könnte meinen, dieser Ort wäre der idyllischste der Welt. Auf unserem Schiff sah es dagegen ganz anders aus. Wir waren schon seit Wochen auf hoher See unterwegs und erreichten immer noch kein Land.

Langsam wurde mir das Sauerkrautessen zuwider und auch das andauernde Gemecker des Kapitäns ging mir auf die Nerven. Aber der durchgehende Zoff mit meinem Arbeitskollegen Piet raubte mir am meisten Kraft. Wir waren Bettnachbarn, hatten die gleichen Aufgaben am Schiff zu erledigen und zu guter Letzt mussten wir uns auch noch ein Bad teilen. Letzten Freitag hatte uns der Kapitän dazu verdonnert, das Deck zu scheuern. Piet prahlte natürlich wieder mit seinen Muskeln und dass er es überhaupt nicht anstrengend fand zu putzen, während mir der Schweiß in den Nacken rann. Ständig dachte er, er sei etwas Besseres. Nachdem ich weitere zwei Stunden sein Geprahle anhören musste, platzte mir der Kragen. „Seit Wochen muss ich mich schon mit dir herumschlagen. Aber du bist nicht mehr als ein jämmerlicher Muskelhaufen. Am Anfang fand ich dich lustig, doch inzwischen gehst du mir nur noch auf die Nerven. Ich bin mit dir auf dem Schiff gefangen und warte jeden Tag darauf, endlich Land zu sehen und von dir los zu kommen! Ich wünsche niemandem auf der Welt, mit dir seine Zeit verbringen zu müssen." Einen kurzen Augenblick war es still. Dann sagte Piet mit bedrohlicher Stimme: „Pass bloß auf, was du sagst! Sonst hebe ich dich mit nur einem Arm über die Reling und du wirst zu Fischfutter." Mit immer lauter werdender Stimme fuhr er fort: „Glaubst du etwa, ich habe Spaß daran, mit dir meine Zeit zu verbringen?! Schon wieder starrst du mich nur an wie einen Aussätzigen, anstatt das Deck zu schrubben. Immer muss ich alle Aufgaben allein machen." Er stampfte so sehr mit dem Fuß auf, dass der Putzeimer neben ihm umfiel. „Außerdem brauchst du immer ewig im Bad. Kein Mann braucht drei verschiedene Waschgels. Die bringen bei dir eh nichts. Du stinkst schlimmer als die vergorenen Fische in der Küche des Kochs." Ich zog meinen Kopf ein. Piets Stimme überschlug sich. „Ich bin froh, wenn ich wieder von diesem Schiff . . ." Weiter kam er nicht, denn plötzlich hörten wir polternde Schritte. Wir wussten beide, was das zu bedeuten hatte. Das konnten nur die Schritte des Kapitäns sein. Wenn er so lief, konnte das nichts Gutes verheißen. Unser Kapitän hasste es, wenn auf dem Schiff irgendeine Art von Lärm herrschte, den wir verursachten. „Verdammter Fischdreck, das habe ich nur dir zu verdanken!", flüsterte ich meinem Arbeitskollegen verärgert zu. Die Schritte kamen immer näher. Darauf zog ich uns notgedrungen hinter ein altes Fass, das schon lange auf dem Deck herumstand und keinen wirklichen Nutzen mehr hatte. Aber jetzt war es ein wahrer Segen, dass wir es noch nicht weggeräumt hatten. Ich packte Piet am Arm und rüttelte ihn: „Du Trottel! Wenn du nicht so laut geschrien hättest, müssten wir uns jetzt nicht hinter diesem alten Fass verstecken. Wenn der Kapitän uns erwischt, haben wir uns mächtig Ärger eingehandelt. Das ist alles deine Schuld!" Piets Augen blitzten gefährlich. „Ja, ja und du hast uns gerettet. Du Möchtegern-Pirat!" Ich merkte ihm an, dass er sich bemühte zu flüstern, dennoch war er viel zu laut. Die polternden Schritte unseres Kapitäns kamen immer näher, das Deck bebte förmlich. Ich hielt die Luft an. Ich malte mir aus, wie ich allein mit Piet im Zimmer sitzen müsste und nur Wasser und Brot bekäme. Doch meine Angst war scheinbar unbegründet, denn die Schritte entfernten sich langsam wieder. Dennoch fürchtete ich mich vor einer schlimmen Strafe. Aus den Augenwinkeln vernahm ich, wie mein Kollege Zentimeter um Zentimeter nach hinten rutschte. „Pass auf, du fällst noch von Deck!", wisperte ich ihm zu. „Du hast mir gar nichts zu sagen! Ich darf machen, was ich will. Außerdem habe ich einen super Gleichgewichtssinn. Kümmere dich um deine eigenen Angelegenheiten!", zischte er. Ich rollte mit den Augen. „Du bist aber selbst schuld, wenn dein Gleichgewichtssinn gleich von Bord fällt" - „Ja? Tu ich das? Pass auf, ich beweise es dir!" Er rappelte sich auf und schlich rückwärts in Richtung Reling. „Du spinnst!", meinte ich. Piet platzierte einen Fuß auf dem Geländer und schwang den anderen auf die Außenseite unseres Schiffes. „Ich beweise dir, dass ich mich ohne Festhalten auf dem Geländer halten kann." - „Das kannst du nicht! Hör auf damit!", sagte ich mit gesenkter Stimme und kauerte mich noch enger hinter dem Fass zusammen. Doch Piet achtete nicht auf mich. Ohne darüber nachzudenken, stieg er auf den Rand des Geländers. In seinem Gesicht spiegelte sich Angst, doch er tat cool. Vorsichtig ließ er seine Hände ab und richtete sich auf. Ich stieß einen Seufzer aus: „Was soll das Theater?" Plötzlich ging ein Ruck durch Piets Körper. Er ruderte mit seinen Armen, taumelte und sein Oberkörper neigte sich schon ein wenig nach hinten. „Hilfe!", stieß er aus. Ich sprang auf. Doch es war zu spät. Piets Füße rutschten ab, er suchte mit seinen Händen nach Halt, aber es war zu rutschig. Er fiel kopfüber Richtung Wasser. Sein linker Fuß hing noch an dem nassen Metall. Diese Chance nutzte ich. Sofort stürzte ich zu ihm und packte seinen Fuß. Keuchend bekam ich ihn zu fassen. Piet schrie auf. „Es ist alles gut! Ich hab dich!", schnaufte ich. In diesem Moment war mir unser Kapitän egal. Ich war mir sicher, er schaute aus guter Entfernung diesem Spektakel zu. Ich biss meine Zähne zusammen. „Und eins!", schrie ich, „und zwei!" Mein Gesicht war von Schweiß überströmt. Mit einem Ruck riss ich sein Bein ein letztes Mal nach oben. Jetzt konnte er sich mit seinen Händen selbst hochziehen. Schnaufend ließ ich mich auf die Planken unseres Schiffes fallen. Kurz danach stürzte auch mein Kollege neben mich. Kurze Zeit herrschte Stille zwischen uns. Dann blickte er mich an. „Das war krass! Ich hätte nie gedacht, dass du so viel Kraft hast! Danke, du bist echt ein guter Kumpel", meinte er mit etwas erstickter Stimme. Ich lächelte. „Das war doch selbstverständlich. Frieden?" Piet schlug ein. „Frieden!" Ich zog die Luft ein. Sein Händedruck war echt fest. Ich hatte an diesem Tag bemerkt, dass Piet gar nicht so schlimm war, wie ich immer dachte. Von nun an verstanden wir uns besser. Wir waren zwar nicht immer einer Meinung, aber wurden dennoch Freunde. Manchmal gab er mir Fitnesstraining und ich lehrte ihm, dass er nicht immer seine Muskeln zeigen musste, um Anerkennung zu bekommen. Auch als wir nicht mehr auf dem Schiff zusammenarbeiteten, hielten wir Kontakt. Es wurde eine Freundschaft unter Seemännern. Die Wochen auf dem Schiff haben mir gezeigt, dass es nicht immer einfach ist, mit anderen Leuten auf engstem Raum gemeinsam Zeit zu verbringen. Aber wenn sich alle bemühen, kommen wir besser miteinander aus. Denn letztendlich können wir nur gemeinsam die besten Erfolge erzielen!

Eva Gunkel und Paula Winker
Gymnasium bei St. Stephan, Klasse 6d

Ein wunderbarer Traum

Eines Tages spazierte ich auf einer Wiese. Plötzlich sah ich einen bunten Schmetterling, der von Blume zu Blume sachte flatterte. Ich sah genau hin und merkte, dass auf der Blume etwas glitzerte. Ich berührte den glitzernden Staub. Sofort hörte ich den Schmetterling sprechen: „Möchtest du meine Welt kennen lernen?" - „Ja!", willigte ich gespannt ein. Alsbald kam ein Lichtblitz und ich sah eine wundersame Welt vor mir. Es gab viele Fruchtbäume mit den schönsten Blüten. Blumen blühten in voller Pracht: Gladiolen, Rosen, Lilien, Schwertlilien und Pfingstrosen in verschiedenen Farben.

Überall sah ich Tausende lachende Gesichter. Kinder und ihre Familien lachten fröhlich.

Alle begrüßten einander herzlich und spielten miteinander und lösten gemeinsam Rätsel. Man merkte, dass hier keiner allein ist. Und jede Aufgabe wurde gemeinsam und mit viel Freude gelöst. Es schien ein fröhliches Schaffen miteinander und füreinander zu sein. Ich hörte zwitschernde Vögel, summende Bienen und lachende Kinder. Und ich roch duftende Blüten.

Jeder half jedem, falls etwas nicht klappte, denn gemeinsam sind wir unschlagbar!

Neugierig fragte ich ein Kind, das neben mir stand, was es für eine Welt sei. Es antwortete: „Es ist eine Welt des Miteinanders." Sogleich hörte ich ein Klingeln und erwachte in meinem Bett. Ich begriff dank des wunderbaren Traums, dass man nur miteinander alles schaffen kann. Die Welt des Miteinanders werde ich niemals vergessen.

Ivonna Hauert
Jakob-Fugger-Gymnasium, Klasse 5b

Familie

Ich wünsche mir eine Gesellschaft
Die jeden aufnimmt, egal, wie er ist
Eine Gesellschaft, die zuhört
In der das Motto "Miteinander" und nicht "Gegeneinander" lautet
In der jeder auf jeden zählen kann
Eine Gesellschaft, die Sicherheit bietet
In der man ein friedliches Leben haben kann
Vor der man keine Angst hat
In der man gerne lebt
In der man sich selbst treu bleibt
Eine Gesellschaft, die lieben kann
Wie eine Familie.

P. Al-Atti
Jakob-Fugger-Gymnasium, Q11

Läuterung

Alle rennen rum und tun und machen,
jeder ist gestresst von seinen eigenen Sachen.
Doch was wäre, wenn wir diese leere Zeit jetzt nutzen,
um endlich uns'ren Kopf zu putzen?
Wenn wir beim Spazieren durch die Wälder
wieder an and'res denken als uns selber,
wenn wir öfter fragen, wie's uns geht
und wie's um uns're Liebsten steht,
wenn wir auf Smalltalk einfach verzichten,
stattdessen von unseren Träumen berichten,
und weniger von Dingen, die uns stören,
die and'ren wollen's eh nicht hören.

Was, wenn durch diese harte Zeit
jeder seinen Geist befreit -
und das Miteinander, das verloren ging,
einfach wieder neu anfing?

Camille Lang
Rudolf-Diesel-Gymnasium, Klasse 9c

Miteinander

Den ganzen Tag sind wir zusammen.
Ob mit Freunden, mit der Familie, mit Klassenkameraden oder Kollegen.
Stelle dir nur einen Moment vor, du wärst völlig
a l l e i n
auf der Welt.
Was wäre das für eine Welt? Wäre es eine schöne Welt? Ganz ohne
Freunde? Ganz ohne Familie? Vielleicht denkst du, es sei zu verkraften.
Wenn man so richtig sauer auf Familie und Freunde ist, wünschte man,
sie wären weg.
Doch manchmal ist man eben wütend, das gehört zum Mensch- sein
dazu.
Wenn sie jedoch wirklich weg wären,
wärst du ganz allein,
wärst du verlassen,
wärst du einsam.
Auch wenn sie manchmal nerven, ohne sie wäre es dir ziemlich LANG-
WEILIG.
Es würde etwas fehlen.
Also bin ich froh, dass ich eine Familie habe, Freunde habe, alle mitei-
nander und auf keinen Fall einsam!
Ich hoffe, das siehst du auch so.

Hannah Braml
Jakob-Fugger-Gymnasium, Klasse 5b

Der Frosch aus der Miesmuschel

Jonas sitzt auf einem Stein und schaut auf das türkis schimmernde Meer.
Er ist wütend und traurig. Sein Freund Sever und er haben gegen die
Jungen aus dem Ferienhaus nebenan Volleyball gespielt. Seine Eltern
haben einen Urlaub auf einer kleinen Südseeinsel gebucht. Bei dem

Spiel wollte er genauso wie sein Vorbild Marcus Klauer spielen und hatte deshalb viel zu oft den Ball behalten und selbst gespielt, statt ihn an seinen Freund abzuspielen. So konnten sie ja nicht gewinnen! Denn wer kann schon auf Anhieb wie ein Profi spielen? Und genau aus diesem Grund war sein Freund jetzt sauer. Sever schrie: „Das war blöd! Immer wolltest du den Ball haben! Wieso hast du kein Teamgefühl?!" Sein Freund war richtig rot im Gesicht geworden und einfach davon gestapft. Eine Weile hatte Jonas noch dagestanden und sich dann auf den Felsen zurückgezogen. Nun dachte Jonas nach. Angestrengt. Sehr angestrengt sogar. Warum hatte er nur immer den Ball haben wollen? Wieso hatte er nicht an seinen Freund gedacht? Sollte er sich jetzt bei ihm entschuldigen? Lieber nicht, vielleicht wollte Sever ja nun gar nicht mehr sein Freund sein. Während er so nachdenkt, sagt plötzlich eine Stimme: „Was ist los denn, junger Mann? Ich vielleicht dir helfen? Drei Wünsche du hast frei." Es ist eine piepsige Stimme. Jonas sieht auf. „Wer spricht denn da?", fragt er und schaut sich erschrocken um. Da - aus einer kleinen, unscheinbaren Miesmuschel kriecht ein Frosch hervor. Sein Rücken ist mit Warzen übersät, glitschig und moosgrün. „Mich auf Hand nehmen! Mich auf Hand nehmen!" „Ach, da bist du!", sagt Jonas und streckt unerschrocken seine Hand aus. Er mochte Frösche und hatte als Fünfjähriger schon mal einen auf der Hand gehabt. Nun sitzt der Frosch auf seiner Hand und sieht ihn aus seinen runden Augen an. „Wer bist du? Und was mischt du dich in meine Angelegenheiten ein?" - „Ich Loenohold heiße. Ich Mitgefühl habe und du drei Wünsche hast frei." Der Frosch starrt ihn weiterhin an. Jonas ist überrascht, aber fasst sich gleich wieder. „Also, ähm, ich wünsche mir, dass Sever wieder mein Freund ist", sagt er. „Das ich nicht machen kann. Du es selber machen. Zweiter Wunsch?", entgegnet der Frosch kühl. „Nun, dann wünsche ich mir, dass wir wieder gewinnen", sagt Jonas. „Und dass ich wie ein Profi spielen kann." Aber der Frosch erwidert nur: „Du alles selbst machen sollst. Aber ich einen Tipp dir gebe: Du nur Selbstvertrauen haben musst und Teamgeist. Dann alles gut." Der Frosch hüpft von seiner Hand und will in die Muschel zurück, aber Jonas hält ihn auf: „Hey, wieso sagst du, dass du mir drei Wünsche erfüllst, du die dann aber gar nicht erfüllen kannst?" - „Der junge Mann einfach spielen. Wird es schon schaffen." Der Frosch hüpft schnell in seine Miesmuschel zurück, grüner Rauch steigt auf und die Muschel verschwindet. Jonas' Gedanken aber drehen sich in seinem Kopf: ‚Werde ich es schaffen? Ist dieser Frosch einfach nur verrückt oder habe ich alles nur geträumt? Aber vielleicht ist doch etwas Wahres dran.'

Und so macht er sich auf den Weg zu Sever. Dieser liegt unter einer Palme und dreht sich wütend weg, als er Jonas' Schatten über sich sieht. Doch Jonas sagt unbeirrt: „Tut mir leid. Ich habe den Ball zu oft für mich behalten. Noch oder wieder Freunde?" Sever meint zaghaft: „Ja, schon." Und dann mit Kampfgeist: „Noch eine Runde gegen die Jungs aus dem Nachbarhaus?"

So kam es, dass zwei Freunde, die zerstritten waren, wieder Freunde wurden und das Miteinander doch noch siegte. Sie gewannen das Spiel gegen die Jungs haushoch und freuten sich riesig.

Der Frosch jedoch beobachtete durch einen kleinen Schlitz in seiner Miesmuschel, wie Jonas und Sever fröhlich nach Hause gingen, als die untergehende Sonne alles in blutrote Farbe tauchte.

Anna-Leyla Kobor
Grundschule Vor dem Roten Tor, Klasse 4b

Gemeinsam schaffen wir alles

Die Schule ist aus. Tom, der in die 3. Klasse geht, macht sich auf den Heimweg. Oh je! Vorne an der Straße stehen Max und Lasse aus der 4. Seit mehreren Wochen wird er schon von ihnen geärgert. Zum Beispiel nahmen sie ihm das Pausenbrot weg und stellten ihm ein Bein. Tom hofft, dass sie ihn nicht gesehen haben, und dreht sich weg. Aber da hört er Max schon rufen: „Hey, Blödmann! Bleib mal stehen!" Tom beginnt zu rennen. Lasse und Max verfolgen ihn. Er rennt schnell um die Ecke. ‚Habe ich sie abgehängt?', fragt sich der Junge. Sein Herz klopft wild und er hat schon Seitenstechen. Doch die beiden sind ihm auf den Fersen und Lasse schreit: „Da vorne ist er!" Mist! Tom muss weiter rennen und schaut sich um, ob er sich irgendwo verstecken kann. Da sieht er eine Baustelle. Schnell klettert er über den Zaun, eine Leiter hoch und auf ein Gerüst hinauf. Max und Lasse sind inzwischen schon da und wollen hinterher. Doch da hat Max eine bessere Idee: „Lass uns die Leiter wegnehmen, dann kann er schauen, wie er wieder runterkommt!" Beide lachen, legen die Leiter auf den Boden und laufen davon.

Tom hat alles beobachtet. Er schaut herunter. „Wenn ich jetzt springe, kann ich mir etwas brechen", überlegt er. „Aber vielleicht ist ja ein Bauarbeiter da." Doch niemand ist zu sehen. „Wahrscheinlich haben sie ja Mittagspause", beruhigt er sich. „Was ist aber, wenn sie schon Schluss haben und erst morgen wiederkommen? Mama macht sich bestimmt schon Sorgen." Ihm laufen die Tränen herunter.

Plötzlich hört er jemanden reden. „Das sind Klara und Paul!" Tom winkt wild mit den Armen und schreit so laut er kann: „Hilfe!" Die beiden schauen sich um und sehen ihn. „Was machst du denn da oben?" fragt Klara. Tom erzählt die ganze Geschichte. Sie helfen ihm herunter. Gott sei Dank ist alles gut gegangen. „Von nun an gehen wir nur zusammen nach Hause", sagt Paul. Und so werden sie Freunde.

Alexandra Schramm
Fröbel-Grundschule, Klasse 3b

Miteinander

Hallo, liebe Mitmenschen,
was fällt euch eigentlich als Erstes ein, wenn man 'miteinander' sagt?
Mir persönlich fallen Situationen ein, in denen man sich gegenseitig unterstützt und für jemanden da ist.
Miteinander funktioniert alles schneller und einfacher. Wieso dann noch alleine?
Ein Beispiel, das mir da gerade zu diesem Thema einfällt, ist, dass meine Freundin eine schwere Zeit hatte, aus der sie alleine nicht herauskommen konnte. Weil sie traurig war, war ich auch traurig. Miteinander haben wir es geschafft, sie aus der schweren Zeit so gut wie möglich herauszuholen.
Oder ganz einfach ein Beispiel aus der aktuellen Lage: Wenn wir nicht alle zusammenhalten und es immer wieder mehr Menschen gibt, die gegen die Regeln verstoßen, ist es umso schwerer, Corona zu besiegen.
Was ist denn eigentlich der Unterschied zwischen 'miteinander' und 'nebeneinander'? Ich glaube, für mich wäre das eine 'zusammen' und das andere 'gleichzeitig, parallel'.

Beyza Kaya
Berufsfachschule für Kinderpflege, Klasse Ki 10B

Rettung in letzter Sekunde

Millie, die kleine blau-rosarote Eule, saß wie jeden Montagmorgen um halb acht auf ihrem Lieblingsast, denn um acht Uhr begann die Schule. In der Eulenschule werden alle Eulen zu Uhus ausgebildet. Millie musste heute ihre Abschlussprüfung machen. Viele andere Eulen auch. Um ihre Abschlussprüfung zu bestehen, muss sie sich mit vielen anderen Eulen einen Weg durch verzauberte Schlingpflanzen bahnen. Wenn sie das schafft, darf sie sich einen Beruf aussuchen. Es gibt Lehrer-Uhus, Frisör-Uhus und die Uhus, die man halt für einen normalen Zauberwald braucht. Millie war ganz schön aufgeregt. Ob sie die Prüfung wohl bestehen würde? Als sie zur Schule flog, traf sie ihre beste Freundin Lila. Sie freute sich schon auf die Prüfung. Nach zwei normalen Unterrichtsstunden war jetzt die Prüfung dran. Millie bekam Bauchweh vor Angst. Aber Lila tröstete sie mit den Worten: „Wird schon gut gehen!" Dann flogen die Eulen auch schon los. Es dauerte nicht lange, bis plötzlich die erste Schlingpflanze aus dem Gebüsch herausragte. Alle Eulen schafften es durch. „Siehst du!", rief Lila stolz. „Wir haben es geschafft!" Nur für einen kurzen Augenblick schaute Millie nicht nach vorn, aber das reichte auch schon, denn nun hing sie kopfüber in einer Schlingpflanze! Die anderen Eulen flogen weiter, bis auf Lila: Sie versuchte, Millie aus den Schlingpflanzen zu befreien. Es klappte nicht. „Warte!", rief sie. „Ich komme gleich wieder!" - „Ok", winselte Millie traurig; sie fühlte sich verlassen. Alle Eulen waren weggeflogen, sogar ihre beste Freundin! Aber warte! Da kam sie doch wieder! Mit den anderen Eulen! Alle Eulen halfen miteinander, Millie zu befreien. Und schließlich schafften sie es. Als sie beim Lehrer-Uhu ankamen, schaute er sie erst einmal mit strengem Blick an. Doch dann rief er: „Ihr habt die Prüfung bestanden, denn es geht nicht darum, wer am schnellsten ist, sondern wer nicht nur an sich denkt und auch anderen hilft. Das habt ihr alle getan und jetzt könnt ihr stolz darauf sein!"

Nela Pollak
Maria-Theresia-Gymnasium, Klasse 5b

Miteinander durch Corona

Die Eltern, Freunde und die Kinder
gehen gerne raus im Winter.
Doch heute, gestern und morgen
haben wir beim Spielen große Sorgen.
Wir fürchten uns vorm Virus hier,
doch miteinander schaffen's wir.
Zusammen gegen Corona drücken,
auch wenn nur in kleinen Stücken.
Täglich nur noch einen sehen,
dafür bald auf Partys gehen.
Gemeinsam nicht zusammensitzen,
dafür auch nicht vor großer Angst schwitzen.

Nur sich draußen sehen
und nicht zu Besuch reingehen.
Zusammen schaffen wir das,
miteinander - habt trotzdem Spaß.

Felicitas Rujevcan
Jakob-Fugger-Gymnasium, Klasse 5b

Kira und das kaputte Glas

Es war einmal ein Junge, er war neun Jahre alt. Er hieß Kira. Er hatte eine Schwester, die war vier Jahre alt und die hieß Manila. Eines Morgens sagten die Eltern Kiman (Vater) und Sanina (Mutter): „Wir gehen einkaufen! Aber vertragt euch und macht ja nichts kaputt!" Die Kinder nickten stumm. Danach gingen die Eltern los und die Kinder gingen schnell in ihr Zimmer. Die Tür war zu. Kira machte die Tür auf und ging ins Kinderzimmer. Die Tür des Kinderzimmers war aus Glas. Kira sah seine Schwester herankommen und hielt die Tür schnell zu, damit sie nicht hereinkam. Doch seine Schwester gab nicht auf. Sie drückte und drückte. Da passierte etwas Schlimmes: Das Glas der Tür ging kaputt.

Er hatte zu seinen Eltern gesagt, dass er nichts kaputt machen werde. Oh nein! Was sollte er jetzt tun? Das Glas hatte Kira sehr verletzt. Seine Füße waren voller Blut. Doch zum Glück hatte seine Schwester sich nicht verletzt. Aber was sollte er tun? Neues kaufen . . . zusammenkleben . . . aha - MITEINANDER arbeiten. Er sagte seiner Schwester, dass sie über alle Glasstückchen hinweg zu ihm kommen solle. Seine Schwester kam zu ihm. Dann sagte er: „Wenn wir uns vertragen und nicht streiten, schaffen wir es, alles wieder gut zu machen." Dann sagte er: „Hilf mir bitte, alle Glasstückchen aufzuräumen!" Beide arbeiteten miteinander, bis der Boden blitzeblank war. Alles fertig.

Miteinander arbeiten hat sich gelohnt! Und was ist mit dem Türglas? Kira sagte: „Wir sagen, dass wir das Glas von der Türe durchsichtig angemalt haben, weil wir malen wollten. Beim Malen ist etwas grüne Farbe auf das Glas gespritzt und wir haben es dann durchsichtig angemalt."

„Cooler Plan!", sagte seine Schwester. Danach holten beide ihre Wasserfarben und Blätter, auf denen sie malen konnten.

„Miteinander arbeiten lohnt sich", sagte Kira nochmals. Dann klingelte es an der Haustür. „Bist du vorbereitet?", fragte Kira. „Ja", sagte seine Schwester. Beide gingen zur Tür und machten auf. Ihre Eltern standen mit vollen Händen vor der Tür. Die Eltern fragten: „Habt ihr etwas kaputt gemacht?" - „Nichts!", sagten beide gleichzeitig. Die Eltern legten die Tüten in der Küche ab und wuschen sich die Hände. Dann kam sein Vater zum Kinderzimmer und sagte: „Kira, wo ist das Glas von der Tür?" Kira sagte: „Das Glas von der Tür haben wir durchsichtig angemalt, weil wir malen wollten. Beim Malen ist etwas grüne Farbe auf das Glas gespritzt und wir haben es dann durchsichtig angemalt."

Der Vater glaubte ihm. Dann sagte er: „Kommt, Mittagessen!" Und sie aßen in Ruhe – und Ende.

Nachwort

Ist Lügen gut? Kira und seine Schwester haben ihren Vater angelogen, weil sie nicht wollten, dass er auf sie sauer wird.

Mosawer Hoshmand und Marwa Hoshmand
Blériot-Grundschule, Klasse 3b

Ich streck dir meine Hand aus, wenn du fällst

manchmal sind wir gern allein
wir wollen entfliehen dem Masken-Schein
diese halten wir schon lange viel zu starr
denn der Schein ist leichter zu bewältigen als die Gefahr
die Gefahr des Vertrauens polarisiert unsere Angst
und ich sehe, wie du innerlich schwankst
doch sei mit Vorsicht gesagt
du bist vielleicht gerade mit dir selbst überfragt
drum strecke ich dir meine Hand aus
nimm sie
halt dich an ihr fest
und lass dich fallen in meine schützende Welt

Sandra Staiger
Berufsschule IV, Klasse BM10E

Miteinander, Füreinander, Untereinander

MITEINANDER, FÜREINANDER, UNTEREINANDER
Miteinander Träume verwirklichen
Miteinander Ziele setzen und erreichen
Miteinander Spaß haben
Miteinander reden und lachen
Miteinander Respekt zeigen

Miteinander schätzen und lieben lernen
Einmal wieder miteinander an einen Tisch setzen, unsere Träume besprechen, lachen und uns an die Momente erinnern, an denen wir glücklich waren.

Magdalena Bradl
Mädchenrealschule St. Ursula, Klasse 8c

Miteinander

Man kann allein durchs Leben gehn,
doch man wird sehn,
das ist nicht schön.
Man kann für sich selbst Witze machen
und dann auch darüber lachen,
doch das ist nicht schön.
Man kann kleiden sich sehr fein
und dann gehn ganz allein,
richtig gut essen,
doch das wird man schnell vergessen.
An diesen Beispielen hat man wohl gemerkt,
dass es schöner ist zu mehrt,
das ist dann schön.
Zusammen kann man vieles überstehen
und die schönen Momente werden im Herzen nie vergehen.
Zusammen ist's schön auf dieser Welt,
die in der Gemeinschaft am besten gefällt.
Schön ist es, das Zusammensein,
viel besser als so ganz allein.

Micha Prockl
Gymnasium bei St. Stephan, Klasse 6d

Hoffnungsvolle Augen

Ich renne, aber ich weiß genau, dass ich niemals davonrennen werde. Ich kann nicht. Ich darf nicht. Ich möchte dem allem hier entfliehen, könnte es mir aber nie verzeihen, mein altes Leben hinter mir zu lassen, meine Familie, meine Freunde. Und außerdem – wo soll ich hin?
Um mich herum nur viele verstaubte Betongebäude und Wüste. Meine Eltern hatten ein kleines Nähgeschäft, uns ging es besser als vielen ande-

ren Familien hier. Schon mit zehn Jahren, als Älteste von acht Geschwistern, habe ich das Schneiderhandwerk erlernt, da meine Eltern sich nicht viele Helfer leisten konnten. Dann kam es zur Dürre und die zeigte uns wieder, wie abhängig wir sind. Es gab nichts zu essen und nur unsere wenigen Verkäufe von Stoffen an reichere Händler hielten uns grade so über Wasser. Also mussten ich und meine ältesten Geschwister halb verhungert, halb verzweifelt im nächstgelegen Dorf Arbeit finden. Da habe ich sie zum ersten Mal gesehen. Damals kamen sie mir wie Engel vor, geschickt von Mutter Natur, in ihren grünen T-Shirts und lächelnden Gesichtern. Sie wollten helfen und das taten sie auch. So kam ich zu meinem Job an der Essenausgabe. Es ist mir noch nie etwas Besseres passiert, als jeden Tag strahlende, hoffnungsvolle Augen zu sehen. Mit jedem Tag wurden diese Augen kräftiger, die der Dorfbewohner und die meiner Eltern. Mit meinem Geld und unseren wenigen Ersparnissen kauften wir uns eine eigene kleine Nähmaschine, um so die benötigten Arbeitskräfte zu reduzieren und meine Brüder in die Schule zu schicken. Wir hatten unsere kleine Gemeinschaft, in der alle aufeinander geachtet haben. Ja, früher war vieles besser, aber das ist jetzt vorbei.

Sie haben gesagt, die ganze Welt sei betroffen, alle Menschen leiden und es gibt keine Möglichkeit, etwas zu tun, außer nach Hause zu gehen. Und das taten sie auch. Sie wurden gezwungen, uns zu verlassen. Es ist zu gefährlich. Und was ist mit uns? Wir haben zuerst gar nicht realisiert, wie schlimm die Situation war. Man hat uns gesagt, eine Pandemie wandere wie ein Lauffeuer um die Welt, und um dieses Virus zu stoppen, müssten alle Abstand halten. Das habe ich gar nicht verstanden. Wie soll man sich helfen, wenn man sich voneinander fernhält? So verlor ich meine Arbeit, aber wir hatten ja noch unsere kleine Nähmaschine. Zunächst haben wir weiter nichts gemerkt. Doch dann kamen immer weniger Händler und Arbeiter in unser Dorf und es gab weniger Abnehmer für unsere Waren. Und dann hörte man von den ersten Erkrankten. Corona nennen sie das Virus. Das Einzige, was hilft, ist, in Quarantäne zu bleiben und Masken zu tragen. Davor wusste ich nicht einmal, was das Wort Quarantäne bedeutet. Niemand kam mehr in unsere Stadt. Wir mussten alle Kinder von der Schule nehmen und ohne Kunden hatten wir keine andere Möglichkeit, als unsere Nähmaschine zu verkaufen. Zwei Möglichkeiten auf eine Zukunft in Luft aufgelöst. Meine Mutter war verzweifelt und kam nicht mehr aus dem Bett. Mein Vater nahm jede Arbeit an, die es gab, auch wenn sie illegal war und ihm seinen Schlaf raubte. So hörte er wenigstens nicht, wie laut unsere Mägen in der Nacht grummelten. Wo sind unsere Helfer jetzt? Wer ermöglicht uns unser Zusammenleben, wenn alle allein zu Hause bis zu den Knochen abmagern, nur damit man nicht an einem Virus erkrankt, von dem wir nur den Namen kennen. „Bleibt stark und haltet zusammen!", haben sie gesagt. Für die Menschheit und die Welt. Wo ist der Zusammenhalt, wenn man ihn braucht? Ich möchte nicht hier einsam verhungern, ich möchte meine Mitmenschen unterstützen, ich möchte diesen hoffnungsvollen Augen helfen. Und ich glaube, ich bin da nicht alleine. Ich habe gesehen, wie wichtig es auch den Helfern war. Sie haben mir Essen und Kleidung gegeben und mir Geschichten von besseren Orten erzählt. Sie haben mir Hoffnung gegeben, dass man zusammen alles erreichen kann. Und deswegen renne ich nicht weg. Ich bleibe und helfe.

Yvonne Getmann
Maria-Theresia-Gymnasium, Q12

Meine Erinnerungen

Es nieselt. Ich spüre die winzigen Tröpfchen auf meinen Wangen. Meinen Augenlidern. Meinen Lippen. Meine nassen Haare kleben in meinem Gesicht. Ich atme. Ich atme so tief ein, dass es fast schon schmerzt. Ich fühle den kalten Boden unter mir. Ich glaube, ich sitze auf einer Straße. Mein Kopf tut schrecklich weh. Es fühlt sich fast so an, als ob er zerspringen würde. Ich öffne meine Augen. Ich sehe nur verschwommen die Umgebung. Ich taste nach einer möglichen Wunde an meinem Kopf. Ich stoße auf die Ursache des Schmerzes. Ich schaue auf meine Finger. Ich erkenne verschleiert die Farbe Rot. Ich blicke auf. Nicht nur der Schmerz irritiert mich. Es ist so unglaublich still. Ich höre absolut nichts. War das schon immer so? Ich kann mich nicht erinnern, jemals etwas gehört zu haben. Ich kann mich generell an überhaupt nichts erinnern. Nicht an meinen Namen, nicht an den Grund, warum ich hier sitze, und nicht, warum ich am Kopf blute. Langsam gewöhnen sich meine Augen an die Umgebung. Ich richte mich auf. Ein Auto kommt sehr schnell auf mich zu gefahren. Das blaue Licht blendet mich. Noch zwei weitere tauchen auf. Männer in Uniform rennen auf mich zu. Sie öffnen ihre Münder. Rufen sie mir etwas zu? Ich kann immer noch nichts hören. Ja, sie reden mit mir. Ich kann sie aber weder verstehen noch ihnen antworten. Sie schauen irgendwie sehr besorgt. Es wirkt alles so hektisch. Dabei bin ich doch so müde. Ich möchte einfach nur meine Augen schließen und schlafen. Den Schmerz vergessen. Die Männer versuchen mich wach zu halten. Sie schütteln mich und reden auf mich ein. Was sie wohl sagen? Ich weiß es nicht. Meine Augen fallen zu und ich sinke in einen tiefen Schlaf.

Noch bevor ich meine Augen öffnen will, höre ich das Piepsen. Diesen nervigen hohen Ton. Ich vernehme Stimmen. Ich schlage meine Augen auf. Das Zimmer, in dem ich mich befinde, wirkt kalt und unpersönlich. Bin ich im Krankenhaus? Ich will mich aufrichten, aber die Kabel, die mit mir verbunden sind, halten mich zurück. Mein Blick erfasst mehrere Personen. Zum einen weiß gekleidete Frauen und Männer, zum anderen ein älteres Paar. Ich nehme an, dass es sich um Ärzte und Pflegepersonal handelt. Das Paar kann ich noch nicht zuordnen. Sie bemerken, dass ich wach bin.

Sie stürmen auf mich zu. Ich sehe Tränen in ihren Augen. Sie wirken erleichtert. Sie rufen immer wieder einen Namen. Meinen sie damit mich? Sie sagen Sätze wie ‚Gott sei Dank, dass ich lebe' oder ‚sie hätten solch eine Angst gehabt'. So ging das einige Zeit. Sie merken dann aber, dass etwas nicht stimmt. Sie erwarten eine Antwort von mir. Ich versuche, etwas zu sagen, aber ich weiß nicht, was. Es ist alles so komisch. Überhaupt, diese beiden Menschen sind mir viel zu nah. Ich schaue zu den anderen Personen in diesem Raum. Ich frage, wer diese Fremden seien und was sie von mir wollten. Es ist ganz still. Die Frau neben mir fängt wieder an zu weinen. Der Mann nimmt meine verkabelte Hand. Er fragt sehr leise, ob ich sie nicht erkennen würde. Er sagt, sie seien meine Eltern. Mir wird schwindelig. Meine Eltern? Ich kann mich nicht erinnern, ob ich überhaupt Eltern habe. Alles dreht sich. Ich sinke wieder in einen langen Schlaf.

Die nächsten Tage verlaufen ähnlich wie der, an dem ich das erste Mal aufgewacht bin. Menschen kommen. Sie sagen alle das Gleiche. Ob ich sie nicht erkennen würde. Sie seien meine Geschwister, meine Freunde, meine Großeltern und jedes Mal waren sie für mich einfach nur Fremde. Sie bringen mir Dinge mit, die mir helfen sollen, mich zu erinnern. Einige Sachen kommen mir auch bekannt vor, aber den Nebel in meinem Kopf lassen sie trotzdem nicht verschwinden. Es sind Dinge wie Fotos, Lieder, Kuscheltiere, Muscheln, Tagebücher. Die Fotos erinnern mich an etwas, aber ich weiß nicht, wo sie geschossen wurden und wer da drauf ist. Die Melodien kommen mir bekannt vor, aber ich kenne den Text nicht. Die Kuscheltiere und Muscheln fühlen sich vertraut an, aber ich weiß nicht, warum. So geht es mir meistens. Irgendwas in mir spürt eine Verbindung zu den Dingen, mein Kopf kann aber nicht verstehen, wieso. Ich fühle mich sehr einsam und ich habe Angst. Wovor? Vielleicht, dass ich mich erinnere. Vielleicht aber auch, dass ich mich nicht erinnere.

Einige Tage später erklären mir die Ärzte, dass ich soweit gesund genug sei, einen kleinen Spaziergang machen zu können. Meine Erinnerungen sind immer noch nicht zurückgekommen. Der Nebel in meinem Kopf ist genauso dicht wie am Anfang. Meine Eltern begleiten mich nach draußen. Ganz langsam natürlich. Es fühlt sich so gut an, endlich wieder einige Schritte gehen zu können. Draußen, vor dem Krankenhaus, spüre ich die frische Luft auf meinen Wangen. Ich schließe die Augen und atme tief ein. Ein Bellen lässt mich zusammenzucken. Ich öffne meine Augen. Mein Blick fällt auf einen zotteligen Hund neben meinen Geschwistern. Ohne darüber nachzudenken, rufe ich den Namen des Hundes. Ich halte inne. Niemand hat mir gesagt, wie der Hund heißt. Ich fange an zu weinen. Ich erkenne ihn. Ich erinnere mich. Bilder schießen in meinen Kopf. Erinnerungen spielen sich vor meinen Augen ab. Ich vergrabe mein Gesicht in seinem Fell. Mit meinen Erinnerungen an meinen Hund kommen auch alle anderen. Ich weiß jetzt wieder, woher die Fotos waren, die meine Freunde mir gezeigt haben. Ich weiß wieder jedes einzelne Wort der Lieder, die wir früher immer zusammen gesungen haben. Das Kuscheltier, die Muscheln, die Tagebücher. Mein Kopf kann wieder alles mit meinen Erinnerungen verknüpfen. Der Nebel ist vollständig verschwunden. Ich kann nicht sagen, wie lange ich schon hier sitze. Die Wucht meiner zurückkehrenden Erinnerungen ist kaum auszuhalten. Ich blicke nun endlich auf. Ich erkenne jetzt all die Menschen, die die letzten Tage zusammen alles gegeben haben, mich und meine Erinnerungen zurück zu holen. Ja, das sind meine Eltern, meine Geschwister, meine Freunde. Bilder tauchen auf. Mein Auto, die nasse Straße, das Reh, der Baum. Die letzten Tage waren schrecklich. Ich kenne jetzt wieder meinen Namen. Ich weiß, dass die Einsamkeit endlich vorbei ist. Ich weiß, dass ich es nur gemeinsam mit meiner Familie und meinen Freunden geschafft habe, zurück zu meinem Ich zu kommen. Ich weiß jetzt, wie wichtig Menschen sind, die nie aufhören, an einen zu glauben, auch wenn es noch so hoffnungslos aussieht. Ich weiß das alles. Und vor allem weiß ich wieder, wer ich bin.

Julika Riehle
Maria-Theresia-Gymnasium, Q12

Gemeinsam sind wir stark

Rex war ein kleiner Spatz. Er lebte mit seinen vielen Gefährten in einem kleinen Dorf, in dem es den Spatzen sehr gut ging. Im Sommer gab es immer genug Käfer und Würmer für die kleinen Vögel, sie konnten sich in den Büschen und Bäumen ihre gemütlichen Nester bauen und im Winter hingen die freundlichen Dorfbewohner Futter auf, so dass die Spatzen auch in der kalten Jahreszeit satt wurden.

Die Spatzenschar hätte wie im Paradies gelebt, wenn da nicht die gefährlichen Katzen gewesen wären. Deren Zahl nahm von Jahr zu Jahr zu. Die hinterlistigen Jäger schlichen sich auf leisen Pfoten an die ahnungslosen Spatzen heran, wenn sie im Sand ein Bad nahmen, sprangen mit einem großen Satz auf die hilflosen Vögelchen zu und zerfetzten sie mit ihren scharfen Krallen. Kaum waren die kleinen Spatzen aus den Eiern geschlüpft und die Eltern auf Nahrungssuche ausgeflogen, kletterten die flinken Räuber die Bäume hinauf, auf denen die Nester versteckt waren, und fraßen die kläglich piepsenden Jungvögel erbarmungslos auf. Überall lauerten die schlauen Katzen den Vögeln auf und packten sie im richtigen Moment. Es war einfach schrecklich!

Eines Tages hatte Rex eine Idee und stellte sie den anderen Spatzen in einem dichten, geschützten Busch vor: „Freunde, ich kann das nicht länger mit ansehen! Die grausamen Katzen haben schon fast die Hälfte unseres kleinen Volks vernichtet, dabei bekommen die verwöhnten Bestien auch noch teures Katzenfutter von ihren Besitzern und müssten uns überhaupt nicht fressen, denn sie sind dick und satt. Trotzdem scheuen sie nicht davor zurück, jeden von uns zu töten. Wir müssen etwas tun! Mir ist ein Gedanke gekommen: Wir sollten den Katzen einmal klar machen, dass auch wir kleinen Beutetiere uns wehren können, und sie dazu bringen, dass sie sich fürchten! Und das fangen wir so an:

An einem schönen, sonnigen Tag versammeln wir uns alle in einem niedrigen Busch, zwitschern und tun ganz sorglos. Die Katzen werden sich anschleichen und denken, dass sie uns leicht überwältigen können, weil wir so unvorsichtig wirken. Dann, wenn sie gerade angreifen wollen, fliegen wir alle gleichzeitig aus dem Busch heraus, kreischen so laut wir können und kratzen die verblüfften Katzen im Gesicht. Vielleicht erschrecken sie sich so sehr, dass sie davonlaufen und uns endlich in Ruhe lassen! Wollen wir das versuchen?" Die anderen Spatzen waren sofort sehr aufgeregt. „Werden wir das schaffen und die Katzen in die Flucht schlagen können?" - „Passiert uns dabei auch nichts und werden die Bestien sich auch nicht an uns rächen?", klang es von allen Seiten und die kleinen Vögelchen flatterten wie wild hin und her. „Beruhigt euch doch! Das klappt schon, wir müssen es eben ausprobieren!", rief Rex den erregten Vögeln zu und langsam kam die Schar wieder zur Ruhe. Da es Sommer war, wollten die Spatzen gleich am nächsten Tag ihren Plan durchführen. Die ganze Schar flog schnell in ihre Nester, um ausgeschlafen für das große Abenteuer zu sein.

Und dann war es so weit: Die Sonne ging auf und die Spatzen flatterten laut zwitschernd zu einem sehr niedrigen und lichten Busch, in dem sie sich alle niederließen. Sie zupften sich gegenseitig das Gefieder, pickten scheinbar sorglos Insekten von den Blättern und zwitscherten noch lauter. Es sollte fröhlich und unbeschwert klingen, doch die kleinen Spatzenherzen pochten dabei so schnell wie noch nie!

Da knackte ein Zweig und die Vögel wussten: Jetzt waren die Katzen da! Nun würde sich zeigen, wer stärker war! Die Katzen schlichen sich leise an; die Spatzen konnten bereits ihre glühenden Augen im Gesträuch sehen. Die kleinen Vögel versuchten weiter, unbefangen zu wirken und nicht aufzufallen, doch es fiel ihnen sehr schwer. Was würde passieren, wenn die Katzen ihre List durchschauten?

Und dann sprang die erste Katze plötzlich aus dem Gebüsch hervor! Im selben Moment gab Rex das Zeichen zum Angriff. Die ganze Spatzenschar stob aus dem Busch heraus und fiel wie ein einziger riesiger Raubvogel über die leichtsinnigen Katzen her: Sie flatterten um sie herum, kreischten ihnen in die empfindlichen Ohren und kratzten sie mit den scharfen, kleinen Krallen im Gesicht. Da ergriffen die völlig überraschten Katzen, so schnell sie konnten, die Flucht. Die mutigen Spatzen verfolgten sie noch eine Weile und ließen dann von ihnen ab. Doch die Katze, die sich zuerst hervorgewagt hatte, konnte sich nicht bewegen, denn die kleinen Vögelchen hackten mit Schnäbeln und Krallen auf sie ein und ließen sie nicht entkommen. Endlich verkündete Rex mit erhobener Stimme: „Jetzt haben wir es euch aber gezeigt! Ihr habt uns so lange geplagt und verfolgt und nun haben wir uns gerächt! Denn zusammen sind auch wir kleinen Vögel unbesiegbar! Du musst uns versprechen, dass ihr uns nie wieder angreift und niemals mehr einen von uns tötet! Ihr bekommt nämlich auf jeden Fall genug zu fressen und hungert nicht. Sage das deinen Freunden! Und jetzt schwöre, dass ihr nie mehr versucht, uns zu vernichten!" - „Ich schwöre es!", presste die Katze mühsam hervor, doch man sah ihr an, dass sie vor Scham und Zorn glühte. Da endlich ließen die eifrigen Spatzen von der Katze ab. Sie sprang auf, so schnell sie konnte, und humpelte davon. Die Spatzenschar feierte an diesem Tag ein großes Fest und lobte den verlegenen Rex in den höchsten Tönen. Die Katzen jedoch töteten tatsächlich nie wieder einen einzigen Spatz im Dorf und die schlauen Vögel lebten nun wirklich wie im Paradies.

Wie die Spatzen sollten auch wir immer zusammenhalten und niemanden ausschließen. Wir müssen miteinander leben, dann bewältigen wir jede noch so schwere Zeit. Nur gemeinsam sind wir stark!

Aemilia Gairhos
Gymnasium bei St. Stephan, Klasse 6a

Miteinander

Miteinander
Fröhlich sein
Zusammen Spaß haben
Besser miteinander als allein
Freundschaft

Emil Weber
Grundschule Inningen, Klasse 2a

Mein Freund

Ich spiele gerne mit meinem Freund. Wir hüpfen Trampolin und spielen Playmobil. Wir mögen es, zusammen zu spielen. Miteinander mit meinem Freund ist es super!

Michl Bitzl
Grundschule Centerville-Süd, Klasse 2a

Miteinander ist momentan nicht leicht

Miteinander ist momentan sehr schwer
Keine Umarmungen, kein Handschlag mehr
Miteinander haben wir Glück
Ich gebe Liebe und bekomme sie zurück
Miteinander können wir alles erreichen
Man kann es nicht mit anderen Sachen vergleichen
Miteinander sind wir für andere da
Und das ist einfach wunderbar
Miteinander lassen wir niemanden allein
Denn das darf wirklich nicht sein
Miteinander können wir auch manchmal Mist bauen
Und uns gegenseitig vertrauen
Miteinander können wir tolle Sachen machen

Und uns auch manchmal verkrachen
Miteinander fehlt mir in dieser Zeit
Wir gehen nach draußen und die Sonne scheint
Die Hauptsache ist aber:
Miteinander ist alles leicht
Man hat einander und das reicht

Mariella Gano
Gymnasium Königsbrunn, Klasse 5a

Eine gute Idee

Hallo, ich bin Elisa und das ist meine Familie: Dazu gehören Mama und Papa. Marie ist meine kleine Schwester. Ela ist meine große Schwester und Marcel der große Bruder. Wir wohnen zusammen in einem Haus in Haunstetten. Marcel wollte seinen 16. Geburtstag feiern und hatte eine Party mit seinen Freunden geplant.

Dann war aber leider der Lockdown im Radio angesagt. Das heißt, man darf nur zum Einkaufen, zur Arbeit und zur Schule gehen. Außerdem war es erlaubt, draußen Sport zu machen. Man musste nur genügend Abstand halten, denn ein gefährliches Virus war auf der ganzen Welt. Wir waren alle geschockt und Marcel sehr traurig.

Ela hatte eine Idee. „Wir nehmen unsere Rollschuhe und Inliner und fahren eine große Runde," sagte sie. „Oh ja!", schrien alle anderen. Wir machten einen langen Zug. Jeder war einmal vorne. Dann hatten wir noch Wettrennen gemacht. „Das war ein Riesenspaß," sagte Marie, als wir zu Hause ankamen. Wir fuhren ab sofort jeden Tag MITEINANDER.

Elisa Peintinger
Fröbel-Grundschule, Klasse 3b

Das bedeutet Miteinander

Miteinader bedeutet, daß man Probleme zusammen löst.
Es ist egal, ob mit Familie, Freunden oder anderen vertrauten Personen. Um euch das besser zu erklären, erzähle ich euch eine Geschichte.
Es geht um einen Jungen namens Max. Er tat sich schwer in der Schule und hatte sehr schlechte Noten. Erst neulich hatte er eine Fünf in Mathe geschrieben. Er grübelte sehr viel und erzählte es schließlich seinen Eltern und seinen Freunden. Seine Eltern sagten ihm, er solle zu ihnen kommen und sie fragen, wenn er in der Schule etwas nicht versteht, und

sie fanden jemanden, der Max einmal in der Woche Nachhilfeunterricht geben konnte.

Auch seine Freunde unterstützten ihn.

Und schon bald verbesserte er sich in der Schule und schrieb nur noch gute Noten. Miteinander haben sie es geschafft.

Lale Aratma
Werner-von-Siemens-Grundschule, Klasse 4a

Miteinander

Miteinander heißt gemeinsam,
Miteinander heißt nicht einsam.
Wir haben Freunde und Familie,
wie Clara und Tante Emilie.
Doch auch wenn wir sind allein,
lassen niemanden außer der Familie rein.
Wegen Corona zum Beispiel.
Doch selbst das ist Miteinander,
denn so helfen wir uns gegeneinander.
Somit stecken wir niemanden an.
Jeder tut, was er kann.
Miteinander ist sehr wichtig
und auch fast immer richtig.
Deswegen halten wir zusammen,
bis wir wieder sind beisammen.

Celeste Schnurbein und Sarah Besler
Gymnasium bei St. Anna, Klasse 6b

Miteinander Corona besiegen

Miteinander Corona besiegen
M**I**teinander die Welt retten
Mi**T**einander Abstand halten
Mit**E**inander Maske tragen
Mite**I**nander Alten helfen
Mitei**N**ander die Gesellschaft schützen
Mitein**A**nder Regeln befolgen
Miteina**N**der zuhause bleiben
Miteinan**D**er von fernen Ländern träumen

MiteinandEr für Nachbarn einkaufen
MiteinandeR Corona besiegen

Sophie Ding
Maria-Theresia-Gymnasium, Klasse 5b

Mein Bruder und ich

Mein Bruder und ich streiten manchmal. Aber er spielt auch mit mir und davon will ich jetzt erzählen.

Manchmal sind große Geschwister maulig. Das ist blöd. Aber sie können auch nett sein, wenn man zu ihnen nett ist. Einmal zum Beispiel habe ich ein Rätsel machen müssen für die Schule und ich habe es nicht so ganz verstanden. Deswegen bin ich zu meiner Mama gegangen. Sie hat mir ein bisschen geholfen. Aber dann musste ich wieder hochgehen. Dann dachte ich mir: ‚Warum frage ich nicht meinen Bruder, ob er mir hilft?' Also habe ich ihn gefragt. Er wollte mir sogar helfen und er hat es mir dann auch genau erklärt. Nun weiß ich, wie es geht. Man schafft immer etwas, wenn jemand anderes dabei ist. Mein Trick, um große Geschwister lieber zu machen: Immer etwas zum Essen vorbeibringen!

Lara Krull
Fröbel-Grundschule, Klasse 3a

—

Du und ich zusammen.
Verliebt ineinander. Verliebt zusammen.
Ich bin froh: Du existierst. Vor meinen Augen. Neben mir. Mit mir.
Ich bin froh: Ich existiere. Vor deinen Augen. Neben dir. Mit dir.
Zwei kollidierende Linien schneiden sich auf dem Weg der Zeit.
Vielleicht nicht heute, vielleicht auch nicht morgen.
Denn es sind du und ich, die die Welt beherrschen.

Elitsa Yotova
Maria-Theresia-Gymnasium, Klasse 10a (Schreibwerkstatt)

MITEINANDER

Wir kommen nacheinander
Wir laufen voreinander
Wir treffen aufeinander

Wir liegen beieinander
Wir driften auseinander
Wir gehen voneinander
Wir stehen zueinander
Doch das Schönste ist:
Immer miteinander!

Nicola Luise Dorothe Wegner
Maria-Theresia-Gymnasium, Klasse 5b

Miteinander

Miteinander
- gemeinsam, zusammen
[Miteinander - ein unscheinbares Wort mit einer so starken Bedeutung.]
Unsere Gesellschaft ist geprägt von Egoismus, Hass und Unzufriedenheit.
Wir leben in einer Welt, in der nur noch der materielle Besitz zählt. Uns
ist es wichtig, was fremde Menschen auf irgendwelchen sozialen Platt-
formen von uns denken; geblendet von einer virtuellen Scheinwelt.
Selbst jetzt zu dieser schlimmen Zeit, die unsere Welt bewegt, handeln
wir immer noch egoistisch. Wir beschweren uns über die Entscheidun-
gen bzw. die Maßnahmen, die getroffen werden. Hitzige Diskussionen
und Hassreden in Facebook, Instagram und Co. Wie immer alles nur
online. Jeder denkt wieder nur an sich und seine Bedürfnisse.
Aber wir müssen aufhören, uns ständig über alles aufzuregen!
Es ist die Zeit gekommen, wo das MITEINANDER zählt. Nur gemeinsam
sind wir stark und können gegen diese Geschehnisse vorgehen. Der
Egoismus muss weichen, denn jetzt zählt der Zusammenhalt.
Wir müssen an die Generation denken, die den Krieg miterlebt und
unser Land wiederaufgebaut hat. Diese Menschen leiden unter pani-
scher Angst, dass sie von der Vergangenheit eingeholt werden. Unsere
kleinen Schützlinge müssen sich mit solchen Bedingungen auseinander-
setzen, obwohl sie einfach nur ihre unbeschwerte Kindheit genießen
sollen. Es gibt so viele weitere Dinge, die man aufzählen könnte.
Ein Lied namens „USA for Africa - we are the world", geschrieben von
Michael Jackson und Lionel Richie im Jahr 1985, das die ganze Welt
bewegt hat. Die Message ist - damals wie heute – das, was wir uns vor
Augen halten müssen.
„Wir können uns nicht Tag für Tag weiter vortäuschen,
dass irgendjemand, irgendwie bald etwas verändern würde.

Wir sind alle ein Teil von Gottes großer Familie
und die Wahrheit ist, wie du weißt, Liebe ist alles, was wir brauchen.
Wir sind die Welt, wir sind die Kinder.
Wir sind diejenigen, die einen strahlenderen Tag machen.
So lasst uns anfangen zu geben.
(Sinngemäß ins Deutsche übersetzt)

Wir müssen aufhören, nur an uns zu denken, und anfangen, gemeinsam zu kämpfen. Fast acht Milliarden Menschen, eine unglaublich große Familie, die nur gemeinsam eine Chance hat, etwas zu erreichen.

Auf unserer Welt sollte kein Platz für Hass, Rassismus, Gewalt, Mobbing oder Diskriminierung sein.

Hand in Hand können wir so viel bewegen, denn Leben bedeutet miteinander, nicht gegeneinander.

MITEINANDER SIND WIR STARK!

Michaela Müller
Berufsschule IV, Klasse BM10B

Miteinander ist alles leichter

Menschen träumen von Geld und Ruhm, doch das, was sie eigentlich bräuchten, um zu leben, ist die Liebe und die Freundschaft der Menschen, die sich für dich und deine Probleme interessieren und dich so akzeptieren, wie du bist.

Unsere Geschichte beginnt in einem finsteren, langen Gang, an dem sich Türen an den Seitenwänden aneinanderreihten. Am Ende des dunklen Flurs stand vor einer Glastüre ein großes, schlankes Mädchen. Sie trug eine weiße Jeans und ein türkises Top. Ihre hellblonden, langen Haare, die in der Dunkelheit leuchteten, wellten sich den zierlichen Rücken hinunter. Auf der Brust des Shirts war ein Namensetikett angebracht worden, auf dem mit krakeliger Handschrift ein Name zu erkennen war: Lexi lautete er. Lexis Mutter hatte sich für ihre Tochter um einen Praktikumsplatz in einem Altersheim gekümmert. Die fürsorgliche Mutter wollte für die Kleine nur das Beste, da ihr Opa vor ein paar Tagen verstorben war. Und da ihr Opa ihr Seelenverwandter war, konnte Lexi mit ihm über alles reden. ‚Ganz locker bleiben, Lexi, das ist nur ein dunkler Gang, da wird schon nichts passieren', versuchte sie sich selbst zu motivieren und als sie einen Schritt nach vorne trat, flackerten die Lichter an der Decke wild auf. Das Mädchen machte immer schnellere Schritte und stolperte fast den Gang entlang. An ein paar Stellen zwischen den Türen

waren einige Bilder zu sehen; einmal ein Gemälde von einem Sonnen-
blumenstrauß auf blauem Hintergrund. Sie wandte ihren Blick auf die
Türen 413, 415 . . . Ah, da war die Türe, die Lexi gesucht hatte. Die Prakti-
kantin atmete einmal kurz tief durch und fasste all ihren Mut zusammen
und klopfte an der dunkelbraunen Tür mit der vergoldeten Ziffer 417.

Eine ganze Weile passierte nichts, dann ertönte eine schrille, laute und
ältere Stimme: „Bin gleich da" und dann ganz plötzlich öffnete sich die
Türe einen Spalt breit und ein hellblaues Auge starrte sie an. „Ich bin
Lexi", sagte das Mädchen unsicher. „Ich bin hier, um mich ein bisschen
um Sie zu kümmern, Frau Jansen. Die Heimleiterin Frau Rosamunde
schickt mich. Darf ich bitte hereinkommen?" Die ältere Dame öffnete
widerwillig die Türe ein weiteres Stück und zum Vorschein kam eine
verstrubbelte alte Frau. Ihre weißen wirren Haare kräuselten sich den
Rücken hinunter. Die alte Dame hatte die grell-leuchtenden blauen,
aufgerissenen Stielaugen auf Lexi gerichtet. Frau Jansen trug immer
noch ein weißes Nachthemd.

Einige Minuten später saß Lexi auf dem braunen Ledersofa. Während
Frau Jansen in der Küche pfeifend eine Kanne Tee kochte, sah sich Lexi
ein wenig genauer in dem kleinen Wohnzimmer um. An der gelb gestri-
chenen Wand hingen einige schwarzweiße Familienfotos. Bilder von der
Jugendlichen Frau Jansen mit ihren Freundinnen und ein Foto aus der
Heimatstadt Prag gab es auch. Als das Mädchen eines der Bilder genauer
betrachtete, fiel ihr sofort eine Art blaue Uniform in die Augen. „Frau
Jansen, was ist das für eine blaue Uniform, die Sie und Ihre Freundinnen
auf dem Foto tragen?", fragte Lexi interessiert und wissbegierig nach. In
der Fotografie konnte man sechs schöne Mädchen erblicken, die alle-
samt in die Kamera lächeln. „Das ist keine Uniform, Liebes, das ist eine
Kluft, das Wiedererkennungsmerkmal der Pfadfinderinnenschaft St.
George", rief sie von der Küche und wenige Minuten später kam die alte
Rentnerin zurück ins Wohnzimmer mit einem duftenden Früchtetee. Sie
setzte sich gerade in den braunen Ledersessel, als Lexi ihr das Bild zeigte.
„Weißt du, Mädchen, Freundschaft ist das Wertvollste, was es gibt, mit-
einander durch Höhen und Tiefen gehen. Das Gefühl von Geborgenheit
das man spürt, wenn man wahre und treue Freunde an seiner Seite hat.
Man ist immer tolerant gegenüber einander. Gemeinsam gegen den
Rest der Welt. Dieses Gefühl verspürte ich besonders bei meinen Freun-
dinnen bei den Pfadfindern. Das Mädchen ganz links auf dem Bild ist
Rosa, oh, ich hatte total vergessen, wie groß sie immer war, daneben ist
Lisa, sie war immer die kleinste unserer Gruppe. Oder war es Sarah, die

wilde Hilde – bin mir nicht mehr sicher. Das bin ich, die mit der Brille, ich war immer der Geschichtenerzähler, und neben mir ist Vanessa, mit ihr konnte man immer den besten Spaß aller Zeiten haben. Die mit den zwei Zöpfen ist Zoe, eine Person, mit der man immer Spaß hatte. Diese Mädels waren wie meine Schwestern", erzählte sie und deutete nacheinander auf die einzelnen Jugendlichen, was die alte Frau dazu brachte, in Erinnerungen zu schwelgen. „Ich würde dir gerne von dem Moment erzählen, in dem ich den Zusammenhalt der Menschen besonders deutlich in meinem Herzen pochen hören konnte." - „Ich würde ihn gerne hören", sagte Lexi mit leuchtenden Augen und strahlendem Lächeln. Ohne zu zögern fing Frau Jansen an, die Geschichte zu erzählen: „Ich erinnere mich noch genau an den Tag, als wäre es gestern gewesen. Unsere Gruppe fuhr gemeinsam mit anderen Pfadfindergruppen nach Korsika. Oh, wie ich diese Insel liebte! Auf der langen Busfahrt sangen, komponierten, schliefen und quatschen wir und waren einfach froh, uns auf diese abenteuerliche Reise eingelassen zu haben. Unsere Gang nannte sich Lagergang. Wir hatten uns die letzte Reihe im Bus geschnappt und machten uns einen Spaß daraus, den LKW-Fahrern die Zungen raus zu strecken. Die meiste Zeit gackerten wir wie die Hühner. Auf unserer 10-tägigen Reise auf der Insel mochten wir bald die Macht der Freundschaft am meisten verspüren. Mit ein paar Komplikationen zog sich unsere Busfahrt um einiges länger hin als geplant – letztendlich waren wir 38 Stunden mit dem Bus unterwegs. Bei der Ankunft in Calvi fielen wir alle erst einmal total müde ins Bett. Die ersten Tage waren eher unspektakulär. Wir gingen schwimmen, erkundeten die Stadt, besuchten eine Naturkosmetikerin, erkundeten das Künstlerdorf Pigna und ein paar Workshops am Ferienhaus durften natürlich auch nicht fehlen. Wir konnten dem Koch helfen, das Essen zu servieren, oder unsere Shirts batiken.

Am vorletzten Tag wachten wir alle voller Vorfreude auf unser Canyoning-Abenteuer auf. Die Mädels und ich hüpften um 6:00 Uhr morgens aus unseren Schlafsäcken und rannten nach draußen. Es war noch dunkel und die Sterne standen noch am lila aussehenden Himmel. „Uii, seht ihr den wunderschönen Morgenhimmel?!", staunte Zoe. „Oh, Mann, bin ich müde!", murmelte Sarah. „Leute, wo seid ihr?", rief Lisa, die immer noch in ihrem Schlafsack schlief. Sie hüpfte mit Wärmebeutel zu uns nach draußen. Rosa kam schon frisch geduscht und gewaschen auf uns zu. „Hopp-hopp, Leute, macht euch schnell fertig! In einer halben Stunde gibt es Frühstück." Nach einer Stunde saßen wir alle im Bus und befanden uns auf dem Weg zum Canyoning-Veranstaltungsplatz. Als wir endlichen angekommen waren, teilten uns die Männer in zwei Gruppen ein: die Ängstlichen und die Mutigeren. Lisa, Zoe, Sarah, Vanessa, Rosa und ich wurden zu den Mutigen eingeteilt. Die Gruppenführer statteten uns mit einem blauen Helm, einem schwarzen Neoprenanzug und einem gelb-schwarzen Karabinersicherheitsgurt aus. Danach begaben wir uns auf den Berg mit einem zweistündigen Marsch den Fluss entlang nach oben. Gegenseitig gaben wir uns Hilfestellung bei dem Hinaufklettern und -wandern, denn der Weg war ziemlich steil und mittlerweile lief uns der Schweiß hinunter. Endlich angekommen, ging es schon gleich los. Die mutige Gruppe, also wir, wateten gleich durch das kühle Wasser. Unsere erste Aufgabe bestand darin, durch das türkise Gewässer zu schwimmen und durch den winzigen Spalt in der Felswand zu klettern in das nächste Auffangbecken der grün-türkisen Flüssigkeit. Dort durften wir von einem großen Felsen herunterspringen, wenn wir wollten – ich tat es. Natürlich schrie ich wie ein kleines Mädchen. Die anderen taten es mir gleich. Es machte so viel Spaß, unseren Mut auf eine starke Zerreißprobe zu stellen und das Kribbeln in meinen Beinen zu spüren.

Nach unserem aufregenden und zusammenschweißenden Abenteuer ließen wir unseren Abend am Strand ausklingen. Am Lagerfeuer sangen wir gemeinsam mit den korsischen Pfadfindern. Gemeinsam genossen wir das Miteinander und Beisammensein."

Lara Blücher
Mittelschule Friedberg, Klasse 10aM

Miteinander

Im Jahre 1510 gab es einen kleinen Jungen namens David, der keine Eltern hatte. Er musste ganz alleine Nahrung suchen und sogar klauen. Seine Kleidung war sehr schmutzig. Er lebte in einem Dorf, in dem es viele Menschen und Märkte gab. An einem schönen Nachmittag gab es ein Paar, das David fand und ihn mitnahm. Als sie in ihrer Wohnung angekommen waren, gaben sie ihm etwas zum Essen und Kleidung. Dann fragte das Paar, wie er heiße. Er antwortete leise: „Ich heiße David." Das Paar sagte: „Du brauchst keine Angst zu haben, wir tun dir nichts." Das Paar zeigte ihm dann die Wohnung und David lebte glücklich mit dem Paar miteinander.

Lukas Laukert
Maria-Ward-Realschule, Klasse 7b

Omis altes Miteinander-Rezept

100 g Zuhören
400 g Freundschaft
200 g Ehrlichkeit
2 EL Mitfühlen
1 TL Respekt
Den Backofen auf 200°C vorheizen. Freundschaft, Respekt und Zuhören in einer großen Schüssel schaumig mixen. Mitfühlen vorsichtig unterrühren. 10 Minuten bei 200°C im Backofen backen und mit Ehrlichkeit überstreuen – fertig.

Julia Maurer
Maria-Ward-Realschule, Klasse 6d

Miteinander

Miteinander ist schöner als ohne einander.
Das Leben ist so fad,
wenn man keine Freunde bei sich hat.
Man könnte lachen
und tolle Spiele machen.
Die Situation ist blöde,
denn allein zuhaus ist's öde.
Eines weiß ich ganz gewiss,
 dass Corona etwas Blödes is'.
Ein Ende des Lockdowns muss jetzt her,
das hoffen alle sehr.
Es wird Zeit, wieder in die Schule zu gehen
und die anderen zu sehen.
Dann sind die Klassen wieder voll
und jeder findet die Schule toll.

Maximilian von Hohenhau
Jakob-Fugger-Gymnasium, Klasse 5b

Batterymon

1.
Das kleine Dorf Eglion wird seit einigen Wochen von einem gefährlichen Monster namens Batterymon bedroht.

Eine Heldin namens Fabel will das Dorf beschützen (es ist ihr Job), jedoch gibt es in der Nähe des Dorfes keine Soldaten, die ihre Unterstützung anbieten können, schließlich liegt das Dorf sehr weit abseits der anderen Städte und Dörfer, irgendwo in einem Wald. Sie selbst befindet sich im nächstgelegenen Dorf Waldhofen. Fabel hatte nur eine Begleitung bei sich – einen Schützen namens Hirsel.

Hirsel: Wir brauchen unbedingt mehr Unterstützung, meiner Meinung nach.

Fabel: Bist du dir sicher? Ich kann dieses Monster auch alleine rösten, ich bin schließlich Magierin! MUHAHAHAHAHAHA.

Entscheide du:
- *Wir gehen alleine und besiegen das Monster so! (Dorf Waldhofen verlassen und Richtung Eglion gehen) → zu 2.*
- *Wir brauchen unbedingt Hilfe/mehr Unterstützung! Suchen wir nach Reisenden/Abenteurern, die hier in der Nähe sind (in Waldhofen bleiben) → zu 10.*

2.
Fabel und Hirsel verlassen Waldhofen und gehen Richtung Eglion, oder?

Fabel: Bist du dir sicher, dass es hier nach Eglion geht? Die Straße hier ist nicht wirklich vorhanden. Wir haben uns doch nicht verlaufen? Ich kenne mich hier schließlich nicht aus . . .

Hirsel: Ich war leider auch noch nicht in Eglion, aber dieser Weg müsste doch zum Dorf führen?!

So folgten sie dem Weg weiter. Sie hatten schließlich keine Ahnung, wohin sie sonst gehen sollten. Nach einer Ewigkeit, während die Sonne bereits am Untergehen war, erreichten sie Eglion.

Hirsel: Wir haben das Dorf erreicht. Aber das heißt noch lange nicht, dass wir das Ungeheuer gefunden haben. Ich schlage vor, dass wir die Bewohner fragen, ob sie etwas wissen.

Fabel: Aber es wird schon dunkel und siehst du irgendeinen Dorfbewohner hier? Die haben sich bestimmt schon alle versteckt, das Monster kommt schließlich nur nachts zum Dorf (glaube ich)! Also lauern wir ihm einfach auf!

Entscheide du:
- *Wir lauern dem Monster auf und warten, bis es von alleine ins Dorf kommt! → zu 3.*
- *Wir suchen nach Dorfbewohnern, um Informationen zu bekommen → zu 4.*

3.

Fabel und Hirsel versteckten sich im Dorf und warteten, dass das Monster Batterymon auftaucht. Es wurde immer dunkler und stiller und es passierte einfach nichts. Fabel wurde ungeduldig und verließ ihr Versteck. Dabei fiel ihr nicht auf, dass Batterymon längst anwesend war und über die Dächer schlich. Das Ungetüm bemerkte Fabel früher als sie und griff an. Hirsel bemerkte es rechtzeitig und schoss einen Pfeil nach Batterymon. Das Monster wurde zwar getroffen, jedoch machte es ihm nichts aus. Und als Fabel das Ungeheuer bemerkte, schickte sie einen Feuerball nach ihm und setzte dabei auch ein Dach in Flammen. Der Kampf fing an und das ganze Dorf ging in Flammen auf.

So konnten Fabel und Hirsel das Dorf nicht retten, da sie es selbst mit zerstört/angezündet haben. Jedoch vertrieben sie das Ungeheuer und es ist unklar, ob es jemals wieder auftaucht.

Game Over, weil das Dorf zerstört wurde.
Miteinanderpunkte: 0 (nein, Spaß!)
Win, weil du das Monster vertrieben hast.

4.

Hirsel suchte nach Dorfbewohnern, während Fabel einfach durch die Straßen spazierte.

Fabel: Wo willst du überhaupt suchen?

Hirsel: Erst einmal müssen wir herausfinden, ob es Verletzte gibt oder etwas beschädigt wurde und dazu müssen wir mit jemandem reden, der sich auskennt.

Sie gingen auf das größte Gebäude im Dorf zu und fanden dort einige Bewohner. Hirsel befragte einen Bewohner.

Bewohner: Das Monster Batterymon erscheint nachts und greift die Bewohner an, während sie draußen oder drinnen sind. Es gab einige Verletzte und Schäden an Gebäuden.

Fabel: Und was machen wir jetzt mit dieser Information? Ich dachte, es wäre schlimmer.

Hirsel: Es ist schlimm, so kann es ja nicht bleiben, wir müssen etwas tun, bevor es schlimmer wird und jemand mehr als nur verletzt wird!

Entscheide du:
- Wir lauern dem Monster auf und warten, bis es von allein ins Dorf kommt! → zu 3.
- Wir suchen nach dem Unterschlupf des Ungeheuers und vertreiben es → zu 5.

5.

Als Fabel und Hirsel die Bewohner befragten, fanden sie heraus, dass das Ungetüm sich wahrscheinlich südlich des Dorfes in einer Höhle befand. Sie machten sich daher auf, jedoch war es bereits sehr dunkel.

Fabel: Glaubst du, dass es in der Höhle sein wird, wenn wir dort ankommen? Es könnte das Dorf angreifen, während wir bei der Höhle sind.

Hirsel: Sollen wir also erst morgen aufbrechen?

Fabel: Nein, jetzt sind wir schon losgegangen!

Sie gingen weiter Richtung Süden, als sie jemanden bemerkten, der sich mit seiner schweren Rüstung an den ebenso schweren Ästen verfangen hatte.

Entscheide du:
- Ihm helfen? → zu 8.
- Ihn ignorieren? → zu 6.

6.

Die beiden ignorierten ihn und gingen weiter. Sie konnten ihm ja auch danach helfen.

Hirsel: Sicher, dass wir ihm nicht helfen sollten? Er besaß eine Rüstung, bestimmt hätte er uns helfen können.

Fabel: Nein, wir zwei schaffen das alleine!

- zu 7.

7.

Es wird immer dunkler, als die zwei eine Höhle entdecken.

Fabel: In dieser Höhle ist das Ding bestimmt!

Hirsel: Du meinst Batterymon?

Fabel : Hab ich doch gesagt! Ich werde die Höhle jetzt in Flammen setzten! Brenne, BRENNE!

Mit einem großen Feuerball setzte sie die Höhle in Flammen. Doch Batterymon war bereits nicht mehr in der Höhle und überraschte Hirsel von hinten. Er wurde schwer verletzt und sofort kampfunfähig, Fabel griff mit ihrer Feuermagie an und setzte dabei den halben Wald in Brand. Der Kampf dauerte lange, aber sie verlor. (Weil sie dank dem unebenen Waldboden ausgerutscht ist.)

Game Over, weil ihr überrascht und besiegt wurdet (und der halbe Wald in Flammen steht.)

8.

Der Unbekannte, dem Fabel und Hirsel geholfen haben, stellt sich als Florin vor.

Fabel: Sag mal, was machst du eigentlich hier?

Florin: Hab mich verlaufen.

Fabel: Ja, wer kennt's denn nicht?

Hirsel: Florin, du scheinst sehr gut ausgerüstet zu sein, hast du Erfahrung im Kampf gegen Monster?

Florin: Braucht ihr denn Hilfe? Ich kann nur gut Angriffe mit meinem Schild abblocken, aber es ist besser als nichts.

Entscheide du:
- Wir nehmen ihn mit, lasst uns Batterymon gemeinsam erledigen!
   → zu 9.
- Nein, danke! Wir schaffen das alleine! → zu 7.

9.

Zusammen gingen sie mit ihrem neuen Mitglied Florin nach Süden zum Unterschlupf der Bestie.

Es wurde bereits Nacht, als sie die Höhle endeckten.

Florin: Ist darin das Monster, das wir suchen?

Fabel: Bestimmt! Dieses Teil wird jetzt von mir geröstet.

Hirsel: Es ist kein Teil.

Fabel: Was? Ist es nicht? Egal. Brenne jetzt BRENNE! MUHAHA!"

Fabel setzte mit einem großen Feuerzauber die Höhle in Flammen. Doch Batterymon ist bereits nicht mehr in der Höhle, er hat, kurz bevor die Gruppe angekommen ist, die Höhle verlassen. Während Fabel noch einen Feuerball in die Höhle feuerte, schlich sich die Kreatur langsam an. Plötzlich griff sie Hirsel an, jedoch wurde der Angriff von Florins Schild abgewehrt. Hirsel reagierte und feuerte mit seinem Bogen direkt in eines der Augen von Batterymon – das natürlich daraufhin aufschreit. Auch Fabel reagierte und feuerte einen Feuerball auf das Monster. Sehr geschwächt versuchte das Ungeheuer, sich zurückzuziehen, aber es war für ihn bereits zu spät und Fabel, Hirsel und Florin besiegten ihn.

Win

10.

Im Dorf Waldhofen gibt es eine Bar, wo sich Reisende und Abenteurer aufhalten können, deswegen gingen die beiden dorthin und fanden zwei Reisende, die sich bereit erklären, würden mitzukommen.

Ein Mädchen, das lange, zusammengebundene Haare hat und nur ein Glas Wasser trinkt, und ein anderes Mädchen mit dunklerer Haut und schwarzen Haaren.

Terra:	Hallo, ich bin Terra. Ich war schon einmal in Eglion. Ich kenne eine Abkürzung.
Iska:	Ich . . . bin Iska . . . Ich beherrsche Heilmagie.
Fabel:	Aha, Heilmagie, ich kann Sachen anzünden.
Iska:	Schön für dich.
Hirsel:	Terra, du kennst eine Abkürzung nach Eglion? Aber besitzt du auch weitere Fähigkeiten, die hilfreich sind?
Terra:	Ich kenne nicht nur eine Abkürzung nach Eglion, ich bin auch Veganer!
Hirsel:	Du bist eingestellt.
Fabel:	Moment, ich entscheide auch mit!

Entscheide du:
- Wir nehmen sie mit, jetzt wo sie da sind → zu 11.
- Wir brauchen sie nicht. Gehen wir alleine und besiegen das Monster so → zu 2.

11.

Nun waren wir zu viert und machten uns auf nach Eglion und Terra zeigte uns eine Abkürzung, so konnte die Gruppe schnell nach Eglion gelangen.

Terra:	Und da wären wir! War doch ziemlich flott im Gegensatz zum Weg, den ihr wohl ohne mich gegangen seid.
Fabel:	Weiß nicht, bin ihn ja nicht gegangen.
Iska:	Hat jemand Blasen an den Füßen? Nein? Okay.
Hirsel:	Nur weil wir das Dorf erreicht haben, heißt das noch lange nicht, dass wir das Monster gefunden haben. Ich schlage vor, dass wir die Bewohner fragen. ob sie etwas wissen.
Fabel:	Und woher wollen die Einwohner wissen, wo es sich versteckt? Wir können ihm doch einfach auflauern, wenn es kommt!

Entscheide du:
- Wir lauern dem Monster auf und warten, bis es von allein ins Dorf kommt
→ zu 12.
- Wir suchen nach Dorfbewohnern, um Informationen zu bekommen→ zu 13.

12.
Wir einigten uns darauf zu warten, bis es Nacht wird. Iska hat es sich aber nicht nehmen lassen, zu den Verletzten zu gehen, um sie zu heilen und sie zu verarzten. Und als es langsam dunkel wurde, versteckten sich Fabel, Hirsel und Terra im Dorf, um dem Ungeheuer Batterymon aufzulauern.

Terra: Glaubst du, er kommt wirklich nachts, Fabel?
Fabel: Ja.
Terra: Dann bilde ich mir das Ding auf den Dächern nicht ein?
Fabel: Ja ... warte, WAS?

Eine Kreatur schlich sich auf den Dächern herum. Fabel bemerkte es jetzt auch, während Hirsel bereits den Bogen spannte. Er schoss und traf Batterymon an der Schulter. Auch Fabel begann mit ihrem Feuerzauber, doch Terra hielt sie auf.

Terra: Du wirst noch alles in Brand setzen, Fabel!
Fabel: Wie wollen wir ihn sonst bezwingen?

Da sprang Terra mit einem großen Sprung auf Batterymon und klatschte ihm eine. Das war selbst für ein Ungeheuer zu viel und es nahm Reißaus.

Fabel: Was?
Hirsel: Wie?

So hatten die drei zwar das Monster vorübergehend vertrieben, es besteht jedoch die Möglichkeit, dass es wieder zurückkommt. Und so einigten sie sich, zum Unterschlupf des Monsters zu gehen – aber erst morgen.

- zu 14.

13.
Sie redeten mit den Bewohnern und erhielten einige Informationen.

Bewohner: Das Monster Batterymon erscheint nachts und greift die Bewohner an, während sie draußen oder drinnen sind. Es gab einige Verletzte und Schäden an Gebäuden.
Iska: Ich kümmere mich um die Verletzen!

Hirsel: Das ist schlimm! So kann es nicht bleiben, wir müssen etwas tun, bevor es schlimmer wird und jemand mehr als nur verletzt wird!

Entscheide du:
- Wir lauern dem Monster auf und warten, bis es von allein ins Dorf kommt → zu 12.
- Wir suchen nach dem Unterschlupf des Ungeheuers und vertreiben es → zu 14.

14.
So gingen Fabel, Hirsel, Iska und Terra nach Süden. Sie fanden nämlich heraus, dass sein Versteck wahrscheinlich in einer Höhle im Süden ist.

Terra: Ich kenne mich aus - mir nach!
Iska: Ich komme mit - für den Fall der Fälle.
Fabel: Also los! Gemeinsam besiegen wir Batterydings oder wie er heißt.
Hirsel: Batterymon!
Fabel: Habe ich doch gesagt!

Und so gingen sie, bis sie die Höhle endeckten. Es war mitten am Tag und die Wahrscheinlichkeit, dass die Bestie schläft, war hoch.

Fabel: Ich werde es niederbrennen. MUHAHAHAHAHAHAAAAAA!
Terra: Aber nicht den Wald, in Ordnung?

Mit einem riesigen Feuerball feuerte Fabel in die Höhle, daraufhin kam ein lautes Brüllen und Kreischen aus der Höhle. Danach stolperte die Kreatur aus der Höhle und brach vor ihnen zusammen.

Hirsel: Deine Feuerbälle haben Power.
Fabel: MUHAHAHAHAHAHAAAAAAA, es brennt!
Terra: Das arme Ding . . .
Iska: Oh, da ist ja etwas, das ich heilen kann!
Fabel: Ja.

Iska heilte das Monster Batterymon und als es zu Iska aufsah, sagte es plötzlich . . .

Batterymon: Oh, mein Gott, bist du niedlich, wie eine Göttin.

Und so kam es, dass Iska das Monster Batterymon zähmte und das Dorf rettete.

Ende – wirklich.

Franziska Hecht
Berufsfachschule für Kinderpflege, Klasse Ki 10B

Miteinander

Tom geht in eine neue Schule. Er ist schon ein bisschen aufgeregt. Er sucht seine Klasse und findet sie. Tom setzt sich auf seinen Platz. Er setzt sich neben ein Kind mit dem Namen Jochen. Die ersten drei Stunden sind vorbei. Die Pause beginnt, aber keiner will mit ihm spielen. Er wird gemobbt und ausgelacht. Das geht schon eine Woche so und die Eltern wollten das nicht mehr. Sie hatten viele Ideen: Homeschooling, Lernhilfe und weitere Ideen, bis sie sich auf einen Hort geeignet haben. Tom wollte zuerst nicht, weil er dachte: „Die werden mich eh wieder mobben." Aber dann sagte er zu, denn „ich will's mal versuchen". Er geht mit schlechter Laune in den Hort, weil er denkt, dass er wieder gemobbt wird. Er geht in den Hort hinein und wird begrüßt. Dann setzen sich alle in einen Stuhlkreis und stellen sich vor. Tom denkt, dass sie alle nett sind. Dann dürfen sie spielen. Tom wird von einem Kind mit dem Namen Lukas angesprochen und sagt: „Ich habe keine Freunde, willst du mit mir befreundet sein?" Tom sagt: „Ja, ich will mit dir befreundet sein." So spielten sie und Tom hatte jetzt einen Freund.

Bekim Osmani
Pankratiusschule, Klasse 6b

Zusammen und Miteinander

Es war einmal ein kleiner, alter Zwerg mit dem Namen Ohneeinander. Er lebte in einer dunklen Höhle am Rande von Augsburg. Er wollte immer allein und ungestört sein. Bis vor Kurzem hatte es mit dem Alleinsein immer geklappt. Nun aber war neben ihm unter einem Baumstumpf ein anderer Zwerg eingezogen. Dieser hieß Miteinander. Das wusste Ohneeinander, weil der neue Nachbar schon dreimal vorbeigekommen war, sich vorgestellt hatte und ihn zweimal zu sich eingeladen hatte. Ohneeinander wollte aber nichts mit ihm zu tun haben und knallte schnell seine Tür zu, wenn er sah, dass Miteinander wieder auftauchte.

So auch diesmal: Er donnerte die Tür zur Höhle mit voller Wucht zu, als er Miteinander herankommen sah. Dabei gab es eine Erschütterung, die so stark war, dass ein riesiger Felsbrocken aus der Decke abbrach und den Weg zum hinteren Teil der Höhle blockierte. Ohneeinander konnte nur noch einen kleinen Schatz retten, nämlich das Medaillon seiner Mutter. Aber alles Gold und alle Vorräte waren hinter dem Felsbrocken verborgen.

Staubbedeckt kam Ohneeinander gerade noch aus der Höhle heraus. „Ist bei dir etwas passiert?", fragte Miteinander. „Ja", sagte Ohneeinander zähneknirschend. „Meine Höhlendecke ist eingebrochen. Kann ich bei dir wohnen?" Miteinander rief: „Komm gerne herein! Ich mache noch schnell Abendessen." Da war Ohneeinander sehr dankbar. Gemeinsam verspeisten sie Brot und Käse.

„Jetzt musst du nicht mehr so schmollen, wenn ich vorbeikomme, mein lieber Ohneeinander", meinte Miteinander. „Wen meinst du?", fragte Ohneeinander und grinste. „Ich habe meinen Namen gewechselt. Ab jetzt heiße ich Zusammen."

Von da an waren sie beste Freunde und bauten zusammen die Höhle wieder auf. Und wenn sie noch nicht gestorben sind, dann besuchen sie sich jeden Tag.

Raphael Grünes
Westpark-Grundschule, Klasse 4c

Miteinander heißt

Miteinander heißt . . .
Miteinander heißt nicht nur, dass mehrere Menschen sich treffen und gemeinsam dieselbe Handlung durchführen. Miteinander hat viele verschiedene Bedeutungen.
Miteinander heißt, mit Menschen, die man liebt, Zeit zu verbringen.
Miteinander heißt, Leute kennenzulernen die gemeinsame Hobbys teilen.
Miteinander heißt, gemeinsam zu lachen und Spaß zu haben.
Miteinander heißt, für die Menschen, die man liebt, da zu sein, wenn sie einen brauchen.
Miteinander heißt, schwierige Zeiten gemeinsam zu überstehen.
Miteinander heißt, zusammen zu arbeiten.
Miteinander heißt, Menschen zu verzeihen und ihnen eine zweite Chance zu geben.
Miteinander heißt, zu seinen Fehlern stehen und sie wieder gut zu machen.
Miteinander heißt, zusammen Probleme zu lösen.
Miteinander heißt, Freunde und Familie zu unterstützen.
Miteinander heißt, bei Krisensituationen zusammenzuhalten.
Miteinander heißt, seinen Mitmenschen eine Freude zu bereiten.
Miteinander heißt, gemeinsam auf ein Ziel hinzuarbeiten.
Miteinander heißt, Freunden zuzuhören und ihnen zu helfen.
Miteinander heißt, sich nicht schämen zu müssen.

Miteinander heißt, keine Angst zu haben, was andere über einen denken.
Miteinander heißt, jedem Menschen respektvoll gegenüberzutreten.
Miteinander heißt, niemanden zu verurteilen für das, was er tut.
Miteinander heißt vor allem, jeden Menschen so zu akzeptieren, wie er ist.
Miteinander bedeutet viel mehr, als nur gemeinsam dasselbe zu machen. Um Miteinander leben zu können, muss man jeden Menschen respektieren und akzeptieren, so wie er ist.

Rafaela Rodrigues
Berufsfachschule für Kinderpflege, Klasse Ki 10A

Freunde

M it Freunden bin ich nie allein
I mmer werden sie bei mir sein
T ag und Nacht werden wir uns kennen
E is und Schnee können uns nicht trennen
I mmer werden wir uns achten
N ach dem Wohl des anderen trachten
A uf die Worte der Freunde hören
N iemals ihre Gedanken stören
D abei alle Sorgen teilen
E inen Augenblick verweilen
R undum alle Wunden heilen.

Rufus Gairhos
Gymnasium bei St. Stephan, Klasse 5a

Miteinander

Miteinander wollen wir hier spielen. Wir bauen mit Klötzchen einen hohen Turm.
Doch da er ganz hoch ist, fällt er gleich um.
Danach gehen wir draußen einen großen Schneemann bauen. Der eine rollt die Kugel für den Bauch.
Ein anderer fragt: „Brauchen wir später für die Nase Lauch?"
Zuerst rollen wir die Kugel für den Kopf
und als Hut benutzen wir einen großen Topf.
Jetzt kommen die Augen an die Reih'
Wir brauchen von den Kohlen zwei.
Und danach zum guten Schluss

gibt jeder dem Schneemann einen dicken Kuss.
Miteinander haben wir's geschafft
und niemand hat hier irgendwie den andern angeblafft.

Jonathan Wedekind
Fröbel-Grundschule, Klasse 3c

Gemeinsam ist alles besser

Ich bin ich, ich bin stark und ich selbst.
Doch ich habe ein Problem: Ich bin allein.
„Hey, du da! Kann ich bei Dir mitmachen?"
„Na klar!"
Wir sind wir, wir sind stark und wir selbst.
Wir können alles schaffen,
auch wenn ich einmal nicht mehr kann,
denn zu zweit ist alles besser.

Lisa Seibert
Grundschule Bärenkeller, Klasse 4d

Miteinander

Oft kommt es vor, dass Menschen sich missverstehen und dadurch ein Streit entsteht. Viele wissen gar nicht, was sie damit anrichten können. Denn es gibt viele Gründe und Situationen, in denen man einen Menschen verletzen kann, ohne dass dieser Mensch es in irgendeiner Weise böse gemeint hat.

Das Problem ist oft, dass Menschen nicht richtig miteinander kommunizieren und sich somit falsch verstehen. Das führt meistens zu einem Streit und beide Parteien sehen den Fehler nicht bei sich, sondern bei dem Gegenüber.

Deswegen ist es sehr schwer, den Streit zu lösen, wenn wir als Menschen nicht richtig und verständnisvoll miteinander reden und das Problem miteinander aus der Welt schaffen.

Viele denken in dem Moment nur an sich, dabei sollte man etwas weniger an sich denken und mehr an den anderen und sich in seine Position versetzen. Vielleicht hat man selbst in dem Moment falsch gehandelt?

Man sollte vielmehr an Menschen denken, die vielleicht auch private Probleme haben und es in der Situation an der falschen Person rausgelassen haben. Menschen, die einen schlechten Tag hatten und es nicht besser wussten. Oder Menschen, die einfach zurückhaltender sind und ihre Gefühle nicht richtig zeigen können.

Um friedlich miteinander leben zu können, sollten wir mehr auf unsere Bedürfnisse verzichten und zusammen einen Weg finden, der beide Seiten glücklich macht, offen über das jeweilige Problem reden und Missverständnisse lösen.

Sandra Mesic
Berufsschule IV, Klasse BM 12B

Gemeinschaft

zusammen
zusammenleben
sich gegenseitig helfen
gemeinsam schafft man alles,
solange man immer respektvoll ist.
Alle Menschen sind gleich.
Andere nicht beleidigen
im Team arbeiten
nett sein

Ioana-Stefania Ionica, Legjend Sherifi, Stoyan Angelov,
Vancho Jovanov und Andrei Mindrea
Löweneck-Mittelschule, Klasse 5d

Alles Gute zum Geburtstag

Es war 5 Uhr. Das schrille und unnötig laute Geräusch des billigen Weckers schmerzte in den Ohren des 14-jährigen schwarzhaarigen Jungen, der zusammengerollt unter der dünnen Bettdecke lag. Ein dünner, blasser Arm streckte sich nach dem Störenfried aus und nach zwei Versuchen erwischte einer der fünf knochigen Finger den Knopf, der dem Schrillen ein Ende setzte. Die Hand ruhte für eine Weile auf dem Wecker, während der Junge mit seiner Müdigkeit kämpfte. Die vielen schlaflosen Nächte hatten ihren Preis, die er unter der Bettdecke kauernd damit verbracht hatte, an seinem alten Handy zu lesen, mit dem kleinen Bildschirm und dem Sprung darin, der sich wie ein krummer Finger einmal quer über die gesamte Länge zog.

Um 5 Uhr 4 stand der Junge im Bad. Er wusch sein Gesicht und seinen Körper, doch weder die Schatten um seine Augen noch die bläulichlilanen Verfärbungen, verteilt überall auf seinem Körper, vornehmlich Arme, Rücken und Schultern, konnten weggewaschen werden. Die graubraunen Augen, die ihm im Spiegel entgegenblickten, waren trübe und leer und es schien, als würde der Junge dauerhaft an etwas anderes denken und etwas anderes sehen als die Realität, die vor ihm lag - oder vielmehr stand, mit einer stolzen Höhe von 159 Zentimetern.

Um 5 Uhr 16 schloss sich die Haustür des Einfamilienhauses hinter dem Jungen, der sie so leise wie möglich ins Schloss zog, um seine Erziehungsberechtigten – niemals würde er die Cousine seines Vaters oder ihren Ehemann oder deren zwei Kinder als Familie bezeichnen; er hatte keine Familie, seine Familie war tot, seine Familie war fort, seine Familie hatte nie existiert – nicht zu wecken. Natürlich war es viel zu früh, um in die Schule zu gehen. Die Schuluniform, die den schmächtigen Körper des 14-Jährigen bedeckte, war zu dünn, um ihn vor der eisigen Februarskälte zu bewahren. Früher, so erinnerte er sich, früher hatte seine Mutter ihn an solchen Tagen am Morgen mit einer Tasse dampfendem Kakao erwartet, ein dünner Kakao mit mehr Wasser als Geschmack, aber er war warm und roch gut und er mochte, wenn die winzige Küche mit dem Geruch erfüllt war. Leise, damit sein Vater nicht von seinem Alkoholrausch erwachte, hatten der Junge und seine Mutter ihren Kakao getrunken und er bekam dabei Geschichten erzählt von Büchern, die er noch nicht lesen konnte, auch wenn er es wirklich und ernsthaft versucht hatte.

Während er sich erinnerte, lief der Junge, schnell, um sich ein bisschen warmzuhalten. Seine Schultasche war aus altem Leder und hatte einige Löcher und seine Schuhe waren nicht wasserdicht, weshalb er versuchte, so wenig wie möglich in Kontakt mit dem frischen Schnee zu kommen, der über Nacht gefallen war. Nach wenigen Haltestellen mit der U-Bahn erreichte er sein Ziel: die kleine Bibliothek, die noch nicht auf hatte. Trotzdem wurde er hereingelassen: Zwischen dem kleinen, stillen Jungen und der Bibliothekarin herrschte ein gewisses Einvernehmen und solange er keinen Lärm machte und nicht im Weg stand, durfte er in der Bibliothek sitzen und lesen, solange er wollte. Das konnte er gut, leise sein und nicht im Weg stehen, und so war dies der Ort, an dem er unbehelligt die meisten Stunden des Tages verbrachte.

Sobald es Zeit war, brach der Junge wieder auf und lief mit kleinen, schnellen Schritten fort. Es war der Tag nach Valentinstag und während auch seines Vaters Cousine ein Päckchen Schokolade für ihren Mann gemacht hatte und in der Schule viele Mädchen mit roten Gesichtern und kleinen Schächtelchen unterwegs gewesen waren, konnte er nicht ganz verstehen, was an dem Feiertag so feierlich war. Der Himmel war grau wie immer, die Luft kalt, wie sie es im Februar sein sollte - trotzdem konnte er noch heute, am 15. Februar, in Läden sehen, wie Herzen als Fensterdeko angeklebt waren und jedes Geschäft versuchte, mit der Liebe das Geschäft zu boosten.

Nach dem Unterricht und der alltäglichen Dosis Prügel, die der Junge relativ gleichgültig über sich ergehen ließ - "Mörder" nannten sie ihn, obwohl das eigentlich seine Mutter war (hatten sie denn das Buch über den Mord nicht einmal gelesen, das die ganze Zeit zitiert wurde?) - und im dreckigen Klo der Schule die Schwellungen mit dem eiskalten Wasser zu kühlen versucht hatte, das scheinbar nie die Temperatur wechselte, weder im Sommer noch im Winter, machte er sich wieder auf den Weg zur Bibliothek. Einer plötzlichen Eingebung folgend (oder vielleicht auch nur, weil er eine Gruppe von Klassenkameraden vor der Tür der Bibliothek sah - vermutlich trafen sie sich, um gemeinsam zu lernen), drehte er ab und schlurfte stattdessen in den ziemlich verlassenen Park mit dem schneebedeckten Spielplatz. Der beste Ort, sich hier zu setzen, war unter dem Klettergerüst, wo jetzt kein Schnee liegen würde. Es war einer der Plätze, die sich der Junge als ‚seine' erwählt hatte, weil dort selten jemand störte.

Doch gerade jetzt konnte er dort jemanden sitzen sehen. Auf einer dicken Decke, um sich vor dem Bodenfrost zu schützen, saß ein etwa gleichaltriger Junge mit einer Spielekonsole, vertieft in ein Spiel, das von diesem Blickwinkel nicht zu erkennen war. Er sah auf, als er den Neuankömmling sah - pechschwarze Augen bohrten sich in graubraune - und zog die Augenbrauen zusammen.

„Was willst du?" Die Stimme des Sitzenden formte die Frage, dass sie eher wie eine Forderung klang: Geh weg! Stör mich nicht!

„Das ist mein Platz!", antwortete der dünn gekleidete, fröstelnde Junge.

„Steht hier irgendwo dein Name?" Demonstrativ sah sich der Andere um. Natürlich stand da kein Name, nirgendwo. Nur gewisse andere Schmierereien von Jugendlichen, die sich hier nachts manchmal trafen. Der Junge antwortete nicht. Einige Minuten vergingen in Stille und der fremde Junge auf dem Boden widmete sich wieder seinem Spiel. Er wurde dabei beobachtet. Seine Gesichtszüge waren fein, unglaublich hübsch und konturiert, mit einer geraden Nase, dichten Augenbrauen und langen Wimpern, die genauso kohlrabenschwarz waren wie die Haare, die einen krassen Kontrast zur winterlichen Blässe bildeten. Die

Finger bewegten sich schnell und geschickt und für eine Weile waren die graubraunen Augen ganz darauf fokussiert, die Bewegungsmuster zu erkennen, denen die Hände klar folgten.

„Schaust du mich an?", fragte eine kühle Stimme von unten.

„Nein", lautete die Antwort.

„Lügner!"

„Gar nicht."

„Dummkopf!"

„Ist das dein Name?"

Der sitzende Junge sah mit schmalen Augen auf.

„Darf ich zuschauen?" Ein dünner Finger streckte sich aus und deutete auf die Spielekonsole. „Du bist so schnell."

Nach einem Moment des Überlegens rutschte der Gefragte ein wenig zur Seite, um dem Anderen Platz zu machen. Dieser hockte sich auf die Decke und schlang die Arme um seine Knie. Schon kurze Zeit später bewegten sich die Finger des Spielers wieder und wann immer er es schaffte, eine besonders komplizierte Kombination auf die virtuellen Gegner loszulassen, pausierten sie für kurze Zeit, nur um dann wieder von vorne anzufangen. Es schien, als würde er sich besonders anstrengen, für seinen einzigen Zuschauer, der bald bemerkte, wie sich das Kinn des Anderen selbstbewusst hob und ein kleines Licht in seinen Augen aufstrahlte, wenn er die seiner Meinung nach angebrachte Bewunderung erntete. Nach einer Weile wurde das Spiel pausiert. Stille entstand wieder und der Zuschauer fragte sich, ob das hieß, dass er jetzt gehen sollte. Vielleicht waren die Klassenkameraden jetzt ja bereits nach Hause gegangen, sodass er den Rest des Tages in der Bibliothek verbringen konnte.

Doch dann wurde die Konsole zu ihm gereicht.

„Willst du auch mal?", wurde er gefragt. Er blinzelte und nickte. Natürlich wollte er.

„Du bist so schlecht. Was machst du da? Die Luft schlagen?" Eine höhnische Stimme zu seiner Rechten kommentierte seine ungeschickten Versuche, die komplizierten Kombinationen nachzuahmen, die er vorher gesehen hatte. Doch es war kein ernst gemeinter Hohn, ein gewisses Schmunzeln lag darin, die Art von Schmunzeln, die man oft von seinen Freunden erntete. Natürlich war der Besitzer der Konsole nicht der Freund des Jungen, aber es war wie in einem Rollenspiel, ein So-tun-als-ob, ein kurzzeitiges Gefühl von Freundschaft, das die Kälte vertrieb und ein warmes Gefühl im Bauch verbreitete.

„Strategische Aktion", gab der hochkonzentriert Spielende zurück. „Jemand wie du würde das nie verstehen."

„Den praktischen Nutzen von In-die-Luft-schlagen? Und was meinst du mit ‚jemand wie du', heh? Du weißt nicht mal meinen Namen."

Wortlos deutete der Angesprochene auf eine teuer aussehende Schultasche, die gegenüber an die Holzwand des Klettergerüsts gelehnt war. Darauf war ein kleines Schild mit einem in geschnörkelter Handschrift geschriebenen Namen. Der Besitzer dieses Namens räusperte sich.

„Okay, Hirni", grummelte er. „Wie heißt du dann?"

Die Antwort kam zögerlich. Doch entgegen der Befürchtungen des Jungen gab es nicht die übliche Reaktion – Nachdenken, Realisieren, Entsetzen –, sondern gar keine. Der Andere sah zufrieden damit aus, den Namen zu wissen, nicht mehr.

„Was ist? Was glotzt du so?"

„Äh . . . Ist es dir egal, wer ich bin?"

„Wieso, bist du der Prinz von Alaska?"

„Es gibt keinen - egal."

„Wer bist du?", kam die Frage dann nach einigen Sekunden. Die Stimme war bemüht gleichgültig, aber der Besitzer konnte seine Neugier nicht gut verhüllen. Weitere Sekunden später: „Ich bin neu hier." Die Erklärung, die unnötig war, denn natürlich war er neu. Wäre er es nicht, würde er entweder zu der Gruppe gehören, die den Jungen neben sich ignorierten, oder zu der anderen, die ihn schlugen, ihn mobbten und schon seit Längerem versuchten, ihn davon zu überzeugen, dass ein Mörder wie er am besten aus dem Fenster springen sollte, damit es wenigstens einen schulfreien Tag für alle anderen gab, wenn die Polizei ermittelte. Natürlich war es sinnlos, aus einem dreistöckigen Gebäude zu springen, aber das konnte man ihnen schlecht erzählen, ohne eine gebrochene Nase zu riskieren.

„Hm." Schnell wurden die Pros und Cons im Kopf des 14-jährigen Jungen aufgelistet. „Meine Mutter . . . ist im Gefängnis", sagte er dann mit monotoner Stimme. Der Andere würde es sowieso bald genug wissen. Jeder hier wusste es. Und zerriss sich noch immer das Maul darüber. „Sie hat meinen . . . Vater umgebracht. Und ein Buch darüber geschrieben. Jeder hat's gelesen."

Erinnerungen an diesen Tag schossen durch den Kopf des braunäugigen Jungen. Das Geräusch des zu Boden fallenden Messers. Das dunkle Blut an seinen Händen. Die Augen seiner Mutter, die nicht etwa panisch und aufgewühlt waren, sondern ruhig und selbstbewusst. Die Worte, die sie zu ihm gesagt hatte . . .

Schweigen neben ihm. Der Junge wagte es nicht aufzusehen. Sogar nach all diesen Jahren, in denen ihm Reporter aufgelauert waren, ihm gewisse Stellen aus dem Buch zitiert hatten, das seine Mutter im Gefängnis über ihr (und sein) Leben geschrieben hatte, und nach seiner Meinung gefragt hatten, in denen ihn Klassenkameraden zuerst schockiert und dann angewidert betrachteten, wann immer er in der Nähe war, und in denen Lehrer und eine etwas wütende Cousine seines toten Vaters („Ich bin mit dem Kerl aufgewachsen, er war nicht gewalttätig, ich kannte ihn! Wie konnte diese Nutte nur . . . ") ihm diese Blicke zugeworfen hatten, die ihm sagten, dass keiner eigentlich mochte, dass er da war; sogar nach all diesen Jahren tat es immer noch weh zu wissen, dass niemand ihn wollte. Dass er alleine war, ein Einzelkind ohne Familie und ohne Freunde, mit nur Büchern als ewige Weggefährten. Oh, wie oft er sich gewünscht hatte, ein Charakter in einem Buch zu sein, ein anderes Leben zu führen, weit weg von der echten Welt, die ihn abzustoßen versuchte.

Eine Hand legte sich auf seine. Sie war warm und kräftig und für einen Moment war der Junge verwirrt, bevor er bemerkte, dass die Hand nach der Spielekonsole griff. Natürlich, so etwas Teures konnte man schlecht zurücklassen, wenn man ging. Doch zu seinem Unverständnis wurde sie nicht aus seinen Händen enthoben, die Hand drückte bloß ein paar Knöpfe, um aus dem Schlafmodus zu schalten.

„Ach der. Das Hausmädchen hat davon erzählt", sagte die Stimme neben ihm. „Willst du einen einfacheren Modus probieren? Der hier ist nämlich eigentlich für Profis." ,Wie ich es bin', schwang in der stolzen Stimme mit.

Stumm ließ der Junge die Hand weitere Knöpfe drücken. Doch das Spiel ging nicht lange, bevor eine Benachrichtigung anzeigte, dass die Batterie fast leer war. Der Besitzer der Konsole fluchte laut.

„Hey, achte auf deine Sprache", wurde er von einer sanften Stimme gemahnt.

„Scheiße, Kacke, Dreckskacke."

„Haben dir deine Eltern nicht beigebracht, auf Ältere zu hören?"

„Du bist doch in echt gar nicht älter. Ich bin dreizehn. Mein Geburtstag ist am dritten August."

Ein kleines Lächeln kam zur Antwort. „Mein Geburtstag ist der fünfzehnte Februar. Ich bin älter."

Grummeln. Dann Pause. „Aber das ist ja heute. Lügst du etwa?"

„Nein. Und du hast recht. Ist heute." Das Geburtstagskind kratzte sich am Kinn. „Doofer Tag."

„Doof, wieso?"

„Wegen gestern und vorgestern. Und morgen und übermorgen und alles danach."

Pause. Dann: „Willst du mit zu mir kommen? Ich hab da ein Ladekabel."

„Musst du nicht zuerst deine Eltern fragen?"

„Nein. Die juckt das nicht."

„Sicher?"

„Ja."

Nervös leckte sich der Eingeladene die trockenen Lippen, während er dabei zusah, wie die Spielekonsole in die Schultasche gepackt wurde. Es war das erste Mal, dass er irgendwohin eingeladen war und er war ein bisschen aufgeregt und glücklich. Es war nicht sehr weit zu Fuß und so kamen die beiden schon bald an einem großen Haus an, das große Fenster hatte, ganz weiß angestrichen war und irgendwie sehr beeindruckend in einem Garten stand, der von ganz beachtlicher Größe war.

Sie wurden von einer älteren Dame begrüßt, die den fremden Jungen zwar neugierig ansah, jedoch keine Fragen stellte. Ohne zu zögern führte der Gastgeber seinen neuen Freund auf sein Zimmer und brachte ihn dazu, sich auf das große Bett zu setzen, das von einer grauen Tagesdecke überzogen war. Neugierig sahen sich die braunen Augen um, doch es gab nicht besonders viel zu sehen. Das Zimmer war recht schlicht eingerichtet, was allerdings zu erwarten war von einer neu zugezogenen Person. Nach einer Weile war der Fernseher angeschaltet und ein neues Spiel eingelegt. Auch hier saßen die beiden Jungen nah beieinander, doch jetzt war die Stimme des einen weder höhnisch noch lachend. Mehr oder weniger geduldig erklärte sie dem Anderen, was genau zu tun war.

So vergingen einige Stunden und es war dunkel draußen und der Gast wusste, dass er jetzt gehen musste, um nicht zu spät zuhause zu sein. Widerwillig stand er auf und ließ sich von dem anderen Jungen zur Haustür führen. Er hatte den Tag genossen und wünschte sich, dass er einige weitere Stunden mehr dazubekommen könnte.

„Treffen wir uns morgen wieder?", fragte da eine ungewöhnlich schüchterne Stimme.

„Morgen? Willst du wirklich?"

„Dummkopf, sonst würde ich nicht fragen."

„Okay."

„Okay. Im Park."

„Ja. Dort."

Schweigen und kalte Nachtluft umhüllte die beiden und dann lächelte der Jüngere.

„Alles Gute zum Geburtstag", sagte er. „Ich mache einen Kuchen, für morgen. Den bring ich dann mit. Ich kann nämlich Eier mit einer Hand aufschlagen, weißt du!"

„Woah. Ich nicht. Kuchen."

„Ja, ich mag Schoko. Den mach ich dann."

Als käme es nicht einmal in Frage, dass das Geburtstagskind keinen Schoko mochte, wurde das so entschieden. Und es war gut so und auf dem Heimweg war ein kleines Lächeln auf dem müden Gesicht des 14-Jährigen gezeichnet, der diese Nacht damit verbrachte, nicht zu lesen, sondern in sein sehr altes, sehr leeres Tagebuch zu schreiben, das ihm seine Mutter einst dazu gegeben hatte, um sich zu notieren, welche Bücher er ausgeliehen hatte und wann er sie zurückgeben musste und welche Charaktere darin er am liebsten mochte. Jetzt hatte er etwas gefunden, das er nie würde zurückgeben müssen, und das war ein Freund und ein Schokokuchen am nächsten Tag um 15 Uhr 53 im nicht mehr ganz so verlassenen Park mit dem schneebedeckten Spielplatz.

Ronja Schwab
Maria-Theresia-Gymnasium, Q12

Zusammen schaffen wir alles

Nach einer langen Regenphase
hebt der Maulwurf seine Nase.
Er schnuppert eifrig in der Luft:
„Was ist das für ein fremder Duft?"
Da spitzt der Hase seine Ohren:
„Zu Hilf! Wir alle sind verloren!
Ich hör' ein lautes Wassergrollen.
Der Fluss ist mächtig angeschwollen.
Der Damm, der wird bald brechen wollen
und das Wasser uns alle überrollen."
Als der Rabe das vernimmt,
krächzt er: „Auf Wasser bin ich nicht eingestimmt.
Ich such mir lieber ein trockenes Nest
und beobachte von dort den Rest."
Mit diesen Worten fliegt er davon.
Den Damm, den hört man knacksen schon.

Die Hasen rufen: „Jetzt müssen wir laufen,
sonst werden wir jämmerlich ersaufen!"
Die Schnecke schreit: „Lasst mich nicht allein!
Sonst wird das mein Ende sein!"
Da meldet sich das Wiesel zu Wort:
„Wenn alle, die können, verlassen den Ort,
dann wird es viele Tote geben.
Zusammen könnten wir überleben.
Auf, auf, zum brechenden Damm!
Wenn wir es schaffen, ihn zu stützen,
können wir uns alle schützen.
Das wird uns allen nützen."
Schnell erreichen sie die Dämme.
Der Biber fällt geschwind einige Stämme.
Der starke Dachs schiebt sie zum Damm,
der Frosch füllt die Lücken mit Schlamm.
Der Maulwurf wühlt die Erde auf.
Die Ameisen schleppen Kiesel hinauf.
Die Schnecken kleben mit ihrem Schleim
alles zusammen wie mit Leim.
Dann warten alle mit Angst im Gesicht,
ob der Damm nun bricht oder nicht.
Am Abend ist klar: Der Damm, er hält.
Gerettet ist unsere kleine Welt!
Und die Moral von der Geschicht':
Allein erreicht man vieles nicht.
Zusammen können wir alles schaffen,
wenn alle helfen und nicht nur gaffen.

Leo Winter
Gymnasium bei St. Anna, Klasse 5a

So fängt das neue Jahr gut an – ein Traum wird wahr!

Am 1. Januar hatten der FC Augsburg und der FC Bayern München ein Fußballspiel gegeneinander.
Es fing gerade an. Jeder Spieler rannte auf seine Position. Alle beim FC A hatten ihre Aufgabe. Plötzlich kam der Ball nach hinten. Alle waren auf die Abwehr angewiesen und haben ihn, den Torwart, angefeuert. Dadurch wurde er noch motivierter und hat den Ball in letzter Sekunde

gehalten. Am Ende kam es dann sogar zu einem Elfmeterschießen. Alle Spieler beider Mannschaften hatten bis dahin gut gespielt. Sie haben sich gegenseitig motiviert und angefeuert. Die ausgewählten Spieler haben im Elfmeterschießen jeden Ball ins Tor geschossen – bis auf einen einzigen! Und das war ein Schuss des FCB! Dadurch hat - unglaublich, aber wahr – die Mannschaft des FC A das Spiel gewonnen. Alle Spieler freuten sich riesig. In der Umkleidekabine hat der Trainer seine Mannschaft sehr gelobt.

An diesem Tag waren alle eine richtige Mannschaft!

Deniz Ergenler
Förderzentrum Hören Augsburg, Klasse 6/7sg

1,50 m

Miteinander ist alles leichter. Miteinander. Wir sind miteinander und doch stehst du 1,50 m weit weg von mir. 1,50 m Stille, 1,50 m Einsamkeit. Ich vermisse deine Umarmungen und die Abende, an denen wir einfach nur dagelegen sind, ohne die 1,50 m Stille zwischen uns, sondern mit deiner Hand in meiner. Miteinander ist alles leichter. Im Herzen zusammen, doch unsere Körper 1,50 m voneinander entfernt. Aber wie lange hält das Herz das aus, die 1,50 m Einsamkeit zwischen uns? Die 1,50 m zwischen deiner und meiner Hand? Doch dann legen sich deine Finger um meine, kein Abstand mehr. Hand in Hand. Keine unsichtbare Wand zwischen uns. Miteinander.

Alisa Wolf
Berufsschule IV, Klasse BA12c

Gemeinsam

Als ich in der 7. Klasse war, war die Klassengemeinschaft von meiner Klasse schon ziemlich gut. An eine Sache kann ich mich aber noch richtig gut erinnern. Es war im ersten Halbjahr des Schuljahres in der 7. Klasse. Alle Schüler gingen nach der Pause zurück in die Klassen. Auch meine Klasse ging eigentlich ziemlich gutgelaunt zurück ins Klassenzimmer, aber ein Junge sah irgendwie richtig besorgt und ängstlich aus. Ich war mit dem Jungen nicht wirklich befreundet oder so, aber wir waren halt Klassenkameraden und ich wollte freundlich sein, also habe ich ihn gefragt, was los sei, aber er sagte nur "nichts, alles gut" und lächelte verkrampft. Das machte mir irgendwie Sorgen, weshalb ich andere Klassenkameraden gefragt habe, ob sie wüssten, was los sei, aber keiner wusste irgendetwas. Am nächsten Tag saßen ein paar Freunde und ich in der Pause an einem Tisch und aßen. Der Junge kam zu uns und sagte: „Ja okay, ich werde von so einem Jungen aus der Parallelklasse geärgert." Das hatte er nicht gerade leise gesagt, so dass es die ganze Klasse hören konnte. Meine ganze Klasse und ich standen auf und gingen zu dem Jungen hin. Wir fragten ihn, wieso er sowas macht, und er schaute nur ganz beschämt und entschuldigte sich bei dem Jungen aus unserer Klasse. Seitdem ist die Klassengemeinschaft meiner Klasse noch viel stärker geworden. Seitdem saßen wir immer alle zusammen in der Pause.

Dimitrios Chalis
Berufsfachschule für Sozialpflege, Klasse Soz10b

Ein anderer Planet

Die Welt dreht sich. Alles dreht sich umeinander. Der Mond, der niemals aufhört zu scheinen. Die Sterne, die alle irgendwann verschwinden werden. Eine Welt, die längst verloren ist. Sie heißt Erde. Und eine Welt, die gerade erst aufblüht. Sie heißt Nefyr. Sie ist weit weg. Irgendwo hinter den Planeten, die noch entdeckt werden müssen. Weit genug, um nicht gefunden zu werden. Manche Bewohner nennen sie auch den schwimmenden Planeten. Er treibt durch die Galaxis und wechselt fast täglich seine Position. Nefyr ist ein bunter Planet. Er wächst, gedeiht, sprüht nur so vor Leben. Auf ihm findet man Zuflucht, eine Heimat. Auf ihm leben Tiere und Nefyrer in Harmonie. Die Natur wird respektiert und man lebt im Einklang mit ihr. Nefyr besteht aus Farben und Formen. Er strahlt heller als der Mond und stärker als die Sonne. Von innen. Denn seine Zeit hat gerade erst angefangen und ist noch längst nicht vorüber. Aber er hat auch eine Schwester. Irgendwo, weit weg, hinter den Sternen, die schon gefunden wurden. Und diese Schwester stirbt. Sie trocknet aus, erwärmt sich, leidet und vergeht langsam mit all ihren Bewohnern. Bewohner. Widersacher. Menschen. Ihre Zeit verrinnt. Und wenn sie erst einmal weg ist, gibt es keine Chance mehr, die Fehler vergangener Zeit wieder gut zu machen. Es waren sowieso zu viele Fehler in den letzten Jahren. Irgendwann, wenn die Erde sich nicht mehr dreht, alles an Ort und Stelle steht, werden die Menschen büßen. Für ihre Fehler. Für ihr Vergehen. Und sie werden bemerken, dass das, was sie zerstört haben, ihre einzige Heimat war. Sie haben dann nichts mehr. Ihnen wird nicht vergeben. Es gibt kein Vergeben für Ausbeuter der Natur, der

Nahrung, des Lebens. Man kann Monstern nicht vergeben. Und das sind die Menschen. Monster, Bestien, Dämonen. Schänder ihrer eigenen Welt.

Helene Fenner
Internationale Schule Augsburg, Klasse 7c

Miteinander

Wenn nicht mehr Gemeinschaftswohl
ist unser aller Symbol,
Wenn nicht mehr einsame Tage
sind unser aller Plage,
Wenn nicht mehr die Pandemie
ist Bringer unserer Therapie,
Dann fühlen wir uns frei
wie nach einem langen Schrei

Nicole Christen
Gymnasium bei St. Anna, Q11

Der Traum vom Miteinander

Wir hatten keine Zeit zu trauern . . . wir mussten flüchten.

Als wir schließlich dicht an dicht gedrängt mit 30 anderen Leuten in einem kleinen Schlauchboot saßen, war es Silvester. Doch niemand dachte daran, dies zu feiern. Ich konnte die Gesichter der Fremden im Dunkeln zwar nicht erkennen, doch ich dachte, die meisten hatten nicht einmal mehr die Kraft zu weinen, so ausgehungert und durstig waren sie. Nur eine junge Frau konnte ihre Schmerzen nicht unterdrücken und wimmerte vor sich hin, während sie leicht vor und zurück wippte. Aber niemand tröstete sie. Ich wusste nicht einmal, ob die anderen sie bemerkten. Wir alle hatten unsere eigenen Probleme, unsere eigenen Gefühle, unsere eigenen Gedanken, unsere eigenen Schmerzen. Aber wir hatten keine Zeit zu trauern . . . wir mussten flüchten.

Ich hob meinen Kopf und blickte nach oben in das tiefe Blau – einzig die vielen winzigen Sterne verrieten mir, dass dies der Himmel ist und nicht das schwarze, gefährliche Meer. Ich dachte an Djamila – meine jüngere Schwester. Wie sie vor meinen Augen verblutete, begraben unter den Trümmern unseres Hauses. Sie blickte mich an, ein letztes Mal konnte ich das Strahlen in ihrem Gesicht sehen, bevor sie . . . Ein Schrei! Ich schreckte auf. Dann Stöhnen! Hektisch suchten meine Augen in der Dunkelheit

218

nach etwas, das sich bewegt. Ein lautes Platschen! Stille. Ich schaute zur anderen Seite des Bootes, wo gerade eben noch eine alte, zerbrechliche Frau mit Hidschab saß. Jetzt sah ich dort nur noch die vom Mond silbern glänzende Wasseroberfläche. Niemand redete.

Denn wir hatten keine Zeit zu trauern ... wir mussten flüchten.

Ich stützte den Kopf in meine Hände, schloss meine Augen und dachte an Oma, die wir in unserer Heimatstadt zurücklassen mussten, weil sie zu schwach für diese Reise war ...

Motorensurren, ständig dieses Motorensurren, das Schlauchboot begann zu schwanken, Wind pfiff um meine Ohren. Ich musste wohl in einen unruhigen Halbschlaf gefallen sein, denn es dämmerte bereits. Der Wind blies immer heftiger. Das Meer schlug immer größere Wellen. Schaumkronen bildeten sich. Die Menschen begannen zu beten, zu schluchzen, zu schreien. Aber wir hatten keine Zeit zu trauern ... wir mussten flüchten.

Von der Ferne hörte man Donnergrollen. Dichte, graue Gewitterwolken türmten sich über uns auf. Ein Sturm begann zu toben. Das Boot klatschte von einer Welle auf die nächste. Kaltes Salzwasser spritzte uns ins Gesicht. Mein Vater krallte seine knochigen, von Schürfwunden übersäten Finger in meinen zerfetzten, dreckigen Pullover. Panik brach aus, Kinder kreischten, Frauen erstarrten vor Angst, Männer flehten um Hilfe. Alle waren wir allein. Alle waren wir uns fremd. Und doch waren wir miteinander verbunden: Jeder hoffte auf Rettung, jeder wollte einfach nur leben!

Plötzlich Stille. Keine Hilferufe. Kein Geschrei. Kein Weinen. Kein Motorensurren. Ich hasste dieses Motorensurren, doch jetzt fühlte es sich so an, als wäre mir der Atem genommen worden. Alles war still. Ich glaubte sogar, dass alle die Luft anhielten. Denn jetzt war allen klar, dass wir verloren waren.

Aber wir hatten keine Zeit zu trauern ... wir mussten flüchten.

Erneut machte sich Panik breit. Menschen stürzten sich über Bord. Einer nach dem anderen verschwand in der Tiefe des Meeres. Wir Übriggebliebenen kauerten uns in der Mitte des Schlauchboots zusammen. Wir stolperten übereinander, hielten uns am Nebenmann fest, stießen gegeneinander, fielen aufeinander. Der Sturm machte aus dem Boot ein tödliches Karussell. In meiner Verzweiflung krallte ich meine Hand so fest um den Arm einer jungen Frau neben mir, dass diese vor Schmerz aufschrie.

Aber wir hatten keine Zeit zu trauern ... wir mussten flüchten.

Plötzlich Wasser, überall Wasser, um mich herum Wasser. Salz, Salz in meinen Augen. Salz, Salz auf meiner Haut. Ich fühlte mich so leicht, so unbefangen, so frei. Schwerelos sank ich zu Boden und wurde leise auf dem von Wellen geschliffenen Sand abgelegt. Nun lag ich dort – wie auf einem großen Bett – mit vielen anderen Flüchtlingen. Ich beobachtete, wie mein Körper sanft von den weichen Wellen in den Schlaf gewiegt wurde. Und das Wasser streifte mir zärtlich einen Gute-Nacht-Kuss auf die Wange. Dann war ich tot. Aber ich war nicht alleine, neben mir lagen viele andere Menschen, die ich zwar nie kennengelernt habe, aber trotzdem ihren Traum, ihren Wunsch, ihr Ziel kannte: Wir alle wollten gemeinsam in einem MITEINANDER OHNE KRIEG leben!

Aber wir hatten keine Zeit zu trauern . . . wir mussten flüchten.

Sveva Pasker
Gymnasium bei St. Anna, Q11

Die Gemeinsamkeit

Das Miteinander macht uns stärker
egal, ob Sänger, Kellner oder Rapper.
Die Herkunft und Nationalität spielen keine Rolle,
denn nur der Zusammenhalt ist das Wertvolle.
Respekt ist unsere Anerkennung,
Hilfsbereitschaft ist unsere Bekennung.
Komm, reich mir auch du deine Hand,
schon sind gemeinsam die Sorgen verbannt.
Egal, ob schwer, hoch oder tief,
blicken wir nach vorn und sehen alles positiv.
Die Liebe ist unsere Gemeinsamkeit.
Sie reicht uns bis zur Unendlichkeit.

Yelda Akcay
Berufsfachschule für Kinderpflege, Klasse Ki 10B

Miteinander — große Nähe, große Ferne

17 Jahre in Deutschland, bereits sieben Jahre in Augsburg. Familie hier, deutsche Staatsbürgerin, aber dennoch auch weiterhin Philippinerin. Integriert, Teil der Gesellschaft, aber immer halt auch noch mit einem Teil meines Herzens in meiner Heimat, bei meiner „anderen Familie".

Ja, meine philippinische und meine deutsche Familie. Zweitjüngste von 10 Geschwistern, mit meinem Lebensgefährten und drei Kindern wohlbehütet in Augsburg. Die kleine Familie in Deutschland, die große in den Philippinen.

Klar, moderne Kommunikation ermöglicht Kontakt, Whats-App, Instagram
. . . alles da. Aber dennoch Distanz, Miteinander, aber auch nicht. Nähe,
aber auch nicht. Sehnsucht nach Wärme an kalten Wintertagen, aber auch
glücklich über den Schnee. Glückliche Kinder beim Schlittenfahren und
frostige Kälte. Warme Liebe und Einsamkeit. Stets halb - das Los als Mig-
rantin.

Endlich, nach langen Jahren: der Urlaub in meiner Heimat mit meiner
ganzen deutschen Familie, mit meiner ganzen philippinischen Familie, wir
alle zusammen mit meinen Geschwistern, Tanten, Onkeln, Nichten, Neffen
. . . März 2020, Flugtickets in der Hand, Koffer gepackt, abflugbereit!

Aber dann, in letzter Minute, Flugstornierung, Absage, Ende des Traums
vom großen Miteinander!

Ja, das Virus hat uns im Griff, wie letztes Jahr, so auch heute. Weiterhin
ist der Traum vom großen Miteinander in weiter Ferne.

Wie schnell kann sich der Alltag verändern, können sich Möglichkeiten
ins Unmögliche wandeln. Aber dennoch, wir wissen voneinander, wir
sind zum Glück gesund und denken an uns.

Auch ohne räumliche Nähe lebt unser Miteinander, sind wir uns nahe und
dankbar für das uns geschenkte Leben in wohlbehüteter Wärme. Natürlich
mit der Hoffnung auf das wirkliche Miteinander in naher Zukunft.

Auch weiterhin werde ich im Herzen in Deutschland und den Philippinen zuhause sein, auch weiterhin werde ich meine beiden Familien
haben, auch weiterhin werde ich halb in beiden Kulturen stehen, aber
dennoch glücklich um die Erfahrung des großen Miteinanders.

Bleiben Sie gesund und lassen Sie das Feuer im Herzen für Ihre Liebsten
nie erlöschen!

Dina Banij-Reiter
Berufsschule V, Klasse 10

Miteinander

Draußen ist es kalt und bedeckt von Schnee.
Ich kann es kaum fassen, was ich dort seh.
Doch die schöne Landschaft kann einen trügen.
Denn Corona will uns Schmerzen hinzufügen.
Jeden Winter habe ich Spaß,
Indem ich durch den Schnee ras.
Dieses Jahr ist alles anders,
Denn unsere Freude ist diesmal woanders.

Heuer ist Zusammenhalt und Miteinander gefragt
Und dass man sich gegenseitig verträgt.
Die Familie ist wie immer wichtig.
Auch die Liebe ist richtig.
Die gemeinsame Körperwärme genießen
Und sich heißen Kakao eingießen.
Zusammen was machen
Und dabei viel lachen.
Corona, du kannst mich mal.

Besmir Zhaku
Holbein-Gymnasium, Klasse 6a

MIT-EIN-ANDER

Miteinander ist ein tolles Wort. So viel steckt in ihm, so viele unentdeckte Potentiale . . . Nicht nur, dass es schön ist, mit anderen Menschen zusammen zu sein, nein, wenn man es genau unter die Lupe nimmt, offenbart es eine Welt an Bedeutungen.
Wenn wir uns nun die Wörter im Miteinander ansehen, die zusammenstehen, fangen unsere grauen Zellen an, die Vielfältigkeit dieses Ausdrucks zu erkennen und wie sie alle verwoben sind:
Ein EI, das man in der Pfanne brät.
Ein DER, den du unpersönlich auf der Straße triffst, der wieder nur zu einem der vielen wird.
MIT EIN ANDER(s)
Nehmen wir uns nun das komplette Gegenteil vor:
OHNE VIELE GLEICHE(n)
So ist niemand da, der die gleichen Ansichten hat. Und wenn du genau über die Worte nachdenkst, bist du fast ohne Gleiche, und ergänzt die anderen ohne Gleiche, indem jeder anders ist und ihr gemeinsam seid.
EIN MIT ANDERS (bitte interpretiere zu „Einer mit Anderen")
und VIELE OHNE GLEICHEN
Letztendlich kommen die Gegenteile wieder auf dasselbe hinaus.
Aber drehen wir die Sache doch auch noch auf andere Weise um: RED-NANIETIM
das erinnert an: RED JA NIE, TIM!
Was ja eigentlich auch den Teil der Unterdrückung in Gemeinschaften ausmacht und dass das Miteinander zum Teil auch Regeln nötig hat, die zum Schweigen verleiten können.

Wörtlich heißt es: RED NA NIE, TIM!

Also eine doppelte Verneinung. Tim soll reden! (Was ein kleiner Buchstabe doch ausmacht . . .) Wenn niemand mit dem anderen spricht, entsteht auch kein Miteinander. Die Sprache ist sowieso eine ganz wichtige Sache. Denn wenn wir die Bausteine ins Lateinische zurückverfolgen, stellen wir Erstaunliches fest:

CUM, das unter anderem die Bedeutung „(zusammen) mit" hat, spiegelt den gesamten Wortsinn wider.

„Ein" (oder „der") heißt IS und ist damit spezifischer.

Und ALITER, was „anders" meint, bedeutet auch „entgegengesetzt".

Also „zusammen mit den Entgegengesetzten"= „Miteinander, eine Gemeinschaft"

Und nach all dem Wortspiel fällt schon auf, dass wir etwas abgeschweift sind und dieser Text eher dem Miteinander gelangweilter, streberhafter Lateinschüler entsprungen ist – auch wenn wir uns als solche natürlich nicht bezeichnen wollen -, statt wirklich philosophisch zu sein.

Nora Engel, Helena Engel und Miriam Radlinger
A. B. von Stettensches Institut, Kl. 8a, und Gymnasium bei St. Stephan, Kl. 8d

Miteinander sind wir stark

Eines Tages ging ein Wolf einen Pfad entlang. Unterwegs begegnete ihm eine Ente. Da dachte sich der Isegrim: „Lecker, die will ich fressen." Da fragt er die Ente: „Willst du nicht mit mir kommen? Ich habe zu Hause ein leckeres Brot und eine feine Grassuppe!" „Gewiss komme ich mit", antwortete die Ente und ging mit dem Wolf mit. Auf dem Weg kam ihnen ein Hund entgegen. Der Wolf dachte bei sich: „Den will ich auch fressen." Da sprach er: „Willst du nicht mit mir kommen? Ich habe bei mir zu Hause gutes Fleisch." - „Natürlich komme ich mit", erwiderte der hungrige Hund. So gingen sie weiter. Etwas später kam ein Dachs. Da dachte der Isegrim: „Den muss ich auch fressen." - „Willst du nicht mit mir kommen?", meinte der Wolf, „Ich habe eine gute Pilzsuppe!" - „Ich komme mit", antwortete der Dachs. So gingen sie gemeinsam weiter.

Doch der Dachs wurde nachdenklich und fragte den Hund und die Ente: „Was bekommt ihr zum Essen?" - „Ich bekomme ein gutes Stück Fleisch", sprach der Hund. „Ich bekomme ein leckeres Brot", meinte die Ente, „und eine Grassuppe." Da überlegte der Dachs: „Das ist aber doch sehr seltsam. Warum hast du uns alle eingeladen, werter Wolf?", fragte der Dachs den Isegrim. „Weil ich euch so mag", erwiderte der Wolf und streichelte

sich unbewusst genüsslich den Bauch. Da wurde dem Dachs klar, dass der Wolf sie fressen wollte. „Ente und Hund, wir müssen jetzt gehen! Er will uns bloß verspeisen!", flüsterte der Dachs. „Nein, er hat doch gesagt, dass wir etwas zum Essen bekommen", widersprachen der Hund und die Ente. „Ihr habt doch gesehen, wie er sich vorhin den Bauch gerieben hat, oder? Er will uns fressen", erwiderte der Dachs. „Genau!!!", riefen die beiden Weggefährten gemeinsam, sie klangen mit einem Mal sehr ängstlich. Da fragte der Wolf böse: „Was ist genau?" - „Gar nichts", antwortete der Dachs. Plötzlich sprangen der Hund, die Ente und der Dachs los und sie entkamen dem Wolf knapp. Als sie beim Dachs zu Hause ankamen, waren sie sehr erschöpft und aßen erst einmal etwas. Dann besprachen sie, wie sie es dem Wolf heimzahlen könnten. Da sprach der Dachs: „Lasst uns eine Grube graben, dann locken wir ihn her . . ." - „Und wie willst du ihn anlocken?", fragte der Hund dazwischen. „Wir nehmen die Ente zum Anlocken", sprach der Hund weiter, „und vor meinem bescheidenen Haus graben wir die Grube, in die er dann hineinfällt." Gesagt, getan. Am nächsten Morgen gruben sie eine Grube. Sie arbeiteten den ganzen Tag. Am nächsten Tag ging der Dachs zum Wolf und sagte: „Komm mit mir! Ich habe eine leckere rohe Ente bei mir." Der Wolf dachte sich nichts dabei und ging mit. Kurz vor dem Haus blieb der Dachs stehen. Da fragte der Wolf: „Kommst du nicht mit?" - „Nein, ich würde dich nur beim Essen stören", erwiderte der Dachs. So ging der Wolf weiter. Er dachte nur an die Ente im Haus und übersah dabei die Grube. Schreiend stürzte er hinein. Der Hund, die Ente und der Dachs kamen angelaufen und sprachen zusammen: „Miteinander sind wir stark. Also, leg dich nicht mit uns an!" Und sie lachten laut.
Lehre: Miteinander sind wir stark.

Magdalena Held
Jakob-Fugger-Gymnasium, Klasse 5b

To be continued together

Die Tür war schlicht. Unscheinbar. Die meisten Menschen liefen einfach an ihr vorbei. Das dunkle Holz war abgewetzt und sah uralt aus. Der Griff aus Messing war unverziert, aber auf eine seltsame Weise geschwungen. Er schien oft benutzt worden zu sein und glänzte. Die ursprünglichen Formen und Konturen waren weggewischt worden von den Jahrzehnten und den vielen Händen, die ihn schon ergriffen hatten. Sie hatten dafür gesorgt, dass sich seine Form in die Hände ihrer Nachfolger schmiegte und sich warm anfühlte, als ob nur ein paar Sekunden zuvor der letzte Mann oder die letzte Frau durch den steinernen Bogen getreten wären, um Zuflucht in der Akademie zu suchen. Unauffällig warf Aleina einen Blick nach rechts. Ihre Verfolger hatte sie erfolgreich abgeschüttelt. Die engen Straßen der Randgebiete Alexandrias boten großartigen Schutz vor Verfolgern aller Art. Verschlungen schienen sie ein Geflecht zu bilden, das mit allem in dieser von Energie nur so pulsierenden Metropole verbunden war. Der Lärm der großen Straßen lag immer in der Luft, wie ein penetranter Geruch, den man irgendwann einfach ausblendet. Er war immer da, aber legte sich so gleichmäßig und monoton über die vielen Häuser, dass die Bewohner der Großstadt ihn nach einer Weile einfach nicht mehr bemerkten. Ein Rascheln links von ihr ließ sie aufschrecken. Ihre Hand zuckte von der Türklinke weg und griff an ihren dünnen Gürtel. Zu langsam. Sie spürte, wie sich eine kühle Klinge an ihren Hals drückte. Sie stieß keinen Laut aus. Wenn es einer der Assassinen war, konnte er sie nicht sehen und damit nicht wissen, wem er da gerade das kalte tödliche Eisen an die Kehle legte, außer …

„Hab dich!", flüsterte eine leise Stimme in ihr Ohr. Die Klinge löste sich und ein Arm packte ihr Handgelenk, um sie dazu zu bringen, ihm ins Gesicht zu blicken. „Du wirst besser", sagte sie und ein Lächeln zuckte über ihre Lippen, als sie in das altbekannte Gesicht sah und spürte, wie die grünen Augen sie musterten. Julian ging an ihr vorbei zur Tür und klopfte an. „Sie haben wieder ein neues System!", kommentierte sie seine nun fast schon lächerlich normale Handlung. Er runzelte die Stirn und sah sie fragend an. Sie öffnete ihre Hand und gab so einen Ring frei. Er hatte einen Durchmesser von etwa vier Zentimetern und war angepasst an ihre Fähigkeiten, weshalb er mit kleinen durchsichtigen Kristallen besetzt war. Sie schloss die andere Hand wieder um die Türklinke und spürte, wie der Ring plötzlich kalt wurde. Es war unangenehm und sie musste sich zusammenreißen, um ihn nicht fallen zu lassen. Nun konnte sie die Türklinke endlich herunterdrücken. Als sie beide den Eingang passiert hatten, wurden sie von dem Licht geblendet, das aus jedem erdenklichen Winkel auf sie herunter strahlte. In gewisser Weise ähnelte es dem Lärm, der nun wie verschluckt schien. Das einzige Geräusch war das Zuknallen der Tür hinter ihnen. Bei ihrem ersten Besuch der Akademie war sie zusammengezuckt. Das Zuschlagen der Tür hatte den Effekt, den eine zuschlagende Tür immer in Filmen hat. Sie schien zu sagen: Hier kommst du nicht mehr raus. Jetzt bist du ausgeliefert. In Wahrheit sperrte die Tür niemanden ein, sondern aus. Keine Menschenseele würde hier nun ohne Ring hineinkommen, und das war auch gut so. Die Angriffe, die nun schon mehrere Monate das sonst so sorglos vor sich hinströmende Schulleben störten, waren allein schon beunruhigend, aber der Tod von Rose Allinburg letzten Monat hatte jeden in ihrer Welt zutiefst erschüttert.

Sie befanden sich nun im Vorraum und hatten einen großartigen Ausblick auf das gewaltige Portal, in das sicher noch weitere Schutzmaßnahmen eingebaut worden waren. Letzten Monat hatte Präsident De-Vián der alexandrinischen Akademie einen Besuch abgestattet und noch weitere Sperren angeordnet. Nur die Studenten mit mindestens vier Semestern Ausbildung durften die Akademie noch verlassen. Diese Regelung galt natürlich genauso wenig für die in Alexandria ansässigen Studenten. Julian zum Beispiel. Sie standen nun beide vor dem Portal und er sah sie fragend an: „Warum musstest du hierher?" Die Frage überraschte sie nicht. Wenn er dieselbe Botschaft erhalten hatte wie sie, wollte er sicher ihre Meinung wissen. „Sonderbesprechung aller Mentoren." Sie zog eine Augenbraue hoch. „Du darfst aber doch nicht teilnehmen?" „Ich habe dieses Ding erst entdeckt . . .", antwortete er und sah zu Boden. Sie wusste, dass seine Kräfte stark für einen Sechzehnjährigen waren, aber so etwas? Das überstieg sicher sein Niveau, oder? „Wie?", fragte sie deshalb und wies sich mit ihrem Ring ein zweites Mal bei den Wächtern aus, die freundlicherweise die Portale für sie öffneten. „Einfach eine starke Aura und ein . . ." Aber er verstummte. Auch mir war es sofort aufgefallen. Die Sphäre in der Mitte des Raumes glühte. Das Buch darin schien Energie abzugeben. Viel Energie. Die beiden rannten die Stufen zur Kammer des Rates hinauf. Dabei achteten sie nicht auf die vielen Studenten, die durch diesen Aufruhr taumelten und fielen. Die Sphäre enthielt den größten Schatz der Akademie. Dabei handelte es sich um 23 Seiten, über denen vor 2600 Jahren einmal die Hand des Gründers der Stadt geschwebt hatte, in der heute die Akademie liegt. Es handelte sich um das von Kallisthenes überlieferte Testament Alexanders des Großen. Diesem Schriftstück wohnte die Macht von tausenden Schwüren inne, die über die Jahrtausende auf es geschworen worden waren. Wenn so viel Energie abgezapft werden musste, dann stand die Akademie unter unmittelbarem und mächtigem magischem Angriff. Als sie in die Kammer stürmten, waren schon alle anderen anwesend - und sahen sie an, als wären dieser Student und seine Mentorin etwas so Unerwartetes wie ein Strom Cranberry-Saft statt des Nils. Leise setzte Aleina sich hin, aber als Julian es ihr nachtun wollte, zischte einer der Männer neben ihm. Er trug ein goldenes Monokel mit gelb getöntem Glas und einem skurril gekräuselten Bart. Der Bibliothekar. Julian richtete sich auf. Schweigen. Mit demselben Grad an Unauffälligkeit wie sein vorheriges Zischen flüsterte Rupert Burkage: „Dein Bericht!" Seine Augen sahen so aus, als hätte er ein paar hundert Tassen zu viel Kaffee getrunken. Er kam scheinbar nicht mit dem Stress zurecht, den die Erkenntnis mit sich brachte, dass seine geliebten Schriftstücke bei einem falschen Beschluss dieses Konzils früher oder später in Flammen aufgehen würden. „Ähm, ja, selbstverständlich", sagte Julian und trat vor, um in den kleinen Kreis zu treten, der für Redner und Referenten vorgesehen war. „Also, ich saß alleine in meinem Zimmer, als meine Mutter . . ." - „Überspring das! Komm endlich zum Punkt!", sagte Burkage dieses Mal laut und seine Stimme triefte vor unterdrückter Ungeduld. „Wie fühlte sich das Wesen dieses Wes . . . dieser Kreatur an?" Aleina unterdrückte ein Lachen. Da hatte er aber die Kurve gekratzt. Das Wesen eines Wesens. Michael Freyman, der Vorsitzende des Rates, sah sie scharf an. Natürlich . . . Sie würden alle sterben, also Trauermine. Julian fuhr fort. „Es ist etwas Böses. Etwas, das schon Äonen alt ist. Das perfekte Wort für den Geisteszustand ist, glaube ich: irritiert. Es fühlte sich an, als wüsste es weder, wo es war, noch, wie es um die Zeit steht, die es verpasst hat. Wie schlaftrunken." Seine Stimme wurde immer leiser und seine Stirn legte sich wieder in Falten. „Fahren Sie fort!", sagte Feyman. Julians Mund öffnete sich und schloss sich wieder. Die lächerliche Ähnlichkeit mit einem Karpfen fiel ihr durchaus auf, aber Aleina war viel zu schockiert, um über dieses Minenspiel lachen zu können. Die Erkenntnis hatte sie im gleichen Moment gepackt wie Julian. Eine Erkenntnis, die sie in ein tiefes Loch der Hoffnungslosigkeit stieß, um sie dort anzuketten und für immer einzusperren. Eine Kreatur, die lange geschlafen hatte, eine Kreatur mit starker böser Aura. Eine Kreatur, die nicht totzukriegen war. Es schien, als würde die Zeit stehen bleiben, und Julian sah sie an. In seinem Blick steckte mehr als das Entsetzen. Da war mehr als Angst. Das schelmische Funkeln, das sonst in seinen Augen tanzte, war verschwunden. Weggefegt von Hoffnungslosigkeit. Alles verschlingende Hoffnungslosigkeit. Und wie aus einem Mund erhoben sich Julians und ihre Stimme und sie sprachen den Namen aus, der seit Jahrtausenden nicht mehr gefallen war. Den Namen, der noch nie in einem Tonfall als dem der absoluten Furcht ausgesprochen worden war: „Apophis".

Stille breitete sich vom Epizentrum des Schreckens aus, das Julian und sie darstellten. Burkage begann zu stottern und seine Stimme hallte in dem stillen, eichengetäfelten Raum wider. „Nein . . . nein, das . . . oh Gott . . ." Die Repräsentantin der Abteilung für Geister, eine junge, dürre Dame, räusperte sich und durchschnitt mit ihrer Stimme die Stille. „Ihr wisst, was jetzt zu tun ist, nicht wahr, Direktor?" - „Ja", sagte Michael Feyman und das Entsetzen in seinem Gesicht begann langsam der Entschlossenheit zu weichen, für die er auf der ganzen Welt verehrt und bewundert wurde. „Ja, ich weiß, was wir tun werden. Wir werden kämpfen!" - „Nein!", sagte Emilia Rouwhich und ihre Stimme bebte, begann zu brechen. „Doch!", sagte Feyman. „Ruft sie alle zusammen! Jede Akademie. Jede magische Einrichtung. Wir werden kämpfen und uns ihnen gemeinsam stellen."

Timon Siniosoglou
Gymnasium bei St. Anna, Klasse 8c

Mein Gespräch mit Papa

Mein Papa hat mit mir gesprochen und mir alles genau erklärt:
Menschen reden heutzutage nicht mehr miteinander. Wenn es schwierig wird, ignorieren sie sich lieber und laufen vor den Schwierigkeiten davon. Deshalb ist es sehr wichtig, immer miteinander zu reden und nicht bei Problemen wegzulaufen. Man muss in schwierigen Zeiten füreinander da sein und sich gegenseitig helfen.

Emily Ruißing
Grundschule Centerville-Süd, Klasse 2 a

Wahre Freundschaft ist wie der Horizont

Wahre Freundschaft ist wie der Horizont:
Heut sind wir wieder viele und doch eins,
Denn unsere Freundschaft bedeutet Lebensfreude und Gelassenheit.
Darum lass uns nutzen den Tag,
die Vergangenheit interessiert nicht mehr,
denn wir leben heute und hier.
Eine wahre Freundschaft ist,
wenn man alles voneinander weiß,
Es aber niemals gegen den anderen einsetzen würde.
Mit der Zeit lernen wir,
Dass es nicht wichtig ist, viele Freunde zu haben, sondern wahre.
Wahre Freundschaft kann nichts trennen;
Auch Corona wird uns nicht auseinanderbringen.

Freunde sind alles, was man braucht.
Ohne sie wäre die Welt nur Asche und Staub.
Für wahre Freunde ist nicht wichtig, wie oft sie sich sehen,
sondern dass sie sich verstehen.
Es gibt viele Freunde im Leben,
aber nur die besonderen bleiben fürs Leben.

Mia Zeric und Ceylin Sari
Jakob-Fugger-Gymnasium, Klasse 5c

Miteinander...

Miteinander ...
Miteinander tanzen und lachen
und verrückte Sachen machen.
Lasst uns miteinander leben,
das wird uns sehr viel geben.
Miteinander, oh wie schön,
ein solcher Tag soll nie zu Ende geh'n.
Miteinander singen,
das wird viel Freude bringen.
Miteinander lernen wir,
das hilft mir und dir.
Miteinander dreht sich die Welt,
du bist ein toller Held.
Miteinander der Augenblick,
das ist ein schönes Glück.
Miteinander eine schöne Zeit,
das erleben wir zu zweit.
Miteinander schaffen wir Corona,
hoffentlich auch Opa und Oma!

Julia Hüber
Gymnasium bei St. Anna, Klasse 5 a

Freundschaft auf den zweiten Blick

„So, nun kommen wir zu unserem neuen Thema", beginnt unser Informatiklehrer Herr Schmidt am Anfang der 2. Stunde. „Ich werde euch in Zweier-Gruppen einteilen und jede Gruppe präsentiert am Freitag ihren Podcast über Freundschaft. Ach ja, eine Note werdet ihr auch bekommen.

Die Liste mit den Gruppen hängt hinten im Klassenzimmer." ‚Hoffentlich werde ich mit meinem besten Freund Ben in einer Gruppe sein', schießt es mir durch den Kopf. Erwartungsvoll laufe ich am Unterrichtsende nach hinten. „Oh, nein, nicht ausgerechnet mit dem!", platzt es aus mir heraus. Muss ich denn unbedingt mit Julian in einer Gruppe sein?! Ben kommt zu mir, als er mein enttäuschtes Gesicht bemerkt. Er wirft einen Blick auf die Liste und versteht sofort. Ich bin mit dem absolut größten Angeber der Klasse in einem Team. „Du hast aber auch ein Pech," tröstet mich Ben, „aber weißt du, vielleicht wird es gar nicht so schlimm."

Während meines Heimwegs, der heute anstrengender wirkt als sonst, weil ich die ganze Zeit über das Informatikprojekt mit Julian denken muss, lese ich eine SMS von Julian: „Hallo, Marco, ich freue mich, mit dir in einer Gruppe zu sein!" Am liebsten möchte ich schreiben, dass ich keine Lust habe, mit ihm einen Podcast zu machen, aber die Note ist mir sehr wichtig. Ich stehe in Informatik ohnehin schon auf einer Fünf und ich weiß, dass sich Julian gut mit Technikzeugs auskennt. Also willige ich ein und schlage einen Termin zum Treffen vor.

Zwei Tage später ist es dann so weit und ich stehe angespannt vor der Tür von Julians Wohnung. Wie wird es wohl werden? Viel Zeit zum Nachdenken bleibt mir nicht, denn ein paar Sekunden später begrüßt mich schon Julians Mutter und ich trete ein. Die Wohnung sieht ganz und gar nicht so aus, wie ich es mir vorgestellt hatte: Es handelt sich um eine kleine Zweizimmerwohnung, in der Putz von den Wänden bröckelt. „Da bist du ja!", begrüßt mich auch Julian. „Dann können wir anfangen!" Ich begrüße ihn ebenfalls und wir setzen uns an den Tisch. „Womit fangen wir an?", beginne ich das Gespräch. Er schlägt vor, mit Materialiensammeln anzufangen und gibt im Internet den Suchbegriff „Freundschaft" ein. Parallel dazu schreibe ich mir auf einem Blatt Papier die wichtigsten Punkte aus den gefundenen Artikeln heraus. Nachdem wir damit fertig sind, fragt er mich: „Möchtest du etwas zu trinken haben?" Ich nehme sein Angebot an und bemerke zum ersten Mal, dass er eigentlich die ganze Zeit über freundlich zu mir ist. Als wir das Skript geschrieben haben, fangen wir damit an, Tonspuren aufzunehmen. Danach überprüfen wir die einzelnen mp3-Dateien, um sie anschließend zu einem Podcast zusammenzuschneiden. Dabei überrascht er mich, denn er sagt genau das, was ich gerade gedacht habe: „Ich weiß, es ist komisch, seine eigene Stimme zu hören. Mir geht es genauso." - „Wollen wir Freunde sein?", schlage ich ihm vor, denn dies ist für mich der endgültige Auslöser, die Feindschaft zu beenden. „Ja, natürlich! Ich wollte dich selbst schon lange fragen, aber ich habe mich nicht getraut." Mit diesen Worten nimmt Julian die Freundschaft an. Ich öffne mich und gebe zu, dass ich vorher auch keinen Mut dazu fand. Nachdem wir uns bei Kakao und Keksen weiter gut unterhalten haben, verabschiede ich mich und erkläre: „Es ist schon spät und ich muss jetzt gehen. Aber wir können uns doch mal anrufen." Ich verabschiede mich auch von seiner Mutter und gehe zur Tür. Ben hat tatsächlich Recht gehabt, es war ganz und gar nicht schlimm, im Gegenteil: Es hat mir sogar sehr viel Spaß gemacht!

Am Freitag betrete ich, wie immer, wenn ich einen Vortrag halten muss, etwas nervös das Klassenzimmer. Ich setze mich auf meinen gewohnten Platz neben Ben. „Und wie war's?", erkundigt er sich. „Eigentlich ganz gut", antworte ich ihm kurz. Der Gong ertönt, der Lehrer beginnt mit dem Unterricht und begrüßt uns: „Ich bin gespannt auf die Präsentationen eures Podcasts." Der Lehrer ruft Julian und mich auf und wir gehen noch nervöser als zuvor nach vorne. Wir begrüßen die Klasse und Herrn Schmidt und wir erläutern, auf welche Aspekte des Themas Freundschaft wir mit dem Podcast gezielt eingehen wollten. Der Moment ist gekommen und wir spielen den Podcast ab. ‚Hoffentlich haben wir nichts falsch gemacht', denke ich kurz. Ich lausche gespannt bis zum Ende und mir fällt auf, dass der Podcast überhaupt nicht schlecht, sondern sogar richtig gut ist. Als Belohnung bekommen wir einen langen Applaus von der ganzen Klasse. Ich bin stolz auf das, was wir geschafft haben! Unser Lehrer wendet sich uns mit einem ernsten Gesicht zu. „Haben wir doch etwas falsch gemacht?", frage ich mich verunsichert. Dann lächelt er und sagt: „Das habt ihr wirklich gut gemacht! Ich bin positiv überrascht."

Nach dem Unterricht möchte ich gerade aufstehen und den Raum verlassen, als mich Ben zurückhält. „Bist du jetzt mit diesem Angeber befreundet? Dann musst du dich entscheiden: mit mir befreundet sein oder mit Julian!", stellt mich Ben entrüstet vor die Wahl. „Ich will mich nicht entscheiden! Du bist ein guter Freund und Julian auch. Er ist kein Angeber, wie alle denken, sondern eigentlich ein ganz guter Kumpel. Mir ist das selbst erst aufgefallen, als ich mit Julian einen Podcast gemacht habe", erkläre ich ihm. „Das glaube ich dir nicht", erwidert er zweifelnd. „Du wirst schon sehen. Wie wäre es, wenn wir zusammen ein Picknick machen würden?", schlage ich vor. Ben denkt eine Weile nach und meint schließlich: „Ok, ich überlege es mir."

Es ist ein warmer Sommertag. Ich packe belegte Baguettes ein, verabschiede mich von meinen Eltern und mache mich auf den Weg zum

Stadtpark. Dort angekommen, sehe ich Julian, der gerade die Picknick-decke auspackt. „Hallo, Julian! Wie geht's? ", begrüße ich ihn. Er antwor-tet: „Gut. Ich habe ein paar Äpfel dabei. Was hast du so mitgebracht?" -„Belegte Baguettes", erwidere ich kurz. „Hallo!", höre ich Bens Stimme. „Das ist ja toll!", ruft Julian mit überraschter Stimme. „Dann können wir ja endlich essen. Ich habe schon großen Hunger!" Ben setzt sich zu uns und packt einen leckeren Käsekuchen aus. „Das riecht aber gut!", bemerke ich. „Das ist mein Lieblingskuchen!", stimmt Julian zu. Während des Essens unterhalten wir uns über verschiedene Themen. Ab und zu er-zählt Julian einen Witz und wir müssen alle lachen, auch Ben.
Seit diesem Picknick ist auch Ben mit Julian befreundet und sie werden alle drei beste Freunde.

Cosmo Caruso und Georg Smakthin
Jakob-Fugger-Gymnasium, Klasse 8a

Miteinander alleine

Lockdown
Was mache ich jetzt?
Ich könnte in meinem Zimmer die Musik aufdrehen und tanzen
wie auf einer Party.
Ich könnte ein paar Filme schauen
und dazu Popcorn, Chips und Cola in mich reinstopfen
wie in einem Kino.
Ich könnte mir ein Bier aufzwicken,
mich ans Fenster setzen, die frische Luft genießen
wie am See.
Ich könnte auf Webseiten Klamotten kaufen,
mein Geld verprassen
wie in der Stadt beim Shoppen.
Ich könnte alte Bilder und Videos anschauen
von meinen Reisen um die Welt.
Wie gerne ich diese Reisen wieder machen würde!
Ich könnte auf der Konsole Fußball spielen
wie im Park mit den Nachbarskindern.
Dennoch,
die Musik ist die gleiche,
der Film ist der gleiche
und das Bier schmeckt auch gleich.

Das eine, was uns dabei fehlt,
ist Miteinander.
Genau das hilft uns
durch diese Zeit des Misstrauens, des Ärgers und der Ungewissheit.
Nur miteinander kann man das überstehen.
Bleiben wir lieber miteinander alleine,
danach erleben wir alles wieder zusammen!

Emil Watzl
Maria-Theresia-Gymnasium, Q12

Miteinander

M iteinander
I ntegration
T oleranz
E inigungen
I nnigkeit
N ächstenliebe
A kzeptanz
N ähe
D asein
E inklang
R espekt

Charlotte Stiesch und Valentina Schäffer
Gymnasium bei St. Stephan, Klasse 7d

Der gebrechliche Mann

Endlich wieder Samstag! Es ist fast immer das Gleiche am Wochenende: Um Punkt 14 Uhr aus dem Haus und einkaufen gehen. Davor legte ich die Pfandflaschen noch ins Auto und los ging es. Juhu! Ich hatte wieder mal den gleichen Samstag in dieser blöden Corona-Zeit, wo man doch sowieso gefühlt nur zum Einkaufen raus gehen darf. Ich fuhr wieder die gleiche Strecke und zum selben Einkaufsladen. Zum Glück war das Wetter diesmal gut, das gab mir zumindest keine noch schlechtere Laune. Ich lief in den Supermarkt und wollte mir die Sachen holen, die ich mir aufschrieben hatte. Ich wollte die Menschen hier gar nicht sehen und schnell wieder raus. Plötzlich hörte ich ein Geräusch, als wäre jemand gestürzt. Im selben Moment drehte ich mich hin und sah, wie ein älterer Herr und seine Einkäufe herunterfielen. Ich wollte gar nicht zu ihm hingehen und hatte mich weggepirscht, aber mein Mitgefühl und der Anblick war zu mitreißend. Also entschied ich mich, ihm zu helfen. Ich ging hin und fragte: „Ist alles okay mit Ihnen?", half ihm langsam auf und ließ ihn ausschnaufen. Während ich seine Einkäufe einsammelte und in den Korb einlegte, sagte der ältere Herr: „Ich kann das alleine, so gebrechlich bin ich doch gar nicht" und lachte glücklich. Seine lachenden Augen hatten es mir verraten. In diesem Moment war ich sehr fröhlich und lächelte ihm mit einem breiten Grinsen zu. Nachdem ich alles in den Korb reingelegt hatte, sagte der Mann: „So etwas habe ich lange nicht mehr erlebt, dass ein junger Mann einem alten Menschen so geholfen und eine Freude bereitet hat. Ohne dich wäre ich wahrscheinlich immer noch am Boden gelegen - danke." Ich wurde emotional und habe mich sehr erfüllt gefühlt. In einem ruhigen Tempo verschwand der Mann hinter einem Getränkeregal. Ich lief mit einem leichten Lächeln zur Kasse und dachte, wie schön es sein kann, anderen Menschen, die es notwendig haben, zu helfen. Vielleicht bringt der Tag doch noch was?

Ahmed Cankurtaran
Mittelschule Friedberg, Klasse 10b

Bergeswelten

Hoch über uns thront der Berg, bedeckt von Schnee, ganz frisch gefallen,
Umhüllt von Nebelschwaden, die um ihn wallen.
Als wir aufbrachen, diesen Berg zu besteigen, lobte niemand dieses Unterfangen,
Denn niemand konnte wissen,
Ob wir auf des Berges Gipfel unsere Flagge würden können hissen,
Doch in uns allen glüht nach der Besteigung dieses Berges ein großes Verlangen.
Wir wollen den Berg bezwingen
Und hoffen, dass es uns wird gelingen.
So voller Hoffnung machen wir uns auf
Zum Gipfel hinauf.
Wir sind zwar nur vier.
Doch es schaffen zu können, das glauben wir.
Uns die Kälte umfängt,
Bis man nicht mehr Herr seiner selbst ist und sein Geschick nicht mehr lenkt,

Bis man fast in tiefe Schluchten aus Eis fällt,
Bis man denkt, man müsse nun Abschied nehmen von dieser Welt.
Nur zusammen kann man überleben in dieser eisigen Welt ohne Ende.
Das war uns eine bittere Lehr'.
Unsere Gesichter sprechen Bände.
Wir sichern uns ab aneinander,
Und wenn wir wandern an den Rändern von Schluchten ellenlang,
Wird uns nicht mehr bang.
Ein gutes Miteinander ist hier kostbarer selbst als Diamanten,
Wenn man sich mit eisigen Fingern klammert an des Berges scharfe,
eisige Kanten.
Langsam arbeiten wir uns zum Gipfel hinauf.
Dabei feuern wir uns gegenseitig an: „Lauf, komm schon, lauf!"
In der 30. Stunde können wir endlich auf dem Gipfel hissen unsere Flagge,
Die da so zeigt das Symbol unserer Mühen, verwirklicht als eine Hacke.
Auf dem Gipfel machen wir Rast, in der wir unseres Ruhmes gedenken,
Bevor wir unsere Schritte wieder talwärts lenken.
Nun ist die Reise schon lange her,
Doch das Miteinander habe ich nie schöner erlebt.
Unser Zusammenhalt wäre bestanden geblieben, selbst wenn der Fels
hätte erbebt.
Ich erfreue mich an dieser Reise immer noch mehr und mehr.

Stefan Tomaschko
Gymnasium bei St. Stephan, Klasse 5 c

Miteinander

Wenn ich Hilfe brauche, bin ich froh, dass ich meine Eltern und Geschwister habe, denn ich finde, zusammen geht alles besser, denn jeder
hat eine andere Idee. Auch bei Computerspielen ist es im Team schöner,
wenn man miteinander spielt, weil man mehr erreichen kann. Auch das
Essen miteinander ist viel schöner als allein.
In der Schule macht es auch mehr Spaß, miteinander etwas zu machen
als allein. Meine Oma liebt es, miteinander zu spielen. Blödsinn und Spaß
machen macht doch zusammen viel mehr Spaß. Wie ihr seht, gibt es
viele Sachen, die miteinander viel mehr Spaß machen, also warum alles
allein machen, wenn es in der Gemeinschaft leichter geht?

Adriano Cricchio
Pankratiusschule, Klasse 6b

Miteinander schafft man mehr

Montag
Kim

Liebes Tagebuch,
gestern wollten mein bester Freund Marius und ich zu dem Baumhaus, das Marius' Vater einmal gebaut hatte. Weil wir beide noch nie drin waren, waren wir sehr aufgeregt. Ich wollte als Erste oben sein. Deshalb lief ich auch sofort los, als ich es im Wald entdeckte. Da stolperte ich über eine Wurzel.

Marius

„Ich hab' dir doch erzählt, dass Kim und ich das Baumhaus gefunden haben, das mein Vater mal gebaut hat", sagte ich zu Jonathan. „Als wir es gesehen haben, sind wir sofort losgelaufen. Da lag Kim plötzlich am Boden. Ich bin einfach weitergelaufen, weil ich gedacht habe, dass Kim mir einen Streich spielen wollte."

Kim

Marius lief einfach weiter, ohne auf mich zu achten! War das zu glauben? Ich rappelte mich auf und stürmte zu ihm. „Du hättest mir helfen sollen", schrie ich.

Marius

Ich hörte Kim ächzen und plötzlich stand sie wieder neben mir. „Du hättest mir helfen sollen!", hat sie mich angebrüllt. „Wieso? Du wolltest mir doch einen Streich spielen. Und außerdem geht es dir doch gut!", habe ich geantwortet.

Kim

„Wieso? Du wolltest mir doch einen Streich spielen. Und außerdem geht es dir doch gut!", antwortete er. Da wurde ich noch wütender. „Es geht mir gut? Meine beste Hose ist zerrissen und außerdem habe ich mir die Hände aufgeschürft."

Marius

Da ist sie noch wütender geworden und hat mich angeschrien: „Es geht mir gut? Meine beste Hose ist zerrissen und außerdem habe ich mir die Hände aufgeschürft." – „Führ dich doch nicht gleich so auf!"', sagte ich. „Jeder kann sich mal irren. Du auch. Und so schlimm ist es doch nun auch wieder nicht."

Kim

Er sagte mir, ich solle mich nicht so aufführen! Ich wollte ihm zeigen, dass ich trotzdem besser war als er, also versuchte ich, so schnell wie möglich zum Baumhaus zu klettern, doch es ging nicht. Die Äste waren einfach zu weit oben.

Marius

Kim hat sich abgewendet und ist zum Baumhaus gesprintet. Sie hat versucht, den Baum hochzukraxeln. Aber die Äste sind zu weit oben gewesen und am Stamm hat sie auch keinen Halt gefunden. Schließlich hat sie es aufgegeben und sich ins Moos fallen lassen. „Du bist wohl doch nicht so gut", habe ich zu ihr gesagt. „Versuch du's doch mal!", hat sie mürrisch geantwortet.

Kim

Danach probierte Marius es, aber er kam auch nicht sehr viel weiter als ich. „Hihi, du bist ja auch nicht besser als ich!", sagte ich. „Und wie sollen wir es deiner Meinung nach sonst machen?", fragte er. „Äh . . . ich glaube, es geht nur, wenn du mich hochstemmst", sagte ich.

Marius

Dann hat Kim die Idee gehabt, dass ich sie hochstemmen sollte. „Und dann bist du oben und ich stehe unten wie ein Ochse vorm Berg", habe ich gesagt, „darauf kann ich verzichten." - „Ich lasse die Strickleiter runter, versprochen!", hat sie mir versichert. „Na gut", habe ich widerwillig geantwortet, „aber wehe, du lässt mich nicht hoch!"

Kim

Tja, zuerst hat er mir nicht vertraut, aber dann haben wir es trotzdem ausprobiert. Es klappte echt! Wenn das hier eine Fabel oder sowas wäre, würde hier stehen: Und die Moral ist: Gemeinsam geht alles leichter.
Wir haben uns übrigens wieder vertragen.

Marius

Und am Ende sind wir beide oben im Baumhaus gesessen und haben uns gegenseitig dafür entschuldigt, dass wir den jeweils anderen so angeschrien haben. „Wollt ihr mit uns Fußball spielen?", fragten ein paar Jungen aus unserer Klasse. „Gerne!", antwortete ich, „ich muss nur noch jemanden dazu holen", sagte ich und lief zu Kim hinüber. Als Torwart ist sie nämlich die Größte."

Kim
Ich glaube, ich muss jetzt aufhören. Da kommt nämlich Marius.
Also tschüss, deine Kim.

Jana Matzura und Julia Alexandridis
Gymnasium bei St. Stephan, Klasse 5c

MITEINANDER

M aske
I deen
T alking
E inigung
I T
N eugierig
A bstand
N ähe
D enken
E ng
R ettung

Kai Maximilian Maiberger
Balthasar-Neumann-Berufsbildungszentrum, Klasse HOL10A

Allein

Abend. Ein weiterer Tag, der zuende geht, genauso ein Tag wie jeder andere auch. Ein warmes Zuhause und ein gemütliches Bett, in das man sich legen kann, mit seinen Gedanken völlig allein. Genau das macht mir Angst. Zu viel über meine Fehler nachdenken, über eine mögliche Zukunft, sich jede traurige Sekunde immer wieder vorspielen, an sich zweifeln. Alleine sein ist für mich das Schlimmste. Wenn ich mich nicht ablenken, an jemandes Arm festkrallen kann oder einfach weiß, dass ich in diesem Moment nur mich selber habe. Da ist eine Leere in mir, ein Angstzustand, der erst wieder verschwindet, wenn ich morgens aufwache und auf meinem Handy Nachrichten von meinen Engsten lese. Sie sind in dem Moment nicht persönlich da, aber ein Stück von ihnen, das mich nicht mehr alleine sein lässt. Im Moment haben wir kein Miteinander, so wie wir es kennen und gerade um so mehr schätzen lernen. Mir gehen die Positivität und die Ideen aus. Jeder Tag gleich. Jeden Tag alleine. Jeden Tag ein Stückchen mehr, das von uns allen verloren geht, und jeden Tag eine weitere Person, von der man sich immer weiter entfernt und sie schlussendlich verliert. Nur um am Ende allein zu sein. Vollkommen allein in seinem Bett mit seinen Gedanken.

Liliana von Wyschetzki
Maria-Theresia-Gymnasium, Klasse 10 c (Schreibwerkstatt)

Miteinander die Frage nach dem Miteinander klären

Was bedeutet „miteinander"? Für mich eine Frage, die ich mit anderen, also miteinander, klären möchte. Das Ergebnis kommt von Freunden und Bekannten ganz unterschiedlichen Alters.

Felix, 18 Jahre:
Miteinander bedeutet für mich, gemeinsame Zeit mit Freunden, Bekannten oder der Familie zu verbringen, sich über Probleme und Sorgen zu unterhalten oder gemeinsam einer schönen Beschäftigung nachzugehen.

Gerry, 54 Jahre:
Miteinander bedeutet, dass man sich gegenseitig respektiert und respektvoll miteinander umgeht. Man sollte dem anderen offen und transparent mitteilen, was man selbst für wichtig erachtet und Fehler zugeben, d. h. auch um Entschuldigung bitten, wenn es angebracht ist.

Gerhard, 62 Jahre:
Wenn man miteinander im Einklang etwas unternimmt, z. B. klettern oder spazieren gehen.

Bernhard, 83 Jahre:
Vereinsleben - gemeinsam gewinnen und auch verlieren können.

Sieglinde, 80 Jahre:
Miteinander unter anderem hoffen, dass Corona doch noch ein gutes Ende nimmt.

Johannes, 7 Jahre:
Miteinander spielen ist cooler als allein.

Paula, 4 Jahre:
Miteinander spazieren gehen ist toll.

Nicole, 39 Jahre:
Miteinander bedeutet für mich: Zukunft, Stärke und Kommunikation. Gemeinsame Momente, Dinge, Situationen erschaffen, erleben und leben.

Katja, 41 Jahre:
Gemeinsamkeit und sich in bestimmten Punkten verbunden fühlen. Außerdem nicht allein sein.

Benedikt, 9 Jahre:
Zusammen sein und gemeinsam Spaß haben.

Kerstin, 49 Jahre:
Miteinander bedeutet für mich, alles erreichen und schaffen zu können. Für jeden ist „miteinander" etwas anderes. Wenn jeder sein persönliches Miteinander lebt, wird es ein tolles Zusammensein.

Tim Biedermann
Maria-Ward-Realschule, Klasse 7b

Nachbarschaftshilfe

Vor einiger Zeit bekam mein Nachbar eine neue Arbeitsstelle, zu der er seinen Hund Apollo nicht mehr wie früher mitnehmen konnte. Das würde bedeuten, Apollo müsste den ganzen Tag alleine in der Wohnung sein. Aber meine Eltern und ich dachten uns, dass wir ja einmal am Tag mit ihm spazieren gehen könnten. Seit vier Monaten gehe ich nun mit Apollo immer mittags spazieren, damit er nicht so allein ist. Meinem Nachbarn geht es dadurch besser, da er weiß, dass Apollo gut aufgehoben ist und in der Wohnung kein Unglück passiert. Mein Nachbar hilft uns auch: Nachts, wenn es unserem Kater zu kalt wird, lässt er ihn in seine Wohnung und gibt ihm ein Schlafplätzchen. Wir helfen uns gegenseitig, damit es den Tieren besser geht und unser Alltag leichter zu organisieren ist. Es macht mich glücklich, wenn es den Tieren gut geht, und es zeigt, dass es miteinander besser geht als alleine.

Ronja Schülein
Gymnasium bei St. Stephan, Klasse 5c

Mite_i_n_a_n_d_e_r_ Abstand

Menschliche Distanzierung zerstört den Zusammenhalt.
Kann das nicht alles rum sein bald?
Entfernt von den Liebsten und den Freunden.
Wie kann man unsere Zeit nur so vergeuden?
Was zur Zeit gilt als illegal,
war vor einem Jahr noch ganz normal.
Wie unser damaliger Alltag war,
gilt mittlerweile als unvorstellbar.
Selbst wenn wir für alles eine Lösung finden,
wird unsere Hoffnung bald verschwinden.
Auch wenn diese Zeiten uns versuchen zu trennen;
Denk daran, dass wir es miteinander Abstand schaffen können.

Eva-Maria Paulus
Berufsschule II, Klasse DMG11c

Miteinander

Zusammen lächeln und weinen
Sich gegenseitig unterstützen
Jemandem helfen und füreinander da sein
Niemanden im Stich lassen
Anderen das Gefühl geben, dass sie nicht allein sind
Schöne Zeiten zusammen verbringen
Nicht aufgeben, zusammenhalten und es schaffen
Auch wenn Fehler passieren, trotzdem weiter machen!
Immer teilen!

Natalie Varadi
Pankratiusschule, Klasse 6b

Freude für alle

Es ist ein Herbstabend, kühl und windig. Ich, eine 17-jährige Schülerin, verlasse gerade meinen Praktikumsplatz in einer Arztpraxis. Es ist mein letzter Tag und ich erhalte die Nachricht: „Du bekommst die Stelle! Herzlichen Glückwunsch!" Ich kann mein Glück kaum fassen, würde gerne meine zukünftige Chefin umarmen, aber halte mich zurück. ‚Das wäre moralisch nicht korrekt', denke ich mir. Wie auch immer - voller Freude marschiere ich aus der Praxis und stehe in der Augsburger Innenstadt. Es ist Sonnenuntergang und ich atme einmal tief die frische Herbstluft ein. Ich laufe zu meiner Haltestelle und schreibe gerade mit einem breiten Grinsen meinem Freund; mein Herz klopft immer noch wie verrückt. Auf einmal höre ich eine leise Stimme auf meiner rechten Seite: „Hallo, junge Frau, haben Sie etwas Kleingeld für mich?" Ich blicke hinunter und sehe einen jungen Mann, vielleicht 20 Jahre alt. Er sieht traurig aus und ich sehe in seinen Augen, dass er kein leichtes Leben hat. In seinen dreckigen Händen hält er eine kleine Dose mit Kleingeld und er zittert. Ich greife in meine Jackentasche, krame 3€ heraus und lege sie ihm in die Dose. Er lächelt mich an und in seinen funkelnden Augen sehe ich einen kleinen Hoffnungsschimmer. „Vielen Dank", sagt er zurückhaltend. Ich verabschiede mich und wünsche ihm das Beste, dass er in dieser schwierigen Zeit auf sich aufpassen solle. Ich laufe weiter und bin noch glücklicher als davor, weil ich meine Freude mit Bedürftigen geteilt habe und weiß, dass dieser Obdachlose durch meine Tat etwas an Hoffnung gewonnen hat. Ich stehe an der Haltestelle, als mich eine ältere Frau ebenfalls nach Geld fragt. Ich gebe ihr sofort mein restliches Kleingeld, das ich noch hatte. Ich weiß, dass sie das Geld viel mehr wertschätzt, als ich es tue. Ich sehe Gesichter mit traurigen Augen, aber einem kleinen Lächeln. Es macht mich so glücklich, dass ich diesen Menschen am liebsten die Welt schenken würde. Meine Straßenbahn kommt und ich verabschiede mich von der Obdachlosen. Zum Abschied lächelt sie mich an und winkt mir zu. Bei der Heimfahrt blicke ich in den Sonnenuntergang, denke über das Leben nach und hoffe, dass ich diesen Menschen in ihren schwersten Zeiten ein Lächeln ins Gesicht zaubern kann, wenn sie an mich denken.

Dilan Palo
Mittelschule Friedberg, Klasse 10bM

Das Beste

Wir sind gut allein, doch besser zusammen.
Wir treten gemeinsam durch alle Flammen.
Wir begeben uns auf aufregende Abenteuer.
Wir treten vielleicht auch durch das ein oder andere Feuer.
Wir halten zusammen und das zeichnet uns aus.
Wir leben in einem tollen und schönen Familien-Haus.
Wir, das bedeutet: Familie, Freunde und vieles mehr.

Wir schwimmen zusammen quer über das Meer.
Die Erde ist unser aller Zuhause.
Manchmal essen wir dann halt auch Brause.

Lennox Neubrand
Bischof-Ulrich-Realschule, Klasse 5a

Miteinander ist das Gegenteil

Miteinander ist das Gegenteil von gegeneinander.
Miteinander ist das Gegenteil von allein.
Miteinander ist das Gegenteil von einsam.
KURZ:
MITEINANDER ist WUNDERSCHÖN

Frederik Weterings
Gymnasium bei St. Stephan, Klasse 5a

MITENANDER

M iraka - Malagasi
I nsieme - Italienisch
T ogether - Englisch
E lkarekin - Baskisch
I mpreună - Rumänisch
N dawonye - Zulu
A nidilaye - Amharisch
N aypyitaw - Birmano
D rugs drugom - Russisch
E katra - Marathi
R azem - Polnisch

Amaya Bruchner del Río
Montessorischule Augsburg, Klasse 5 Mars

Miteinander FÜHLEN

Ich möchte Sie gerne in meine Gedankenwelt entführen. Als ich das Thema „Miteinander" gelesen habe, war meine erste Frage: „Was ist für mich Miteinander?" Manchmal hilft es, die Augen zu schließen, und der erste Gedanke, den man hat, ist dann der richtige. Doch hier? Ich sah nichts und dachte auch an nichts, was mit „Miteinander" zu tun hat. Dann sah ich mir das Cover zum künftigen Buch an. Hände übereinandergelegt. Ganz genauso wie man es in so vielen Situationen von Kindheit an lernt. Ob Klassenausflug mit der Grundschule, Vertrauenstraining in der 5. Klasse, Besinnungstage in der 9. Klasse oder Kennenlerntage zum Ausbildungsstart. Alles baut auf gemeinsamen Übungen miteinander. „Alle für einen, einer für alle." - „Gemeinsam sind wir stark." Jeder kennt diese Sprüche. Doch für mich konnte all das Miteinander nicht erklären oder darstellen. Vor allem nicht in Zeiten von Corona, Abstand und Ausgangsbeschränkungen, ganz ohne Ausflüge. Und doch herrscht auch jetzt die Zeit von Miteinander. Mein persönliches Fazit hier: Miteinander ist ein Gefühl. Wenn ich inmitten meiner Freunde oder meiner Familie sitze, lache und jeden Moment genießen kann, dann FÜHLE ich Miteinander. Wenn ich die vertraute Stimme einer geliebten Person über das Telefon höre, dann FÜHLE ich Miteinander. Dieses wohlig-warme Gefühl tief im Inneren. Jeder kennt es, keiner kann es beschreiben. Das ist für mich Miteinander.

Melanie Schapfl
Berufsschule IV, Klasse IN11A

Aajana

Lautes Gelächter, Stühlerücken und ein freier Platz neben mir. Dies war nichts Neues, denn ich saß wie jeden normalen, langweiligen Schulmorgen im hintersten Eck unseres Klassenzimmers, wo ich mit einem verschlafenen Blick aus dem Fenster starrte. Das war meine Welt ohne Freunde, in der so überhaupt nichts Spannendes passierte. Ich war unscheinbar und sehr schüchtern und keiner beachtete mich wirklich, was mir eigentlich auch ganz recht war. Doch heute war etwas anders, denn heute kam meine Lehrerin Frau Biedermann zu Beginn der Stunde nicht, wie sonst, allein in unser Klassenzimmer geschneit. Nein, an ihrer Seite lief ein kleines Mädchen mit langen schwarzen Haaren und dunkler Haut, einer kleinen Zahnlücke und freundlichem, etwas verhaltenem Lächeln. „So, Kinder, wie ihr seht, habe ich heute jemanden mitgebracht. Das ist Aajana, eure neue Mitschülerin. Es wäre sehr lieb von euch, wenn ihr eurer neuen Mitschülerin ein bisschen helft, sich schnell in unsere Klasse zu integrieren. Aajana, möchtest du dich vielleicht kurz den anderen vorstellen?" Sie nickte und begann dann: „Ich Aajana und komme aus kleine Dorf in Afrika. Ich zwölf Jahre. In unser alte Heimat wir haben nicht genugend Essen und Trinken und keine Schule ich kann dort gehen. Wir sehr arm." - „Schön, dass du uns ein bisschen etwas über dich erzählt hast! Schau, neben Lili dort hinten ist noch ein freier Platz. Dort kannst du dich hinsetzen!", sagte Frau Biedermann. Als sich das hübsche Mädchen neben mich auf den freien Platz setzte, musterte ich es aufmerksam und begann ein kurzes Gespräch mit einem schüchternen, aber freundlichen „Hallo, ich bin Lili". Aajana begrüßte mich ebenfalls mit einem fröhlichen „Hallo".

Daraufhin unterhielten wir uns, so gut es Aajana bisher möglich war, und verabredeten uns spontan für den kommenden Donnerstag bei mir zuhause. Von diesem Zeitpunkt an war das Eis gebrochen. Aajana und ich trafen uns jeden Tag vor der Schule und gingen anschließend gemeinsam in unser Klassenzimmer, da sie sich noch nicht so gut in dem großen Schulgebäude zurechtfand. Nebenbei quatschten wir ausgelassen über Dies und Das und schon bald konnte sie sehr gut Deutsch. Als sie schließlich zum wiederholten Mal vor meiner Haustüre stand, war sie nicht wie sonst so fröhlich und aufgeweckt. Nein! Es kullerte ihr sogar eine verstohlene Träne die Wange hinab. Was war nur los mit ihr? Ich bat sie zuerst einmal zu mir herein und fragte sie dann nach dem Grund, der meine Freundin so traurig machte. Es gefiel mir gar nicht, meine inzwischen beste Freundin so niedergeschlagen zu sehen. „Ich muss mit meiner Familie zurück nach Afrika. Da bei uns im Dorf kein Krieg herrscht und wir Wirtschaftsflüchtlinge sind, dürfen wir nicht einfach in Deutschland bleiben und müssen deshalb auch wieder zurück nach Masalu", schluchzte sie bestürzt. „Was? Ihr müsst zurück? Aber dann können wir uns gar nicht mehr sehen und ihr müsst wieder hungern und dursten. Das ist so ungerecht! Wie lange bleibt ihr noch?", fragte ich sie aufgebracht. Daraufhin antwortete sie: „Ungefähr zwei Wochen." - „Nur noch zwei Wochen! Dagegen müssen wir unbedingt etwas tun!", stieß ich fast schon etwas zu laut hervor. „Dagegen kann man nichts tun", schluchzte sie ein weiteres Mal leise auf. „Aber wir können doch jetzt nicht einfach aufgeben. Vielleicht sehen wir uns nie wieder, wenn du und deine Familie erst mal weg seid. Und das Schlimmste daran ist, dass ihr und die vielen anderen, die in eurem Dorf leben, weiter Hunger und Durst leiden müsst. Wenn es euch dann wenigstens gut ginge und wir uns vielleicht sogar eines Tages besuchen könnten . . . Es muss irgendeine Lösung geben, mit der wir euch wenigstens helfen können, eure Lebenssituation zu verbessern." - „Und was?" Da leuchtete mir die entscheidende Idee wie ein Stern auf: „Ich hab's! Wir könnten eine Spendenaktion starten, von der die ganze Schule erfahren soll. Wenn jeder Schüler nur einen Euro bei 600 Schülern an unserer Schule spendet, dann wären das allein schon 600 Euro und das würde euch sicher schon ein wenig weiterhelfen. Ich denke, das müsste auf jeden Fall klappen." Doch Aajana war noch nicht so ganz davon überzeugt, dass das klappen könnte: „Bist du dir da wirklich sicher, dass die Schüler das für uns tun würden?" - „Ja klar! Du könntest ja auch ein Referat in unserer Klasse über das Leben bei euch halten und ein großes, informatives Plakat dazu gestalten, das wir anschließend in der Aula aufhängen. Damit können wir euer Problem den Schülern näherbringen", schlug ich zuversichtlich vor. „Weißt du was, Lili, du bist die allerbeste Freundin, die man sich wünschen kann. Nur ein Problem wäre da noch. Frau Biedermann und die Direktorin müssen uns erst noch grünes Licht für die Aktion geben, sonst können wir das gleich vergessen", gab sie zu bedenken. „Ach, um die brauchst du dir keine Sorgen machen. Die kriegen wir schon rum, denn damit machen wir einen kleinen Schritt für eine bessere, gerechtere Welt, in der so etwas selbstverständlich sein sollte. Und glaub mir, Frau Biedermann hat ein riesengroßes Herz", ermutigte ich Aajana. „Ok, ich glaube dir und wer nicht wagt, der nicht gewinnt. Zusammen können wir alles schaffen!" - „Genauso ist es", pflichtete ich ihr bei. Und tatsächlich lief alles so, wie wir es uns vorgestellt hatten. Wie ich es schon vermutet hatte, war Frau Biedermann begeistert von unserem Engagement. Sie, aber auch die Direktorin unserer Schule unterstützten uns, wo sie nur konnten. Schließlich bekamen wir die großartige Summe von 1117 Euro zusammen. Das half dem Dorf ein gutes Stück. Es waren aber durch den Anstoß schon weitere Aktionen geplant.

Der Tag des Abschieds war gekommen. Doch er sollte nicht das Ende unserer Freundschaft sein. Gemeinsam hatten wir es geschafft, vielen Familien zu helfen. Kaum zu glauben, was Zusammenhalt und Miteinander alles bewirken können . . .

Emely Hartmann
Mädchenrealschule St. Ursula, Klasse 8c

Familie

Meine Familie ist mein wertvollster Besitz.
Wir sind nicht perfekt, aber wir halten zusammen.
Familie ist für immer, du kannst sie nicht aus deinem Leben entfernen.
Das höchste Glück ist die Liebe der Familie.
Die Liebe einer Familie ist eine der größten Siege, die man erreichen kann.

Ohne Familie fühlt sich alles kalt an.
Die Liebe einer Familie beginnt und endet niemals, egal, was passiert.
Die Familie steht immer an deiner Seite.
Die Familie ist in schwierigen Zeiten da.

Juweeriya Mohamud Doolaal
Schiller-Mittelschule, Klasse 6a

Meine Familie

Familie
Ist das
Wichtigste im Leben
Sie sind immer da
Wenn wir sie brauchen, kommen sie
Sie sind nicht nur cool,
toll und wunderbar
Für immer
Liebe

Edona Mehmeti, Serean Shawish, Anastasija Stojanovic,
Efe Sancak und Ethan Schmid
Löweneck-Mittelschule, Klasse 5d

MITEINANDER?

Is so etwa des naie Miteinand?
Kontaktb´schrenkungen im ganza Land.
Hoffentlich geht's bald widda los
und d´Schula öffna sowie de öffentlichen Klos.
Aba des hat all´s soin Sinn und Zweck.
Da kimmt keiner so schnell weg!
Aba net hudla!
Es bleibt: Nur die Familie knudla.
Über´s Internet seh ma uns ja immer no,
z´sammhalta müss ma jetzt nun so.
Aba durch des Internet
wern die Leut fett.
Spar´n sich d`Arbeitsweg (. . .) hier und da,
Homeoffice, naja…
Fressen sich 1, 50m Speck

und halta so die Abstandsregel keck.

Z´sammhalta is jetzt wichtig

und wenn wr uns alle an d´Abstandsregeln halta, is des richtig.

Sofia Schweigart und Anna Schweigart
Gymnasium bei St. Anna, Klasse 6b, und Gymnasium Maria Stern, Klasse 7d

Schwester

Meine Schwester und ich, ein Dreamteam, leicht vorstellbar.

Das war mir schon immer klar.

Lachen und Trösten in guten wie in schlechten Zeiten.

Auf dem Pferd des Glückes können wir gemeinsam reiten.

Zoff und Streit ist uns meist egal,

das ist bei Schwestern sogar normal.

Ich helfe ihr und sie hilft mir.

Das sag' ich ihr zwar nicht immer auf Anhieb,

doch ich habe sie sehr lieb!

Eva Dordevic
Holbein-Gymnasium, Klasse 6a

Sonjas neue Klasse

Es ist der erste Montag im neuen Halbjahr. Sonja sitzt aufgeregt an ihrem Schreibtisch und wartet auf den Beginn der ersten Stunde. Genau wie alle anderen Schüler hat sie gerade Homeschooling, seit diesem Montag allerdings in einer neuen Schule. Da ihr Vater die Arbeit gewechselt hat, wohnt die Familie bereits seit einem Monat hier, bisher hat Sonja aber noch mit ihrer alten Klasse an Videokonferenzen teilgenommen. Da jetzt das neue Halbjahr begonnen hat, sitzt Sonja nun hier und ist unglaublich nervös. Sie kennt keinen ihrer neuen Mitschüler und hat durch den Distanzunterricht auch keine Chance, diese kennenzulernen. Wahrscheinlich wird sie nicht einmal alle Gesichter sehen, da die meisten Kinder ihre Kamera ausgeschaltet lassen. So war es zumindest in ihrer alten Klasse . . .

Jetzt ist es eine Minute vor acht. Langsam bewegt Sonja ihre Maus. Sie will es so lange wie nur möglich hinauszögern, aber jetzt muss sie sich in die Konferenz einschalten. Da sieht sie auch schon ein fremdes Gesicht - das wird wohl ihre neue Lehrerin sein. „Guten Morgen allerseits! Ich hoffe, ihr seid schon wach, denn ich darf euch eine neue Schülerin vor-

stellen. Sonja, mach doch bitte deine Kamera an und stelle dich vor!" –
‚Oh, nein, bitte nicht! Ist das peinlich!', denkt sich Sonja. Aber sie tut, wie
ihr geheißen, und macht ihre Kamera an. Jetzt fühlt sie sich richtig beobachtet . . . „Also, ich heiße Sonja und . . . ich komme aus Ulm. Mein Vater
hat einen neuen Job und . . .", stammelt Sonja. Sie weiß nicht mehr, was
sie sagen soll, und merkt, wie sie rot wird. Zum Glück merkt die Lehrerin,
was los ist: „Ja, danke, Sonja. Wir hoffen, du fühlst dich in der Klasse
wohl. Es wäre jetzt schön, wenn ihr anderen auch eure Kamera anmacht
und euch kurz vorstellt. Schließlich muss Sonja euch auch kennenlernen." Da melden sich auf einmal viele Kinder. „Meine Kamera geht leider
nicht", sagt eines der Kinder. „Meine funktioniert auch nicht", meint ein
anderes. Viele der Schüler murmeln Ausreden und Sonja wird schlecht.
Wie soll sie je die anderen kennenlernen? Das scheint ihr keine nette
Klasse zu sein, sonst wüssten sie, wie es Sonja gerade zumute ist.
Als Sonja schon dachte, es würde sich keiner mehr vorstellen, ploppt ein
Bild auf. Darauf sieht man ein Mädchen mit kurzen braunen Locken.
„Hey, ich heiße Mira! Ich spiele gerne Fußball und reite gerne, außerdem
liebe ich Tiere. Ich hoffe, du fühlst dich in der Klasse wohl", sagt das
Mädchen. Sonja ist unglaublich erleichtert, wenigstens ein Mädchen hat
sie gesehen. Vielleicht können die beiden ja Freundinnen werden.
Als die Schule zu Ende ist, erreicht Sonja eine Textnachricht. Es ist Mira:
„Hi, Sonja! Tut mir echt leid, dass meine Klasse so ist, aber die meinten
es nicht so. Sie wissen nicht, wie peinlich es ist, sich als Neue vorzustellen - und dann noch in einer Videokonferenz, wo man die Einzige ist,
die das Bild angemacht hat. Ich habe versucht, das den anderen zu
erklären, und sie haben es verstanden, denke ich zumindest. Auf jeden
Fall hatten sie die Idee, sich heute Nachmittag in einer Videokonferenz
unter uns Schülern vorzustellen. Natürlich mit Bild . . . Hast du Zeit und
Lust? LG Mira", schreibt sie. Klar hat Sonja Lust! Am Nachmittag loggt
sie sich wie besprochen in die Konferenz ein und lernt so doch noch
ihre Mitschüler kennen. Es sind echt nette Kinder, sie alle waren in der
ersten Stunde nur zu schüchtern. Deshalb fällt Sonja ein riesiger Stein
vom Herzen . . .
Seitdem telefoniert die Klasse oft miteinander und Sonja ist wirklich froh,
zu dieser Klasse zu gehören. Aber sie freut sich ganz besonders darauf,
wenn wieder normaler Unterricht ist und sie die anderen richtig kennenlernen kann.

Nele Fackelmann
A. B. von Stettensches Institut, Klasse 9c

Miteinander

„Unser Wir gelingt nur mit dir und mir" ist unser Klassen-Motto. Alleine konnte ich es nicht schaffen, ins Schullandheim zu fahren. Es ging nur, weil wir zusammenhalten mussten, und es ist uns ganz gut gelungen. Als „Pausenengel in geheimer Mission" dürfen wir anderen Kindern helfen. Wir können auch Streit schlichten und traurige Kinder trösten. Nicht nur unsere Klasse muss zusammenhalten, sondern auch die ganze Welt. Wir sollen unser Klima schützen, den Müll wegschmeißen, wo er hingehört, Maske tragen, damit wir gesund bleiben, und Hände waschen. Es ist so wichtig wegen Corona. Zusammen können wir die Welt ändern. Das weiß ich! Hilf also auch du mit! Wir brauchen dich! Denn „unser Wir gelingt nur mit dir und mir".

Sasha Francine Robles
Friedrich-Ebert-Grundschule, Klasse 4bgt

Nicht ohneeinander

Ich würd heut Abend gerne zum Feiern gehen
und während wir in der Schlange stehen,
miteinander Pläne schmieden,
wohin wir nächsten Sommer in den Urlaub fliegen
oder fahren, bis dahin hab ich meinen Führerschein,
und du, auch das ist doch toll, dann können wir 'nen Roadtrip machen,
ich erstell' uns eine Playlist.
Oder meinst du, Sunset Bay ist
zu weit mit dem Auto?
Egal, dann halt die Ostsee, da wollt ich eh immer schon mal hin.
Denn ich bin
mit Leib und Seele der Ferne verfallen
und ich glaube, dass die Ferne vor allem
mit-einander und dir
ein ganz wundervoller Ort ist.
Also pack dein liebstes Kleid ein
oder zwei und dann
würd ich am liebsten ganz weit weg sein,
denn ich glaube, dass zu zweit allein
ganz wundervoll sein kann.
Ich würd heut Abend gern einen Film im Kino sehen

Und während wir in der Schlange stehen und warten,
darüber diskutieren, wer zahlt.
Dabei machen wir's sowieso immer gleich:
Du das Popcorn und ich die Karten.
Also schnell, sonst verpassen wir den Anfang.
Geht's nur mir so oder klang
der Film spannender im Netz?
Egal, dafür war das Popcorn perfekt pappsüß,
genau wie der Typ an Kasse 6.
An meiner Wand hängen Bilder, die wir gemacht hatten,
bevor wir sie nicht mehr machen konnten.
Nur hängt da jetzt auch ein Schatten,
der war da vorher nicht,
weil das Warten langsam wie 'ne Welle über mir zusammenbricht.
Ich würde jetzt gerne auf dem Parkhausdach stehen
und raufschauen in die Himmelssphäre –
wenn da nicht der Lockdown wäre –
und mich mit dir so oft im Kreis drehen,
bis der der Mond 'nen Zwilling hat.
Und ich weiß, Geduld ist eine Tugend,
aber wie soll das gehen, wenn meine Jugend
fast ganz aus meinem Sichtfeld schwindet?
Meinst du, dass man sie wiederfindet?
Und wenn wir sie wiederfinden, wie wird sie sein?
Und wann können wir sie wieder gemeinsam suchen?
Werden wir zu alt sein, um so „jung" sein zu können,
wie wir's immer sein wollten?
Bis dahin, lass uns miteinander allein sein,
jeder für sich und jeder daheim.
Und bis dahin, lass uns vom Urlaub träumen
und mit Film und Popcorn ein paar Stunden versäumen.
Irgendwann holen wir die Zeit ein,
die uns davongelaufen ist.
Also pack dein liebstes Kleid ein
oder zwei und dann suchen wir das Weite
und die Ferne und sind zusammen „miteinander",
weil ich weiß, dass das was ganz Wundervolles ist.

Lara Rozorea
Gymnasium bei St. Anna, Q11

Jurymitglieder

Gertrud Hornung	Projektleitung, Maria-Theresia-Gymnasium
Iris Aigner	Berufsschule IV
Kirsten Denk	GS Göggingen-West
Peter Dempf	Schriftsteller
Jürgen Fergg	Stadtwerke, Pressesprecher
Dr. Michael Friedrichs	ehemals Wißner-Verlag, Autor
Harald Horn	ehemals Berufsschule IV
Hedwig Jordan	ehemals Grundschullehrerin
Werner Kruse	ehemals Reischlesche Wirtschaftsschule
Anja Marks-Schilffarth	Journalistin, Augsburg Journal
Erich Pfefferlen	Schriftsteller
Sigrid Prinz	ehemals Agnes-Bernauer-Realschule
Anja Regler	städtische Mitarbeiterin
Sieghard Schramm	ehemals Stadtrat
Anita Sohnle-Schütz	Unterstützerin
Ulrike Stautner	ehemals Gesamtelternbeirat
Veronika Stiegler	Referat für Bildung und Migration
Helga Treml-Sieder	Stifterin
Anna Unglert	St.-Georg-Mittelschule
Elfriede Wagner von Hoff	ehemals Agnes-Bernauer-Realschule
Katharina Wieser	ehemals Elternvertretung Augsburger Gymnasien

Schulen und Klassen